L'ASSASSINAT DU DOCTEUR GODARD

Du même auteur

Marchiani, l'agent politique
(aux Éditions du Seuil, 2000)

L'assassinat du docteur Godard
se prolonge sur le site www.arenes.fr

Éditions des Arènes
27, rue Jacob, 75006 Paris
Tél. : 01 42 17 47 80
arenes@arenes.fr

ERIC LEMASSON

L'ASSASSINAT DU DOCTEUR GODARD

ENQUÊTE

les arènes

Au promeneur fantôme des Ébihens

Note de l'auteur pour la réédition

Lors de la publication initiale du présent ouvrage, l'éditeur a porté ce commentaire, assez flatteur je dois bien l'avouer: «Ce livre a un avantage et un inconvénient; l'avantage est qu'il contient des révélations, l'inconvénient est qu'il contient des révélations.» Formule assez prophétique, en vérité. Laurent Beccaria prédisait alors que mon travail risquait d'être perçu comme une simple enquête journalistique, dont le contenu explosif serait volontiers relayé – pillé – par les médias, mais qu'il ne serait pas suffisamment promu pour ce qu'il est avant tout, c'est-à-dire un livre. Simplement un livre. Une histoire vraie écrite comme un roman, à lire comme un roman.

Aussi surprenant que cela puisse paraître, un livre est animé, après sa sortie, d'une vie propre. Il chemine, il vit sa vie de livre en provoquant tantôt des remous, tantôt des ondes positives. La question première est de savoir si mon investigation journalistique sur l'affaire du docteur Godard a eu des conséquences sur l'enquête judiciaire. On pouvait l'espérer. Aujourd'hui, ce que je sais par une indiscrétion recueillie place Vendôme, à la chancellerie, c'est que la parution de mon livre, en octobre 2011, a fortement irrité la hiérarchie judiciaire, au point qu'une enquête interne a été discrètement menée pour tenter de déterminer comment diable « un journaliste pouvait avoir eu accès à autant d'infos sensibles », et surtout « d'où venaient les fuites » ! Des magistrats, des enquêteurs ont dû s'expliquer. En revanche, hormis un surcroît temporaire de zèle et de nouvelles auditions pour « fermer toutes les portes » de l'enquête, mon travail n'a hélas débouché sur aucun rebondissement judiciaire. En septembre 2012, après treize années d'instruction, une ordonnance de non-lieu a été rendue. La justice a définitivement renoncé à connaître la vérité sur la disparition mystérieuse de la famille Godard – un médecin, son épouse, et leurs deux enfants de quatre et six ans. *Non-lieu*, chacun appréciera la portée symbolique de ce terme judiciaire ; la famille Godard a beau avoir disparu tout entière, des ramifications mafieuses ont beau avoir été mises au jour, ces faits n'ont pas lieu d'être. Non-lieu.

Des remous, mais aussi des ondes positives, disais-je. Ainsi, une adaptation cinématographique du livre est en cours ; un film sortira un jour sur grand écran, touchant du doigt par le biais de la fiction la vérité humaine de cette histoire qui demeure l'une des plus grandes énigmes judiciaires de ces dernières années. Le film portera autant sur le portrait psychologique du médecin que sur la quête inlassable – et bien réelle – d'un flic ayant passé dix ans de sa vie à ses trousses. D'où le titre que je donne au projet de film : *L'Affaire de ma vie*.

Le docteur Godard était un homme à la personnalité étonnante. Son histoire est singulière et pourtant ses obsessions nous sont familières, tant elles sont universelles. Sa quête ressemble aux rêves de chacun d'entre nous. Qui n'a jamais rêvé de tout plaquer pour recommencer sa vie à zéro, ailleurs ? Le mystère du docteur Godard, c'est l'histoire d'un type qui décide de réaliser ce rêve-là. Sauf qu'il tombe dans un piège redoutable. En quête de liberté, croyant fuir l'absurdité de notre société, il entre dans un monde sans foi ni loi et finit broyé par un système bien plus pervers encore.

Que la présente réédition permette de faire cheminer un peu plus loin cette histoire et qu'elle soit lue désormais pour ce qu'elle est : un drame humain inouï et authentique et – je l'espère – un vrai livre.

E. L., avril 2016

Avant-propos

En septembre 1999, un médecin de Caen loue un voilier et s'embarque avec ses deux enfants. On ne le reverra plus. Des traces du sang de son épouse sont découvertes à son domicile.

Le docteur Godard a-t-il sabordé son bateau, voire assassiné ses propres enfants ? Pourquoi n'a-t-on jamais retrouvé le voilier ?

Neuf mois plus tard, un marin-pêcheur remontera dans ses filets le crâne de l'un des enfants. Sept ans plus tard, un autre chalut repêchera les restes du médecin disparu.

Dossier clos.

La version communément admise est que le docteur Godard a disparu en mer après avoir tué femme et enfants.

Les clés de ce mystère sont tout autres.

Voici le parcours tragique d'un homme décidé à tout plaquer pour changer de vie et la refaire ailleurs.

Voici l'histoire d'une organisation l'aidant à préparer sa fuite. Le médecin avait imaginé disparaître en laissant derrière lui de faux indices de sa propre mort. Le sort lui a été cruel. Ce plan machiavélique s'est finalement retourné contre lui.

Voici le récit et la résolution d'une énigme criminelle restée en suspens pendant plus de dix ans.

Les meurtres qui vont suivre ne semblaient avoir, *a priori*, ni aucun lien entre eux ni aucun lien avec l'affaire.

Samedi 9 septembre 2000. 17 heures.
Candillargues, France

Un homme seul décolle à bord d'un *Piper PA-31 Navajo*, bimoteur d'affaires. Il est arrivé l'avant-veille d'Avignon comme chaque semaine et s'apprête à repartir pour Avignon comme chaque semaine.

L'arme du crime est ce même *Piper PA-31 Navajo*, bimoteur d'affaires soudain propulsé à vive allure contre le sol.

Le lieu du crime est un champ de Camargue où paissent quelques taureaux de combat, à quelques encablures du terrain d'aviation de Candillargues d'où il a décollé. L'avion s'y est écrasé sitôt après avoir quitté le sol.

La victime, quarante-cinq ans, était un businessman spécialisé dans les assurances, il avait monté un astucieux système parallèle d'assurance maladie. Un type avisé, mais pas suffisamment prudent.

Les réservoirs de l'appareil étaient complètement à sec, alors que la jauge dans le cockpit indiquait qu'il restait un quart du plein.

*

Lundi 29 janvier 2001. 9 h 15.
Baillargues, France.

La voiture utilisée par les tueurs est une grosse cylindrée de couleur noire.

Les armes sont des pistolets semi-automatiques de calibre 9 millimètres, les projectiles sont de marque ISF Luger et Oxo.

Les deux tueurs sont des professionnels. Ils sont jeunes.

Leur cible est un homme public. C'est dans ses bureaux que les tueurs vont agir, un lundi matin en plein jour devant les employés.

La berline sombre surgit dans la cour, les deux types cagoulés et gantés, arme à la main, grimpent d'un pas souple le petit escalier tout raide jusqu'à l'étage, en passant devant les secrétaires, effarées derrière les bureaux, l'un des tueurs leur fait signe de la boucler, doigt devant la bouche en murmurant : *chuuut...*

Leur cible était au téléphone, ils tirent aussitôt, conversation stoppée net, sept fois ils tirent, aucune chance de s'en sortir – le correspondant dira avoir entendu un grand cri puis plus rien. En sortant, les tueurs donnent le même ordre aux secrétaires, *chuut...*

La grosse berline noire disparaît comme elle était venue sur la nationale 113 vers Lunel.

La victime était le leader emblématique d'une organisation de défense des petits commerçants qui rassemblait des dizaines de milliers d'adhérents.

Cet homme était par ailleurs très engagé dans un business lucratif de délocalisation d'entreprises et d'assurance maladie parallèle, monté avec son associé, le pilote amateur décédé dans le crash de son avion quatre mois avant lui.

*

13 septembre 2006. Fosse des Casquets, en Manche.
70 kilomètres au large de Roscoff.

L'*AT FYL* est un fileyeur bleu et blanc de construction récente, barré par un armateur breton de Roscoff. Sa technique de pêche utilise des filets dits dormants, six rangées de cent quatre-vingts filets chacune, accrochés au fond par des ancres, un piège de neuf kilomètres sur quatre auquel rien n'échappe.

Le patron est prénommé Alain, le marin du bord Arnaud. Après plusieurs jours de mer, ils font une curieuse découverte. Ils remontent dans leurs filets un tibia et un fémur humains. Le patron note sur le carnet de bord la position où ils gisaient, en bordure de la fosse des Casquets, à une cinquantaine de kilomètres au nord-ouest de Guernesey.

Le second décide de ne pas rejeter les ossements à l'eau, il les cache au fond d'un bac en plastique sur le pont du bateau ; de retour au port, il emporte chez lui la caisse qu'il balance provisoirement au fond de son garage.

Cette trouvaille l'embarrasse, il ne sait que faire de ces restes humains. Trois semaines plus tard, faisant du rangement, il se décide à les porter à la décharge voisine. En chemin, il se ravise et fait un détour par le poste de la gendarmerie maritime, où il aperçoit de la lumière. Écoutant sa conscience, il décide finalement de confier les ossements aux gendarmes.

Ce tibia et ce fémur sont la dépouille du docteur Yves Godard, disparu sept ans auparavant.

*

Les trois événements décrits ci-dessus semblaient, *a priori*, n'avoir aucun lien entre eux.

En fait, il s'agit de trois « contrats » ordonnés par les mêmes commanditaires.

Le premier contrat, l'accident d'avion de l'assureur d'Avignon, est le plus discret.

Le deuxième contrat, l'assassinat en plein jour du leader des commerçants en colère, est le plus spectaculaire.

Le troisième contrat est le plus subtil, la disparition en mer d'un gêneur, un médecin normand parti avec ses deux jeunes enfants. Cadavres jetés au large, en eaux profondes.

Première partie

La disparition

1.

Les ténèbres ont frappé Terre-Neuve, soudain l'obscurité est tombée sur l'océan, l'avalant tout entier pour envahir à grande vitesse les côtes de l'Europe, en fin de matinée une gigantesque zone d'obscurité touchait la Cornouaille puis le nord-ouest de la France, absorbait la Belgique et progressait vers l'Allemagne en poursuivant à une vitesse inouïe sa prodigieuse odyssée vers la mer Noire, la Turquie, et plus loin encore le Pakistan et l'Inde.

Ce mercredi 11 août 1999, c'est un spectacle unique auquel assistent, tête vers le ciel et lunettes de protection sur le nez, des dizaines de millions de personnes à travers le monde. La nuit en plein jour. L'éclipse totale de Soleil est l'événement de l'été, dans les campagnes son souffle froid fait bruisser les arbres, les oiseaux cessent soudain leurs chants tandis que courent en ville des récits de fin du monde. En fin de matinée, l'éclipse s'annonce particulièrement visible en Normandie. Des sites d'observation ont été créés dans les bocages, des *parkings à éclipse* aménagés dans les prés, c'est par centaines que les curieux viennent s'allonger entre les pommiers, les yeux au ciel. Peu après midi, la terre devient si sombre qu'on voit même briller les étoiles entre les inévitables nuages qui courent dans le ciel normand.

Le pont de Juvigny en a vu d'autres. Ce n'est pas là qu'une simple formule, sa construction remonte au Moyen âge. Ces cinq arches de pierre qui franchissent, en courbe, la Seulles, sont le plus ancien ouvrage de ce type dans toute la région. Dans le bras formé par la route du pont désaffecté nichent quelques habitations et si les bombardements de 1944 qui ont tout détruit alentour les ont épargnées, c'est parce que ce vieux pont de pierre était devenu inutile, doublé depuis des lustres d'un pont voisin plus large. Visuellement, le pont du hameau de Juvigny demeure un joyau, tout voyageur qui s'arrête dans ce repli du bocage perçoit immédiatement la grâce qu'il confère à la petite maison voisine, construite de la même pierre sur la berge en pente douce de la Seulles. Cette fermette modeste mais charmante au pont de Juvigny, c'est la demeure des Godard.

Excepté la malencontreuse parenthèse nuageuse lors de l'éclipse, ce mois d'août 1999 est particulièrement chaud. Assez déplaisante en hiver pour l'humidité qu'elle transmet à la maison, la fraîcheur du petit fleuve en contrebas est une bénédiction aux beaux jours.

Les quatre enfants de Marie, l'épouse du docteur Godard, ont pu contempler malgré le ciel maussade ce phénomène astral qui a impressionné toutes les classes d'âge, aussi bien ses deux grands, Fanny et Léo, qui séjournent tout le mois chez elle à Juvigny après avoir passé juillet chez leur père, que ses deux petits, Camille et Marius, nés de sa seconde union, avec Yves.

C'est l'été, pour autant ce n'est pas une période de *farniente* pour tout le monde, le docteur travaille. À Caen, le cabinet d'Yves Godard ne fermera pas de toute la saison.

Chaque matin, le médecin embrasse ses enfants et quitte la maison de Juvigny au volant de son van blanc pour rejoindre son cabinet médical, situé dans un faubourg populaire du sud de Caen, entre la gare et le quartier de la Grâce-de-Dieu. Non, cette année, la famille ne part pas en vacances, Yves a même demandé à son épouse de décommander une location qu'elle avait conclue dès le mois de mars pour quinze jours en juillet à l'île d'Oléron. C'est lui-même qui avait pourtant souhaité que sa femme leur trouve une destination : «*Cette année je te laisse t'occuper de nos vacances*», avait-il dit à Marie, avant donc de changer d'avis. Des arrhes d'un montant de cinq cents francs avaient déjà été versées. Marie a dû rappeler la propriétaire du gîte réservé en expliquant qu'ils annulaient leurs vacances parce que leur fils avait raté son bac. «*Il doit se préparer pour le rattrapage de septembre*», a-t-elle dit. Au téléphone, la dame n'a pas été dupe, elle a bien compris que ce n'était là qu'un prétexte, cela fait longtemps que les rattrapages du bac ne se déroulent plus en septembre. Les arrhes versées ont donc été perdues, ce qui n'a pas arrangé les finances du ménage, au plus bas ; mais cette année, Yves a bien fait comprendre à tous qu'il n'y aurait pas de départ en vacances, il est formel, il doit travailler tous les jours, tout l'été.

Heureusement la mer n'est pas très loin, Camille et Marius, les deux petits âgés de six et quatre ans, vont pouvoir en profiter le week-end. Les habitants de la région de Caen n'ont qu'une quinzaine de kilomètres à faire pour accéder aux grandes bandes de sable des côtes du Calvados, ces fameuses plages du débarquement allié en Normandie, qui découvrent loin à marée basse. La famille Godard, elle, a plutôt ses habitudes à Granville, sur la côte ouest du Cotentin, bien qu'il faille une heure au moins pour s'y rendre ; à Granville, Yves Godard a depuis longtemps ses repères. Granville est un port, Yves Godard a le pied marin. Granville et sa côte découpée sont un avant-goût de Bretagne, Yves Godard est breton.

Fin juillet, Yves et Marie ont fait un aller-retour express dans le sud de la France. Ils ont pris l'avion à Caen-Carpiquet pour Nice. Un week-end en amoureux? Peut-être pas. Peut-être des affaires à régler, nul ne sait lesquelles. Yves a rencontré là-bas une avocate, amie de longue date de la famille.

À leur retour, le week-end du 3 et 4 août, le couple a rendu visite au père d'Yves, à Cancale. Cette visite était pour Henri Godard et son épouse Lucie plutôt inattendue; d'ordinaire, c'est à mi-chemin entre Caen et la Bretagne, à Villedieu-les-Poêles, que les grands-parents Godard voient en coup de vent le fils et les petits-enfants, comme une sorte de compromis que tous préfèrent, tant les relations ne sont pas toujours simples entre belle-mère, belle-fille, père et fils. La vie est passée par là. Les temps ne sont plus ni à l'innocence ni à l'insouciance. Lucie est la seconde épouse d'Henri Godard, Marie-France est la seconde épouse de son fils Yves, chacun y met du sien et fait des efforts.

En ce milieu d'été, lorsqu'ils sont arrivés des fleurs dans les bras à Cancale, Yves et Marie semblaient surexcités. Puis Henri Godard a trouvé son fils bien sombre. À un moment, il a profité d'un instant seul à seul avec lui, dehors sur la terrasse, pour tenter de *causer*.

Le père a demandé :

– *Tu as des ennuis?*

Le fils a répondu sans s'étendre :

– *J'ai des problèmes d'argent, mais ça va s'arranger.*

Dans les conversations entre père et fils Godard, ce n'était pas là une thématique nouvelle, quelques années auparavant, pour l'achat de la maison du pont de Juvigny, Henri Godard avait financièrement aidé son fils. Il avait même renouvelé son aide en prêtant de l'argent pour des travaux de rénovation. Ces derniers temps, les soucis d'argent sont devenus une question épineuse. Yves et Marie en parlent souvent.

Pour le reste, aux dires de tous ceux qui les connaissent, cet été 1999 est sans aspérités chez les Godard, sans grands projets non plus et sans souci autre que ceux que connaissent de nombreuses autres familles françaises, à savoir la toujours délicate cohabitation au sein d'une famille recomposée. Yves ne voit plus guère ses trois premiers fils, déjà grands, issus de son premier mariage ; lui qui était pourtant si proche d'eux lorsqu'ils étaient petits.

Quant aux deux ados de Marie, ils vivent en alternance chez leurs parents séparés, un mois chacun l'été, juillet avec le papa, août avec la maman. Le 20 août, Fanny, seize ans, a invité des copains à passer quelques jours à Juvigny ; ils ont installé une tente dans le jardin. À la fin de la dernière semaine d'août, le vendredi 27, Fanny et Léo repartiront chez leur père ; il est prévu qu'ils reviendront à Juvigny chez leur mère le vendredi suivant, 3 septembre.

Au bord de la Seulles, dans la petite maison en pierre de Caen qu'Yves Godard a en partie rénovée lui-même, le mois d'août s'achève tranquillement. Chaque année les vacances d'été s'amenuisent, le week-end qui s'annonce prend déjà un parfum d'automne puisque dès lundi, ce sera la rentrée des classes pour les petits. Avec quelques jours d'avance. Quelques courses de rentrée ont été faites, un nouveau bureau et sa lampe ont été achetés dans une grande surface à Caen pour la chambre des ados à l'étage, Yves a passé toute une soirée à le monter. Il a même acheté un nouveau marteau, dont les coups ont résonné dans la maison.

Pour ce dernier week-end avant l'école, une dernière escapade familiale à la plage s'impose. Il faut en profiter, bientôt, la mer ce sera fini.

La famille Godard passe la journée à Vierville-sur-Mer, entre Port-en-Bessin et Arromanches, sur cette partie de la côte normande un peu plus sauvage. La famille fait une halte au *bar-brasserie-bazar Le Lion d'or*, pour déjeuner tranquillement en terrasse et aussi pour acheter ballon, raquettes, seaux, pelles et râteaux. Ainsi qu'une splendide bouée crocodile toute verte pour le petit Marius. Des photos sont prises sur la plage, la pellicule non encore développée sera plus tard retrouvée dans l'appareil. Ce sont les dernières photos de la famille Godard.

On y voit une partie de badminton sur le sable, Yves est en maillot de bain noir, raquette à la main, lunettes sombres sur le visage, un très beau château de sable à l'arrière-plan ainsi qu'un ballon de foot flambant neuf. La quarantaine lui a certes apporté quelques cheveux gris et quelques kilos superflus, mais il reste plutôt beau gosse. Son style, les traits de son visage, l'intensité de son regard un peu ténébreux font penser au chanteur Jean-Louis Murat, à l'instar de son mode de vie d'ailleurs, mélange de décontraction très urbaine et de repli sur soi rural. Sur une autre photo, Marie est allongée sur le sable, elle aussi porte lunettes de soleil sombres et maillot de bain deux pièces de couleur noire. Jolie femme, pleine de charme, quoique le sourire soit un peu figé. Peut-être est-ce parce que quelques heures sur une plage normande ne font pas de vraies vacances, mais Marie et Yves ont les traits tirés et ils sont blancs comme des cachets. Leurs proches, lorsqu'ils verront ces dernières photos, diront même qu'Yves semble tendu. Il est vrai que les lunettes, noires, et les maillots, noirs, donnent avec le recul une tonalité lugubre à ces dernières poses sur la plage.

Pourtant, sur ces images du dernier week-end du mois d'août 1999, les apparences sont celles d'une certaine sérénité familiale, sur d'autres clichés les enfants s'amusent, on voit la petite Camille tout sourire épuisette à la main au bord d'une flaque à marée basse. Camille porte une marinière, ses longs cheveux sont noués. On a fêté ses six ans en mai. Sur cette autre prise de vue, le petit Marius s'allonge à plat ventre sur sa belle bouée crocodile verte fluo, il rit à pleines dents et semble grelotter dans sa mare d'eau salée. C'est l'été de ses quatre ans.

Dans moins de quarante-huit heures, mardi soir, leur maman va disparaître, ne laissant derrière le mystère de sa disparition que des taches de son sang un peu partout dans la maison.

*

Il y a du brouillard au matin du lundi 30 août sur la région de Caen. Le soleil finira par percer vers midi, le reste de la journée tournera au grand beau. C'est la rentrée des classes, les petits sont sur le pied de guerre.

Dix petites minutes en voiture à travers le bocage suffisent pour se rendre du hameau de Juvigny jusqu'aux écoles des enfants, la route monte de la vallée de la Seulles quasiment en ligne droite jusqu'au bourg de Tilly.

Tilly-sur-Seulles ressemble à nombre de villages alentour, c'est-à-dire reconstruit. Toute cette région a été profondément transformée par les combats meurtriers qui s'y déroulèrent l'été 1944 ; le village, repris vingt-trois fois de suite aux Allemands par les Alliés, n'était plus qu'un champ de ruines et ce n'est pas faire injure à ses habitants de rappeler que l'architecture de la reconstruction ne lui a pas rendu tout son charme. En ces lieux marqués par le feu de l'Histoire, toute trace du passé semble avoir voulu s'effacer ; désormais, sur cette terre argileuse à l'ouest de Caen que l'on nomme le Bessin, il est plus commun de trouver des fossiles marins vieux de plusieurs millions d'années que les vestiges et la mémoire des hommes qui vécurent là jusqu'au débarquement en Normandie.

En cette rentrée de l'automne 1999, pour les Godard il y a une nouveauté, les enfants seront déposés dans deux écoles différentes. Camille entre au CP en changeant d'école, désormais elle est inscrite à l'école privée du Sacré-Cœur, rue de la Libération, en haut du bourg, ses parents ne voulaient plus la laisser à l'école publique du village. Marius, lui, reste pour l'instant à la maternelle publique Jacques- Prévert car il n'y a pas d'autre choix, mais le projet est qu'il rejoigne sa sœur dès que possible. En fait, les Godard sont en froid avec l'équipe pédagogique.

Il faut dire que l'an passé, ils ont subi un affront. Le directeur d'école, monsieur G., détectant un trouble chez le petit Marius, a « fait un signalement » aux services sociaux à son propos. Les enseignants évoquaient un retard de développement et des difficultés de langage ; Marius, disaient-ils, est un enfant prostré qui n'a pas de réaction à l'énoncé de son prénom, ils disaient même redouter que cet enfant-là développe d'inquiétants symptômes d'une forme d'autisme, voire qu'il subisse à la maison de mauvais traitements. L'inspection académique fut alertée et un pédopsychiatre commis pour examiner l'enfant. Pédopsychiatre, le docteur Yves Godard connaît, c'est le métier de son propre père, ancien chef de service d'un hôpital psychiatrique réputé, en Bretagne.

Tandis que l'expert désigné par les autorités – une femme – faisait passer des tests à l'enfant, Yves Godard a fait de son mieux pour montrer à sa consœur l'absolue normalité de son fils, se mettant à genou pour aider le bambin à terminer un jeu-test et s'exclamant :

– *Vous voyez bien qu'il y arrive !*

La scène était probablement touchante, aucun parent n'apprécie que son enfant soit ainsi passé sur le gril d'une expertise dictée par l'école, dont l'exaspérante propension à ne pas supporter la moindre originalité de comportement d'un enfant n'est plus à démontrer. Mais ce jour-là, la spécialiste, elle, a surtout détecté dans l'attitude d'Yves Godard le symptôme patent du parent cherchant à masquer la réalité aux autres tout autant qu'à lui-même.

Quant à Marie, pendant toute la durée de cet examen qu'elle considérait probablement comme humiliant, elle était restée assise sans intervenir, sans dire un mot, en fumant des cigarettes. Le regard ailleurs.

Au final, la spécialiste avait certes conclu que Marius ne subissait aucun mauvais traitement, mais elle confirmait toutefois un retard psychomoteur, un retard de langage et une difficulté relationnelle avec l'entourage familial. Une situation, est-il écrit en toutes lettres dans son rapport, *qui nécessite une prise en charge.*

Depuis cet épisode fâcheux de l'année scolaire précédente, les parents du petit Marius ont pris conscience, semble-t-il, des difficultés de leur petit garçon. Ils ont décidé de le conduire chez une orthophoniste d'un bourg voisin, madame F.

Ce lundi 30 août 1999 au matin, après avoir conduit ses enfants à l'école, le docteur Godard prend le chemin de son cabinet, situé à Caen, à vingt et un kilomètres de là. C'est une journée de consultations comme les autres qui commence, un peu plus longue que les autres en fait, car il est prévu qu'il doive assurer une permanence de nuit, une de ces fichues gardes redoutées par tous les médecins, surtout l'hiver lorsqu'il faut courir d'un coin à l'autre de la ville pour soigner bronchiolites et gastros – l'été, les gardes sont généralement plus tranquilles. C'est une permanence pour l'association des médecins urgentistes de Caen qui est inscrite sur l'agenda d'Yves Godard ce lundi soir, avant dernier jour du mois d'août. Toutefois, il a prévenu au dernier moment qu'il ne serait pas disponible. Dans la matinée, il prend soin de téléphoner à l'un de ses confrères, le docteur Fernandez, pour lui rappeler que celui-ci s'est engagé à le remplacer. Il n'est pas rare qu'Yves Godard décommande ainsi au dernier moment ses gardes de nuit, disent les médecins de Caen, certains s'en sont plaints auprès de leurs confrères, ils n'apprécient guère ce manque de fiabilité pour cette corvée et certains vont même jusqu'à émettre une hypothèse : Godard ne se crée-t-il pas ainsi des moments de liberté vis-à-vis de sa femme pour sortir le soir ? Officiellement de garde, il se décommande au dernier moment. Que fait-il à la place et pourquoi a-t-il besoin de temps libre ? A-t-il une autre activité qu'il veut cacher ? Ce type-là est décidément mystérieux.

Cette journée du lundi 30 août, les consultations s'enchaînent au cabinet du docteur Godard. Dans la matinée, à dix heures et demie, tandis qu'il est avec un patient, il reçoit un appel sur son téléphone portable. Face à la question qui lui est posée, il paraît gêné de répondre devant une tierce personne et explique qu'il rappellera. Ce qu'il fait quelques minutes plus tard, en changeant d'endroit pour être plus tranquille. Il précise alors à son correspondant qu'il arrivera le 1er septembre à 10 h 30 et non pas le 31 août au soir comme il l'avait annoncé initialement.

Le soir, à la maison, les petits racontent leur rentrée. Ils sont contents. Dans sa nouvelle école, Camille s'est même fait une nouvelle copine.

*

Lorsque le jour se lève sur la Normandie, le mardi 31 août 1999, il fait moins beau temps que la veille, le ciel est un peu nuageux, la journée s'annonce tout de même agréable. Pour ce deuxième jour d'école après la rentrée des classes, c'est Yves Godard seul qui dépose Marius puis Camille à l'école. C'est une habitude dans la famille, c'est lui bien davantage que Marie qui les conduit, parfois il s'arrange même pour les reprendre le soir. Il est très proche de ses enfants, les instituteurs disent que la maman est moins présente.

En arrivant à l'école, Yves Godard apprend que l'établissement privé sera exceptionnellement fermé l'après-midi, l'une des institutrices vient de perdre son mari et tous les collègues se rendent aux obsèques. Il faudra donc venir chercher la petite Camille à midi. Ce contretemps posera-t-il des problèmes d'organisation ? Est-ce la maman qui viendra chercher la petite ? Non, c'est lui-même qui passera prendre sa fille, d'ailleurs il en profitera pour chercher son garçon à la maternelle.

Lorsqu'il sort de l'école, il n'est encore que neuf heures du matin. Le docteur Godard a trois heures devant lui pour faire ce qu'il a à faire avant la sonnerie de midi. Comme la veille il se rend jusqu'à son bureau, à Caen. Aujourd'hui, il n'emprunte pas l'itinéraire habituel mais rattrape plus au sud l'ancienne nationale 75, *la route de Bretagne* comme la nomment les gens du coin ; au passage, il franchit le pont qui enjambe le chantier de l'A84, «l'autoroute des estuaires» qui va bientôt remplacer la vieille nationale. Le chantier s'achève, depuis des mois il a pu voir les engins de terrassement s'affairer, à présent le bitume est presque terminé. Bientôt, cette voie rapide mettra Rennes à seulement une grosse heure de route de Caen.

Le docteur Godard passe à l'entrée du village de Verson devant les bureaux de certains de ses «camarades»; ces camarades qu'il voit régulièrement – et discrètement – ont beaucoup contribué, sans savoir jusqu'à quel point, à lui permettre d'organiser sa vie future, oui, sa nouvelle vie.

S'arrête-t-il pour parler à certains de ces «camarades»? Non, diront-ils par la suite. Eux seuls le savent.

À neuf heures et demie, il passe par la station essence Elf de Bretteville-sur-Odon, à l'entrée de l'agglomération caennaise. Son réservoir n'est pas vide, mais il complète pour faire le plein. Il paie avec sa carte bancaire, quatre-vingt-treize francs et vingt centimes. Un peu plus loin, en montant vers le quartier de Venoix, il retire de l'argent à un distributeur du Crédit Lyonnais puis arrive à son cabinet, boulevard Maréchal-Lyautey. La journée sera-t-elle chargée? Toutes les journées de l'été l'ont été, plus d'une quinzaine de patients par jour parfois. La semaine précédente, l'un de ses correspondants lui a adressé un garçonnet atteint d'une leucémie. Désespérés, les parents veulent tout tenter. Ils ont même vu un guérisseur près d'Aunay-sur-Odon et s'ils sont dirigés à présent vers le docteur Godard c'est parce que lui a la réputation, quand il n'existe plus d'autre solution, d'oser s'aventurer sur des terrains thérapeutiques audacieux, au-delà des protocoles médicaux communément admis.

Mais non, malgré son agenda surchargé, aucun patient ne l'attend, aucun acte médical d'aucune sorte ne sera administré à son cabinet. Aujourd'hui, contrairement à la veille, contrairement à tous les jours de tout l'été, contrairement à tous les autres jours ouvrables de l'année, il se trouve que le docteur Godard a décidé de n'avoir strictement aucune activité médicale. Sa journée du mardi 31 août 1999 est vide.

Chez lui, à Juvigny, sur la petite table près du téléphone, des rendez-vous de consultation figurent bien dans son agenda, inscrits au crayon ; il en va de même pour les jours suivants. Pour toute la semaine du 1er septembre le docteur Godard a en effet écrit, au crayon à papier, des noms de patients sur les pages de l'agenda du cabinet. Certains sont de vrais noms piochés dans sa patientèle, d'autres sont fantaisistes. Tous ces rendez-vous sont bidon, de manière à ne pas éveiller le soupçon de Marie, son épouse, sur ses réelles intentions les premiers jours de septembre. Plus tard, dans la nuit ou au petit matin avant de partir définitivement de chez lui, il prendra soin d'effacer tous ces noms.

Le cabinet du docteur Godard est assez désordonné et meublé sommairement. Hormis le miroir ancien du couloir d'entrée, sa table de travail est avec sa chaise de velours vert le seul objet qui ne soit pas impersonnel. Il s'agit d'un petit bureau en chêne patiné par le temps, dont on se dit en le regardant que celui qui s'asseyait ici avait pour ce vieux bureau de médecin de campagne une tendresse particulière. Tout le reste de l'ameublement de son cabinet est sans charme. Contre un mur, des tréteaux de métal bon marché soutiennent une planche où sont posés plutôt que rangés les attributs habituels du généraliste, dictionnaire *Vidal*, fichier des patients, mallette de médicaments en plastique jaune. Et un *Minitel*.

Ce mardi 31 août, si le docteur Godard est venu à son bureau, ce n'est donc pas pour consulter. Il doit régler, comme on dit, certains détails. Il passe plusieurs coups de téléphone. Un patient sonne à sa porte, il n'ouvre pas.

Il est venu pour se débarrasser de documents qu'il ne veut pas laisser derrière lui et emporter ceux dont il aura besoin. Ainsi, il prend son diplôme de docteur en médecine – document dont les praticiens, au quotidien, n'ont jamais besoin ; emporter avec lui ce diplôme lui sera utile, voire indispensable. Dans son cabinet, il ne laisse derrière lui que ce qu'il juge anodin d'offrir au regard inquisiteur de qui mettra les pieds ici après lui.

Il referme la porte en emportant les derniers chèques signés par ses patients la semaine précédente. L'agence du Crédit Lyonnais qui gère son compte principal est toute proche, mais il prend la route jusqu'à Bayeux, trente kilomètres à l'ouest de Caen, pour déposer ces chèques au guichet de l'agence BNP, où il a discrètement ouvert un nouveau compte bancaire. Puis il refait la route dans l'autre sens depuis Bayeux jusqu'au village de Tilly, juste à temps pour prendre ses enfants à l'école, quand sonne midi.

Au lendemain de la rentrée c'est donc l'école buissonnière, cet après-midi le docteur Godard va se consacrer entièrement à ses enfants. Il emmène Camille et Marius se promener du côté de Balleroy, aux étangs de Planquery, à une quinzaine de kilomètres de Tilly-sur-Seulles. Dans ce grand parc riche de plusieurs petits étangs, on effectue chaque jour des lâchers de truites, c'est le paradis des pêcheurs du dimanche, l'endroit idéal pour une initiation aux joies de la pêche tout en pique-niquant.

Yves Godard se relaxe donc avec ses deux petits au bord d'un étang. Le papa et les deux enfants prennent une collation à la buvette. Les pêcheurs présents, tout comme les tenanciers des stands de pêche, sont un peu surpris de voir ici un père seul avec ses enfants un mardi après-midi lendemain de rentrée des classes. Yves a loué à l'entrée deux cannes pour les gosses, il semble très complice avec eux et comme tous les enfants du monde en pareille circonstance, Camille et Marius se montrent tout joyeux de ce moment volé sur le temps de l'école. Ils en profitent une bonne partie de l'après-midi, personne ne les rejoint au bord de l'étang et lui ne s'absente pas ; ils pêchent, c'est tout. Yves Godard est décrit par tous ceux qui le connaissent comme un père aimant et attentionné.

Cet après-midi-là aux étangs de Planquery, que raconte Yves Godard à ses deux enfants de quatre et six ans ? Nul ne le sait. Les pêcheurs alentour le décriront comme très calme ; en pareille circonstance, c'est un tour de force. Quel esprit humain faut-il être pour que les pensées ne s'entrechoquent pas ? Yves Godard a décidé que le lendemain marquera le premier jour de sa nouvelle vie et il pêche.

Car si le ciel du mois d'août a connu une éclipse mémorable, le 1er septembre 1999 marquera pour Yves Godard le jour de sa disparition. Il l'a décidé ainsi. En quelque sorte, lui aussi s'éclipse. Le nouveau millénaire qui se profile marquera le début d'une toute nouvelle vie, ailleurs.

Cette décision, il l'a prise seul. Il a préparé ce grand départ dans le plus grand secret, sans en informer quiconque dans son entourage, ni ses amis, ni sa famille et pas même sa femme. Il a tout prévu, tout organisé minutieusement depuis de longs mois.

Il va mettre son plan à exécution le soir même.

2.

Les mauvaises langues disent que Marie passe ses journées au lit. En tout cas, ce mardi 31 août au matin, elle assure le secrétariat de son mari, rôle qu'elle tient de temps en temps. À dix heures pétantes elle téléphone à une patiente, madame Legendre, qui a laissé un message la veille. La dame veut un rendez-vous, l'épouse du médecin feuillette l'agenda des consultations, le 1er septembre semble bien plein, Yves a déjà inscrit – au crayon ? – de nombreux rendez-vous. Marie trouve une place dès le 2 septembre. Satisfaite, la patiente raccroche. Lorsque le surlendemain elle viendra sonner à la porte du cabinet, elle trouvera porte close.

Le programme de la journée de Marie est assez tranquille. On imagine sans peine qu'une mère de quatre enfants ne peut être que ravie de souffler un peu en leur absence. Les deux grands sont chez leur père, les deux petits viennent de reprendre l'école, cette journée lui appartient, cette semaine est enfin une semaine pour elle toute seule. D'ailleurs, plus généralement, cette période est ainsi faite, Marie a décidé de s'occuper d'elle, depuis presque deux ans elle a entamé un travail au long cours sur elle-même. Elle se rend chez un psy deux fois par semaine et a entrepris de prendre soin d'elle-même : s'inscrire à des cours de fitness, aller à la piscine à Caen, s'offrir des soins dans un institut de beauté.

Les entretiens avec le psy ont pris une grande importance dans sa vie et sont quasiment les seuls rendez-vous qui figurent à son agenda, inscrits au gros feutre rouge : la lettre B, entourée d'un cercle. Pourquoi la lettre B ? Tout simplement parce que c'est la première lettre du nom du psy. Ainsi, en tournant les pages du planning de Marie-France Godard pour cette période, on ne voit qu'eux, ces grands B majuscules cerclés de rouge, le lundi 16 et le jeudi 19 août à dix-huit heures, puis la semaine suivante le lundi 23 et le vendredi 27, toujours à dix-huit heures. Pour la semaine suivante, celle qui nous intéresse, le rendez-vous est fixé à ce mardi 31 août. Quoi d'autre ? Peu de choses, excepté un rendez-vous chez le coiffeur à neuf heures du matin et des pense-bêtes à propos de la rentrée des petits et de la garde partagée des grands. *Fanny et Léo sont là*, est-il écrit avec deux grandes flèches d'un bout à l'autre du mois d'août. C'est à peu près tout, septembre est vierge de tout projet, en dehors bien sûr de ces rencontres bihebdomadaires avec monsieur B.

Avouons-le, feuilleter ainsi l'agenda d'une femme disparue provoque une certaine gêne.

Ce mardi 31 août 1999, jour de sa disparition, Marie quitte donc la maison de Juvigny dans l'après-midi au volant de la deuxième voiture de la famille, la sienne, la 306 rouge. Elle va à son rendez-vous chez monsieur B., fixé comme d'habitude à dix-huit heures, mais auparavant elle s'acquitte de la corvée des courses au supermarché *CORA*, à l'entrée de la ville. Là, la maman de Camille et Marius dépose aussi les négatifs de clichés récents qui l'enchantent tout particulièrement, elle veut des agrandissements de la bouille de ses petits, elle en commande trois, prend le ticket en prévoyant de revenir les chercher en fin de semaine. Puis Marie se rend comme prévu chez monsieur B. Ainsi, tandis que son mari termine sa partie de pêche avec les enfants aux étangs de Planquery, Marie va s'asseoir sur le fauteuil de son psy, rue de Bayeux à Caen.

C'est une relation forte qui s'est installée avec le thérapeute ; rien de plus classique après tout, le fameux transfert vers le psy semble avoir fonctionné à plein. Le thérapeute en question est un *self-made-man*, ancien travailleur social issu du monde agricole, féru de sophrologie et adepte de ce qu'il nomme *le dialogue intérieur* et la *psynergie*. Marie adhère. Quiconque s'est lancé un jour dans un travail psychologique de longue haleine le sait bien, c'est un immense et splendide voyage intérieur, qui n'est généralement pas sans conséquence, pour le patient comme pour son entourage. Marie a clairement un compte à régler avec son enfance. Depuis qu'elle a commencé cette psychothérapie, elle a entrepris, chaque matin au réveil, de consigner par écrit tous les rêves de la nuit dont elle se souvient. Ce *Cahier des rêves*, comme elle l'a intitulé, elle ne craint pas de l'abandonner en évidence sur la table de la chambre, offert aux regards de son mari, voire des enfants. Les notes qu'elle y dépose révèlent pourtant des pensées très intimes, notamment sa grande proximité avec le psychothérapeute, dont elle avoue éprouver envers lui des élans proches du sentiment amoureux.

Lorsqu'on tente aujourd'hui de joindre le psychothérapeute en évoquant le nom des Godard, la conversation est brève, il raccroche immédiatement au nez de tout importun sur le sujet. D'ailleurs, à quoi bon vouloir percer les secrets d'un divan ? D'un point de vue judiciaire, en revanche, cette proximité unique revêt un grand intérêt ; une psychothérapie est un grand déballage, on dit tout à son psy, y compris ce qu'on n'ose dire à personne d'autre. Quels secrets Marie a-t-elle livrés à monsieur B. ? Le fait est que le juge d'instruction n'apprendra rien. Rien d'important. Ou plutôt si, il aura la confirmation que jamais l'épouse d'Yves Godard n'a eu un quelconque projet de départ, aucun projet de voyage, même bref. Au contraire, ce mardi 31 août 1999 au soir, elle confirme à son psy sa venue pour la prochaine séance, deux jours plus tard (2 septembre), et prend comme à l'accoutumée deux nouveaux rendez-vous pour la semaine d'après, les 8 et 10 septembre.

Marie sort du cabinet du thérapeute peu avant dix-neuf heures et rentre chez elle au volant de sa Peugeot. À Juvigny, le chat l'accueille en se frottant contre ses jambes. Yves Godard, lui aussi, va bientôt rentrer à la maison. Ses voisins raconteront avoir vu arriver la camionnette blanche du docteur vers vingt heures, comme d'habitude, si ce n'est qu'exceptionnellement il ne s'est pas garé dans la cour de sa maison mais a laissé son van dans le chemin, tout près du vieux pont de pierre désaffecté, sous lequel, en cette fin d'été, la Seulles coule paisiblement.

Le soir s'installe. Au hameau de Juvigny comme ailleurs, ce n'est plus tout à fait l'été et pas encore la vraie rentrée. Déjà les jours diminuent, l'atmosphère est celle de ces soirées légèrement mélancoliques. Demain c'est déjà mercredi.

À vingt heures, le téléphone sonne chez les Godard. C'est Fanny, la fille aînée de Marie, elle veut parler à sa maman. Mère et fille papotent près d'un quart d'heure, treize minutes exactement. Marie raconte à son aînée la rentrée des classes des petits, qui s'est bien passée. Camille est contente de son nouveau cartable et de ses nouvelles affaires de petite fille sage.

Là encore, il n'est nullement question d'un quelconque départ et encore moins d'une croisière. Dans la famille, tout le monde le sait bien, Marie déteste faire du bateau.

Que sait-on du déroulement de cette dernière soirée du mois d'août ? Vers neuf heures du soir, le médecin sort ses poubelles. Pour aller les déposer sur la voie principale, il emprunte le petit chemin et passe devant ses voisins. L'un d'eux, monsieur G., est précisément en train de rentrer chez lui à ce moment-là. Il se trouve quasiment sur le seuil de sa porte, dans le jardinet séparé du chemin par une petite haie. Bien sûr, lorsqu'il aperçoit le docteur Godard venir vers lui, un gros sac-poubelle dans chaque main, il décide poliment de ralentir sa marche pour attendre son voisin, histoire d'engager la conversation comme chaque fois que les deux hommes se croisent. Monsieur G. est un homme chaleureux et volubile ; ce célibataire est l'entraîneur du club de foot local, l'U.S. Tilly-sur-Seulles. Un type charmant. Ce soir-là, il arrive précisément d'une réunion de rentrée du club, il est en tenue de sport, comme souvent.

Mais le toubib, lui, contrairement à l'habitude, n'a pas l'air avenant ; portant ses deux grosses poubelles, il baisse la tête en regardant ses chaussures et répond à peine au salut chaleureux que monsieur G. vient de lui adresser.

Pourquoi cet air taciturne ? Le voisin, incrédule, tente bien d'engager la conversation, mais l'autre s'éloigne jusqu'au container commun, où il s'affaire un bon moment, on dirait même qu'il attend que son voisin soit rentré chez lui pour repasser par le petit chemin.

Monsieur G. a décidé d'attendre le retour du médecin, il patiente. Lorsque le docteur Godard se décide enfin à revenir, l'entraîneur de foot, toujours brave, tente de nouveau d'engager la conversation. Rien à faire, ce soir Godard n'est décidément pas causant, il ne fait que passer. *Allez, bonsoir.*

Monsieur G. n'insiste pas, il rentre chez lui en se disant qu'il y a quelque chose qui ne tourne pas rond chez le docteur Godard. Monsieur G. dira par la suite regretter de ne pas avoir insisté ce soir-là et de ne pas avoir suivi son voisin jusque chez lui, pour causer.

Les enquêteurs, quant à eux, se demanderont ce que pouvaient bien contenir les deux gros sacs-poubelle.

Quoi d'autre ? Un peu plus tôt, le médecin a appelé une de ses patientes, madame Hamon, pour repousser de plus de huit jours une consultation prévue de longue date. Plus tard, on découvrira aussi que c'est au cours de cette soirée qu'il va d'un coup de gomme effacer de l'agenda du cabinet tous les faux rendez-vous qu'il y avait inscrits au crayon noir. On imagine ce geste ô combien symbolique, quelques frottements sur la page et voilà, c'est fait, la première semaine de septembre 1999 s'efface, elle disparaît. Le docteur Godard, médecin généraliste au 1, boulevard Maréchal-Lyautey à Caen, n'est plus là pour personne, il cesse même d'exister. Il se volatilise.

Sur l'agenda, à la date du 1er septembre 1999 désormais page blanche, une seule inscription demeure, à l'encre bleue, en haut à côté de la date : *E 79*.

3.

La fourgonnette de la boulangère surgit toujours à la même heure, elle descend la côte de Tilly vers le pont de Juvigny sur le coup de neuf heures moins le quart et se gare sur le bas-côté en annonçant son arrivée d'un petit coup de Klaxon.

Le 1er septembre 1999, madame Chasle est sortie la première comme d'habitude en entendant la boulangère arriver. Elle a traversé la route, pris son pain et la voilà maintenant qui reste à discuter deux minutes avec la commerçante. C'est à ce moment-là qu'elle voit la fourgonnette blanche de son voisin, *Le Docteur*, comme elle le nomme avec déférence, sortir par cette allée qui mène au vieux pont. Madame Chasle traverse la route pour le saluer, elle s'approche. Yves Godard passe alors un bras par la vitre ouverte, passe même quasiment la tête hors du fourgon et annonce, sans même laisser à sa voisine le temps d'arriver jusqu'à lui :

– *On part quelques jours, vous voulez bien vous occuper des chats ?*

Madame Chasle se montre bien sûr disponible et même ravie, mais elle est surprise. D'ordinaire, quand ils partent en week-end, ses voisins viennent la prévenir quelques jours auparavant. *Le Docteur* fournit même la boîte de croquettes à l'avance et c'est toujours l'occasion d'un contact agréable, Yves Godard ne rechignant jamais à fournir quelques détails sur le séjour à venir. Mais rien de tout cela ce matin, ce départ-ci est-il donc imprévu ? Et puis l'école ? Elle ne se permet toutefois pas la moindre question.

La vieille dame jette un œil à l'intérieur de la camionnette. Tiens donc, le siège passager est vide, la *dame du docteur* n'est pas là, elle n'occupe pas sa place habituelle. Les enfants sont là, eux, ils sont même agités, ils jouent sur la première banquette arrière. Madame Chasles tente de jeter un œil, mais le médecin se penche encore davantage vers elle, de sorte qu'il devient difficile de voir quoi que ce soit à l'intérieur du fourgon, dont les vitres arrière sont teintées. Madame Chasles croit bien apercevoir la silhouette de l'épouse du docteur, tout à l'arrière sur la banquette du fond. Elle dira plus tard se souvenir d'une présence, une chevelure ondulée qui tombe sur les épaules et même un petit signe de la main, mais comment en être certaine ?

– *Allez, au revoir !*

Le Volkswagen blanc s'éloigne et prend la route à droite vers Tilly-sur-Seulles, ce qui n'est pas le plus court chemin pour rejoindre la destination prévue ; peut-être la famille a-t-elle décidé un petit détour par le centre du bourg pour un dernier passage devant l'école des petits. Dire au revoir, qui sait ?

La voisine des Godard, elle, a regardé la famille s'éloigner jusqu'à ce que la fourgonnette disparaisse. Puis elle est rentrée chez elle, sa baguette de pain sous le bras. C'est la dernière fois qu'elle les verra.

*

La ville de Saint-Malo est distante de cent cinquante kilomètres. À cette époque, l'autoroute qui va considérablement réduire le temps de parcours entre la Bretagne et la Normandie n'est que très partiellement en service, nous l'avons dit sa construction est en voie d'achèvement; à quelques kilomètres du domicile des Godard, ce chantier est, comment dire, un endroit en perpétuelle évolution. Le jour, tractopelles et bulldozers y remuent des tonnes de remblais. La nuit, le chantier est désert et silencieux.

Depuis Caen, pour se rendre en Bretagne, la route traverse le bocage vers le bas de la Manche, l'Avranchin, puis continue plein ouest en longeant la côte, plate comme une limande à cet endroit, si ce n'est au loin là-bas sur la droite la silhouette éternelle du Mont-Saint-Michel. Une fois le Couesnon franchi, c'est la Bretagne. Il faut à peine deux heures pour rallier Saint-Malo depuis l'ouest de Caen, un peu plus en traînassant. Nulle trace d'un quelconque arrêt de la fourgonnette blanche en route, ni dans une boulangerie, ni dans un bar, ni à une station-service. Les enfants ont-ils dormi tout au long du trajet? La fourgonnette Volkswagen n'est pas des plus confortables. C'est un utilitaire que le médecin a acheté d'occasion une bouchée de pain et qu'il a fait transformer, *customiser*, pour devenir un véhicule familial vaste et robuste : plancher de contreplaqué sur le bas de caisse, deux banquettes deux places l'une derrière l'autre, ajout de vitres latérales teintées, mais son confort demeure des plus sommaires et ce n'est certainement pas l'idée qu'on se fait habituellement de la voiture d'un médecin de province. Les patients qu'il visite, surtout les personnes âgées, se montrent tous surpris lorsqu'ils la découvrent. Pourtant cette voiture est à l'image de la maison des Godard, c'est-à-dire bohème, en désordre et même un peu crado, comme on dit. Le cendrier déborde des mégots de Marie, qui roule son tabac et plante même ses clopes à moitié terminées dans les grilles du système d'aération. Mégots à l'extrémité rouge pétard, la couleur de son rouge à lèvres.

La camionnette se gare sur le parking du port des Bas-Sablons, à Saint-Malo, peu avant 10 h 30, heure du rendez-vous avec le loueur de bateaux. Yves Godard est pile à l'heure. E 79 était-il écrit sur l'agenda du médecin à la date du 1er septembre.

Il descend seul avec ses enfants sur le ponton E et marche jusqu'à l'emplacement 79, où l'attend monsieur H., le mari de la dame avec laquelle il a parlé au téléphone pour réserver le voilier. Tout au long de ce ponton qui flotte au gré des marées sont amarrés des bateaux de location, le gros de la saison s'achève, les bateaux sont désormais quasiment tous rentrés. Lorsqu'il a réservé, par téléphone le 17 août, Yves Godard avait demandé un bateau *« le plus petit que vous avez »* pour une balade de cinq jours. Il avait laissé son numéro de téléphone portable et n'avait nullement précisé s'il serait seul ou en famille. L'avant-veille, le 30 août, l'épouse du loueur de bateaux l'a rappelé pour lui demander de préciser son heure d'arrivée, c'est là qu'il avait semblé gêné puis avait rappelé quelques minutes plus tard pour préciser qu'il n'arriverait que le 1er septembre à dix heures et demie.

Monsieur H. fait rapidement la présentation du voilier : neuf mètres soixante-quatorze, barre franche, une couchette avant, deux cabines arrière. Son nom, le *NICK* ; c'est un bateau de type *Sun Odissey* rebaptisé lorsque le loueur l'a racheté, autrefois c'était le *Steval*.

À la façon dont le plaisancier est monté à bord et se déplace avec aisance sur le pont, le loueur comprend tout de suite qu'il a à faire à un navigateur expérimenté. Les quelques questions qu'il aborde le confirment. Monsieur H. peut laisser partir son bateau l'esprit tranquille, ce client-là, qui a réservé jusqu'à dimanche, est un connaisseur, cela se sent. Le loueur donne les précisions habituelles, réserve d'eau douce soixante-dix litres, carburant pour le moteur diesel cinquante litres. Toutefois ce monsieur Godard ne semble guère intéressé par ces informations qu'il ne relève pas, d'ailleurs il ne pose aucune question, en somme il ne se montre nullement intéressé par l'état technique du bateau. Un homme s'apprêtant à une longue croisière se comporterait différemment, à coup sûr.

– *Où allez-vous ?*

– *Oh, je ne sais pas trop, on va juste faire un petit tour, peut-être pousser jusqu'à Perros-Guirec.*

Le plaisancier reste très évasif. Sur le ponton, les enfants jouent. Ils sont calmes. Un père seul avec ses enfants, à notre époque, c'est commun. Le loueur confie au plaisancier les papiers du voilier, celui-ci lui remet un chèque, qui vient compléter les arrhes envoyées le 17 août.

– *Bonne promenade !*

Monsieur H. serre la main de son client et empoche le chèque. C'est un chèque en bois.

Pour quitter le port des Bas-Sablons, les embarcations à quille doivent attendre que la marée soit suffisamment haute. Ce 1er septembre 1999, la pleine mer sera tardive, dans l'après-midi. En remontant vers son bureau, le loueur de bateaux voit son client et les deux enfants remonter dans la camionnette blanche. Ils vont faire un tour en attendant la marée, se dit-il, ou bien faire des courses pour les cinq jours de mer.

4.

C'est l'heure des folies permises, enfin
L'heure où je ne comprends plus rien.

Étienne Daho
Saint-Lunaire dimanche matin

Le chanteur rennais Étienne Daho s'est fait connaître au début des années 1980 par son talent pour les mélodies nostalgiques et sucrées. Son premier album, intitulé *La Notte la notte*, est une ode aux sorties de fin de semaine, depuis les toits de Rome jusqu'aux terrasses des villas bretonnes de la Côte d'Émeraude, entre Sables-d'Or-les-Pins et Dinard. Ce disque noctambule s'achève par un moment de mélancolie douce, une fin de nuit à *Saint-Lunaire dimanche matin*, titre de cette ultime et simple balade :

La fête s'achève et les derniers se pressent.
C'est comme dans un rêve et y a plus rien à boire, bonsoir.

Saint-Lunaire. À la pointe du Décollé face à la mer, *La Chaumière* a la réputation d'être le night-club prisé des Parisiens en week-end, l'endroit est depuis longtemps fréquenté par ceux qu'on appelle de nos jours les *people* ; le comédien britannique Hugh Grant y a été aperçu. Dès la fin des années 1970, Saint-Lunaire aimante chaque week-end la jeunesse dorée rennaise.

C'est l'heure des folies permises, enfin, chante Daho, *l'heure où je ne comprends plus rien.*

C'est là qu'Yves Godard a grandi, sur cette Côte d'Émeraude, digne prétendante au titre du plus beau littoral français. Il y a vécu toute l'enfance et ne la quittera qu'au jour de son départ pour la fac de médecine à Caen, en Normandie. Si son état civil mentionne une naissance à Paris 16e, c'est purement fortuit. Le domicile familial est alors situé à Saint-Briac-sur-Mer, commune mitoyenne séparée de Saint-Lunaire par un terrain de golf dix-huit trous, le *Dinard Golf Club.*

Yves est un enfant de la mer. Non seulement il a appris très jeune les subtilités de la manœuvre et de la navigation, mais dès l'adolescence il devient moniteur de voile au centre nautique de Saint-Lunaire, dont le riche C*lub house*, entouré d'une nuée de catamarans au repos sur l'herbe sablonneuse, témoigne de son importance dans la station balnéaire. À l'orée du boulevard de la mer et de la plage, ce yacht-club – moderne construction au toit d'ardoise incongrûment mansardé jusqu'au sable – est l'un des points de ralliement d'Yves et de sa bande de copains, *voileux* comme lui. Juste en face, on aperçoit les belles villas british autour de la pointe du Décollé (dont celle de l'animateur Nicolas Hulot), villégiature certes moins huppée que Dinard, mais incomparablement plus glamour ; si ce n'était le bruit des vagues, depuis ce club de voile où le jeune Yves Godard traîne souvent, on pourrait presque en tendant l'oreille percevoir les rires et les cris de joie des jeunes filles s'enivrant les soirs d'été à *La Chaumière*, dont la terrasse domine toute la baie de Saint-Malo. Les jeunes moniteurs de voile y ont leurs entrées.

Yves est aussi un fidèle du spot des planchistes de la grande plage de Longchamp, l'autre grève de Saint-Lunaire.

Même l'hiver lorsque la température de l'eau avoisine les dix degrés, surfeurs et véliplanchistes se regroupent rue des Bas-Sablons. Là, ils enfilent leur combinaison et courent planche sous le bras braver les éléments. Certains parmi les plus âgés possèdent des *Combi VW* aménagés sommairement en camping-car, façon surfeurs californiens. Plus tard, c'est juré, Yves s'offrira lui aussi son « bus » Volkswagen. D'ici là, pendant ces années de lycée, c'est en mobylette que les jeunes du coin tournoient, souvent en bande. Yves fréquente assidûment le *Surf*, le bar de plage préféré des jeunes bourgeois du coin, rendez-vous de tous les planchistes – une simple cabine de plage peinte en blanc avec des rayures bleu Hawaï.

Yves, bien qu'encore lycéen, est unanimement considéré comme un bon moniteur de voile. Plus tard, ce sera un vrai marin, ce terme n'est pas exagéré pour qui a passé sa jeunesse entière à tirer des bords dans toute la baie de Saint-Malo, de Saint-Lunaire jusqu'au cap Fréhel. *« C'était son terrain de jeux »*, disent aujourd'hui ses proches. De cette Côte d'Émeraude il connaît les moindres recoins, les hauts-fonds et les criques secrètes.

Cette partie du littoral breton est splendide. Parmi tous les sites qu'elle recèle, l'un d'entre eux enchante Yves tout particulièrement, à quelques encablures du domicile familial : les îles des Ébihens[1], à la pointe de Saint-Jacut-de-la-Mer. Les Ébihens sont un paradis secret, riche de minuscules baies de sable d'or accessibles seulement en bateau quand la marée est haute. C'est probablement l'endroit préféré d'Yves Godard. à l'adolescence cet archipel est son objectif de régate favori, plus tard il y emmènera aussi bien ses élèves du club de voile que ses amis. Accessible

1 Ébihens se prononce « Ébien ».

en tirant quelques bords avec un catamaran et même en planche à voile, la façade principale des plages des Ébihens est tournée vers la côte, face à la baie de Lancieux, berceau de la famille Godard. C'est curieux comme certains lieux peuvent être récurrents dans la vie d'un homme. Dans l'album photo familial des Godard, l'île des Ébihens revient à plusieurs époques, aussi bien dans la prime jeunesse d'Yves, lorsque le bateau de son père, le *Quetzal*, y mouillait pour la journée, que plus tard, à l'époque de son premier mariage, avec ses fils aînés. Et spécialement, l'une des petites plages où la famille a ses habitudes est photographiée plusieurs fois, la plage de la Chapelle.

Insister sur ce point n'est pas anodin, cet archipel des Ébihens, et cette plage, seront précisément, bien des années plus tard, au cœur de l'énigme qui nous occupe ici.

À Saint-Briac-sur-Mer, lorsqu'on s'engage dans la rue du Port-Hue, on passe devant un panorama admirable, la plage du Bréchet, anse calme et coquette en plein village, dont l'arc de cercle s'achève par un promontoire rocheux et la fière silhouette du château du Nessay, aujourd'hui dévolu à l'accueil de classes de mer. Ce port naturel du Bréchet, qui se découvre entièrement à marée basse, est peuplé de dizaines d'embarcations qui s'alanguissent sur le fond de sable, couchées sur le flanc ou droites sur leur quille soutenue de béquilles. Une pure carte postale bretonne.

C'est un peu plus loin dans cette rue du Port-Hue qu'est située une belle maison qui était alors la demeure des parents d'Yves Godard, avant qu'elle ne soit vendue. Cette maison familiale est une construction typiquement bretonne au toit d'ardoises grises et aux murs blancs soulignés de gros linteaux de granit. Depuis l'étage on doit deviner, au-delà des toits environnants, l'anse du Bréchet, dont on aperçoit les mats des voiliers au mouillage. Il est un fait évident : quiconque grandit ici, sur cette langue de sable entre le port du Bréchet et le port Hue, vit les pieds dans l'eau entouré de bateaux. Depuis cette rue on entend la colère des vagues les nuits de tempête, l'hiver l'air marin fait rouiller les clôtures des petits jardins où s'agitent, pourtant protégés par d'épaisses haies de troènes, des rhododendrons malmenés par les embruns.

Les copains de jeunesse d'Yves se souviennent encore avec émotion de leurs navigations en sa compagnie, sur les *Quetzal* prêtés par le père Godard.

– *Le Quetzal IV devait être un Brise de mer 31,* cite de mémoire, trente ans plus tard, l'un de ses anciens camarades de la fac de médecine.

– *Et le Quetzal V, c'était un Romanée coque en alu, fallait voir ça, quand on arrivait à bord d'un tel rafiot, on était les caïds, on avait le plus beau bateau du port.*

Aujourd'hui médecin lui aussi, et toujours amateur de voile, cet ancien ami de jeunesse se souvient de toute la famille, des deux sœurs d'Yves et même du chien de la maison *qui était épileptique et que le père avait mis sous Gardénal.*

Cet ami raconte surtout la grande passion du jeune Godard pour la mer.

– *C'est lui qui m'a appris à naviguer.*

Ensemble, ils ont « fait » maintes fois les îles Anglo-Normandes, appris à affronter le redoutable raz Blanchard et navigué en hiver en Manche, le tout aux instruments classiques avec simplement l'appui des cartes des hauts-fonds.

– *Croyez-moi, c'est des coins pas toujours faciles et à l'époque il n'y avait pas de GPS. Yves était toujours très calme, même par gros temps. Il assurait. Moi c'est simple il me faisait penser à Tabarly, toujours discret mais sûr de sa force.*

Dans l'album photo familial, on aperçoit ici Yves Godard en jeunot affairé sur le pont du *Quetzal* en cale sèche sur un quai de Saint-Malo. Et là en navigation avec son père. Et encore là en croisière *peinarde* avec l'une de ses sœurs. La mer est une passion familiale. Son père lui-même se dit impressionné par les qualités de marin d'Yves, par son courage lorsqu'il quitte le port de Saint-Malo tandis qu'un grain se prépare. Affronter les éléments ne lui fait pas peur, parfois ses parents s'inquiètent, plusieurs fois son père ira arpenter avec angoisse le quai des Bas-Sablons en scrutant l'entrée du port et lui fera l'étonné au retour face à l'inquiétude qu'il a suscitée.

Très jeune, Yves Godard est un marin chevronné et sûr de lui. À dix-huit ans, l'âge où la plupart sont fiers d'être simplement initiés à la manœuvre, lui a déjà traversé la Manche plusieurs fois. Seul.

5.

Le 1er septembre 1999 vers onze heures du matin, le client du loueur de bateaux quitte l'emplacement 79 du ponton E et retourne sur le quai avec ses deux enfants. Tous trois remontent dans le fourgon blanc et quittent le port. Yves Godard vient de conclure la location du *NICK* avec monsieur H., mais la marée basse ne lui permet pas encore de sortir du port, il faut attendre la pleine mer.

Yves Godard connaît Saint-Malo comme sa poche et nombre des fréquentations qu'il a eues par le passé vivent dans le coin. N'a-t-il envie de croiser personne qu'il connaît ? Il délaisse les commerces tout proches du port des Bas-Sablons et se rend, à l'écart de la vieille ville, dans un secteur populaire des faubourgs de Saint-Malo, le quartier de La Découverte, vaste ensemble de logements sociaux. Là, il ne connaît personne et personne ne le connaît.

Après la maison du pont de Juvigny en Normandie, après la route jusqu'au port breton, après le parking du quai où la fourgonnette immatriculée *1847 WA 14* sera retrouvée, une incursion vers ce quartier de La Découverte s'impose, dans ce cheminement qui est le nôtre sur les traces du médecin disparu.

Voilà bien les antipodes des fiers remparts de la cité malouine. Les urbanistes qui ont naguère tracé ces rues entre les HLM croyaient-ils faire rêver les gens qui y vivraient ? Rue de la Mer-du-Sud, rue du Grand-Passage, s'ils ont jugé bon de donner à ces voies sans âme des dénominations exotiques, l'Intermarché de La Découverte, lui, est situé avenue du Général-de-Gaulle, ce qui est plus classique. D'ailleurs il ressemble comme deux gouttes d'eau à ses semblables, un grand parking avec ses alignements de chariots, un hangar amélioré, éclairé par des néons verdâtres.

Et voici cet homme de quarante-cinq ans qui vient de quitter pour toujours sa vie d'avant – ses patients, son cabinet, ses amis, sa maison – et qui vient surtout de vivre une nuit de cauchemar – une nuit rouge sang – en train de déambuler à présent parmi les ménagères dans les allées de ce supermarché, avec ses deux enfants en bas âge dans le chariot et des offres promotionnelles en fond sonore. Camille et le petit Marius sont-ils sages ou capricieux ? Réclament-ils comme tous les enfants du monde toutes les babioles qui brillent sous leurs yeux ?

Les caissières, lorsqu'elles seront interrogées, ne se souviendront pas particulièrement de ce client-là, non. Mais elles voient défiler tellement de monde, vous savez.

Ce 1er septembre, Yves Godard règle ici le montant de ses achats à 11 h 39, avec sa carte bancaire, c'est ainsi qu'à présent on peut le savoir. Montant : cinq cent dix-neuf francs et trente-cinq centimes. Et qu'achète-t-il ? Tout plaisancier dans sa situation, s'apprêtant à partir en croisière, s'empresserait de vouloir remplir le frigo et les placards du voilier de vivres pour cinq jours de mer. Yves Godard, lui, n'achète pas de nourriture, mais des produits d'entretien – notamment du Mir en gros flacon – et deux rouleaux de sacs-poubelle. Et aussi quelques jouets d'enfant, des bonbons, des paquets de biscuits. Avec une bouteille de whisky.

Le loueur de bateaux reverra un peu plus tard, en début d'après-midi, les deux enfants jouer seuls sur le ponton, avant l'heure de la marée. Sans leur père cette fois, occupé peut-être dans son fourgon. Pour y faire Dieu seul sait quoi.

6.

Comment naissent les vocations ? On a coutume de dire que les générations d'enfants qui se suivent se ressemblent toutes, que les petites filles se rêvent forcément en princesse puis en maîtresse d'école et les garçons en footballeur ou pompier. Or, en ces temps de conquête spatiale, les héros absolus de toute une jeunesse, ce sont les astronautes et les pilotes d'essai. Yves Godard a quinze ans l'année du premier vol du *Concorde* et du premier pas sur la Lune. Sur les murs de la chambre des jeunes garçons, la mode est alors au *poster* de cockpit de supersonique. Dans l'imaginaire de cette génération du baby-boom, le métier d'aviateur est encore cousin de celui d'explorateur.

Le jeune Yves Godard rêve de devenir pilote de ligne. Alors qu'il n'est encore qu'en classe de première au très chic lycée privé des Cordeliers, dans le centre de Dinan, là où fils et filles de la bourgeoisie locale se doivent de passer leur bac, le jeune Godard parvient à convaincre ses parents de lui offrir des cours de pilotage. Dès l'âge de seize ans, il passe son brevet de pilote à l'aérodrome de Dinan-Trélivan. Pour ce premier degré, comme on l'appelle alors, l'élève pilote doit savoir voler seul à bord de l'un des petits appareils de la flotte de l'aéro-club, *Morane Saulnier*, *Piper* et *Cessna*. L'élève premier degré est autorisé à faire des tours de piste, comme on dit dans le jargon, c'est-à-dire voler dans un rayon de trente kilomètres autour de son terrain. Depuis Dinan, le survol du cours de la Rance jusqu'à son embouchure, à Saint-Malo, est un régal pour les yeux. Quand on a seize ou dix-sept ans, comment rêver plus belle adolescence ? Ici, un avion entre les mains avec le ciel tout entier pour soi et là, sous les yeux, le voilier familial et la mer à volonté.

S'il est doué pour le pilotage, ses résultats en classe sont mitigés. Les Cordeliers, vieille école catholique établie depuis toujours dans une bâtisse classée du vieux Dinan, s'enorgueillit d'un très bon taux de réussite au bac. Godard lui, est un élève brillant mais dilettante, il redouble.

Au printemps 1974, tandis que le tout nouveau président élu, Valéry Giscard d'Estaing, entre à l'Élysée à pied – par souci de simplicité –, le jeune Godard se prépare, d'arrache-pied, à passer son bac C – par souci d'efficacité. Pour devenir pilote, il faut être bon en maths. Il obtiendra son bac haut la main, décrochant même une mention. Henri Godard voudrait que son fils fasse médecine, mais lui ne veut pas emprunter la voie tracée par le père ; les avions, c'est vraiment son truc, une passion, même ; presque autant que la voile, qu'il ne délaisse pas pour autant, bien sûr. À l'aéro-club de Trélivan, le jeune homme a commencé sa formation pour le deuxième degré de pilotage ; cette passion se confirme, il veut faire de sa fascination pour les avions un métier. L'école de l'aviation civile à Toulouse ? L'Armée de l'air ? En cette fin d'été 1974, il quitte la Bretagne pour passer des tests à Grenoble et doit se rendre un peu plus tard à Villacoublay pour une visite médicale d'aptitude.

Là, tout change. Inexplicablement, à son retour, il annonce à son père qu'il renonce à l'aviation pour se lancer dans des études de médecine. Il a changé d'avis. Que s'est-il donc passé là-bas ? Mystère. Ses premiers pas dans le monde de l'aviation professionnelle l'ont-ils dégoûté ? Une inaptitude au pilotage a-t-elle été découverte lors de la visite médicale ? Nul ne saura jamais vraiment pourquoi, mais Yves Godard a décidé de tourner brutalement – et définitivement – le dos au pilotage. Il sera médecin, comme son père.

L'automne 1974, Yves Godard a dix-neuf ans. Pour s'inscrire à la fac de médecine de Rennes, c'est trop tard, délais dépassés, inscriptions closes. Son père, pédopsychiatre bien connu à Dinan, tente de l'aider en activant son réseau. En vain. Que faire ? Sa mère possède une maison de famille dans le Calvados, là-bas, les délais d'inscription ne sont pas encore clos. Grâce à cette adresse normande, Yves parvient à s'inscrire à la fac de médecine de Caen. Va donc pour Caen. Le jeune homme quitte les côtes rocheuses de sa Bretagne pour celles, plus ternes, de la Basse-Normandie, terre familiale de sa mère, Yvette Godard, née Lemonnyer.

7.

Le 1er septembre 1999 à 14h24, le docteur Godard utilise pour la dernière fois son téléphone mobile. Il ne joint personne, c'est un appel pour consulter sa boîte vocale. La communication est transmise par deux relais situés sur la commune de Saint-Lunaire.

Lorsque le niveau des eaux dans le port des Bas-Sablons a rendu le départ possible, le docteur Godard a pris la mer. Il navigue à présent vers l'ouest en longeant la côte.

8.

L'automne 1974, lorsqu'il commence son cursus d'étudiant en médecine, Yves Godard se plonge dans un monde médical des plus orthodoxes, ses parents le confient à un cardiologue caennais ami de la famille, le docteur T., chez qui il va loger un temps. Ces années d'externat semblent devoir s'inscrire dans le prolongement de ses jeunes années bretonnes. Yves Godard est alors un jeune homme cinéphile et sportif, qui joue au tennis avec ses copains de fac, étudiants en médecine comme lui. La belle vie, en somme. Le jeune carabin propose à certains d'entre eux des week-ends de voile à bord du *Quetzal V* paternel à Saint-Malo, et plus tard il organisera des virées en bateau de location au départ de Granville. Jersey, Guernesey, les îles Anglo-Normandes sont alors la destination favorite et Yves Godard offre même aux plus intrépides les frissons d'une traversée de la Manche.

Hormis lors des soirées «*Tonus*» des salles de garde, débridées, où il est de bon ton pour les carabins de «se lâcher», la plupart de ces jeunes étudiants en médecine auront par la suite un parcours rectiligne, ils deviendront des généralistes aux journées bien remplies avec une vie réglée comme du papier à musique, pull jacquard nonchalamment posé sur les épaules, départ en vacances en famille et en monospace l'été, chien couché à leurs pieds devant un bon feu de cheminée l'hiver. Des vies de médecin de province.

Yves Godard, lui, explore d'autres chemins. Il a redoublé sa première année, il s'émancipe de la tutelle familiale, quitte la chambre d'étudiant chez les amis de ses parents. Dans l'appartement qu'il occupe désormais en colocation, rue Sainte-Anne dans le vieux quartier du Vaugueux, à Caen, il élargit son horizon.

Emmanuel, son ancien colocataire de la rue Sainte-Anne, alors étudiant en médecine lui aussi, se souvient qu'il a vu son ami changer peu à peu. À mesure que les années d'études passent, les parties de tennis avec lui se font plus rares, les soirées avec d'autres à faire tourner des joints plus fréquentes. Plus tard encore, Yves ira s'installer dans un appartement à Hérouville-Saint-Clair. Là-bas, on croisera chez lui, dans une atmosphère enfumée, des *théâtreux* et même un jour un mage africain.

Lorsqu'il achève ses sept années d'études de médecine – et avant même de terminer sa thèse –, Yves Godard a déjà mentalement quitté la blouse blanche, les protocoles thérapeutiques et les couloirs aseptisés du CHU pour d'autres aventures médicales. Manifestement, lui envisage de soigner des personnes, pas seulement des symptômes. Les sagesses traditionnelles et la médecine orientale l'attirent. Le docteur Godard voit de moins en moins ses anciens copains internes, sans doute un peu trop propres sur eux à son goût.

Yves Godard rejoint un généraliste déjà installé en ville, le docteur Colson, soucieux comme lui d'une pratique médicale différente. Plus tard ils seront rejoints par une consœur, Joëlle Marchegay. Dans la carrière d'un médecin, c'est toujours un moment d'émotion que ce jour où l'on peut enfin poser sa plaque. Cabinet médical des docteurs Colson, Godard et Marchegay. Consultations sur rendez-vous. Ce premier cabinet, sis rue Basse dans une maison ancienne, est situé non loin du port de Caen. Il s'affiche nettement comme un cabinet d'acupuncteurs. Toutefois, pour Yves Godard, avant de s'installer officiellement, il lui faut achever son internat ; une formalité préalable est nécessaire, la soutenance de sa thèse.

*

Dans les kiosques à journaux et les maisons de la presse de l'agglomération caennaise, les gens ont leurs habitudes ; il y a ceux qui ne jurent que par le *journal*, c'est-à-dire le quotidien *Ouest-France*, de loin le plus important, il y a aussi les fidèles du *Bonhomme*, un hebdomadaire normand infiniment plus modeste mais bien connu des habitants de la région. *Liberté – le bonhomme libre* paraît chaque vendredi. Ses lecteurs ne savent d'ailleurs pas tous que le titre a été racheté depuis longtemps par son puissant concurrent.

Le vendredi 15 juin 1984, la une de *Liberté* est consacrée tout entière à un dossier titré ainsi :

SCIATIQUE ET ACUPUNCTURE :
65 % DE RÉUSSITE.

Sous ce titre en très gros caractères, une non moins grande photo d'une patiente allongée sur une table d'auscultation, examinée par un jeune homme en blouse blanche, tignasse fournie, air appliqué, que l'on reconnaît immédiatement, malgré les traits encore juvéniles.

« *Un étudiant en médecine, Yves Godard, vient de soutenir une des rares thèses sur ce sujet* », relate le sous-titre à la une.

Yves Godard, pour la première fois de sa vie, a donc les honneurs de la presse. La plupart des internes passent leur thèse en toute discrétion, lui s'affiche. Une page entière est consacrée aux travaux du jeune médecin, ce qui n'est tout de même pas rien, même dans le *Bonhomme*. Yves Godard vient d'achever son internat au dix-septième étage de l'immense CHU de Caen, service de rhumatologie dirigé par le docteur Loyau.

«*Au total, 637 séances d'acupunctures ont été pratiquées dans le cadre de cette thèse*», explique l'article, qui précise aussi que le jury de thèse a décerné la mention très honorable et ses félicitations au jeune diplômé. Dans les colonnes du journal, Yves Godard détaille cette pratique encore très exotique pour le Normand moyen ; la pose des agrafes ou bien des aiguilles et puis toutes sortes de détails sur cet art mystérieux, car si de nos jours l'acupuncture s'est banalisée au point d'être intégrée à la médecine occidentale, c'est encore loin d'être le cas en ce début des années 1980.

La thèse du docteur Godard est archivée à la bibliothèque de la faculté de médecine de Caen sous le numéro de notice *042103835*. Le document, dactylographié, fait cent vingt-six feuillets. Cette thèse «*pour l'obtention du grade de docteur en médecine*» décrit cinquante-quatre cas de sciatique que le jeune thésard a soignés par acupuncture au CHU, sous la direction de son maître de thèse, le docteur Desprez. Ces travaux dénotent une certaine inclination du futur praticien pour l'aventure médicale, un goût prononcé pour les sentiers professionnels non balisés. Ce penchant, Yves Godard ne cessera par la suite de le développer.

Aujourd'hui, il serait vain de déterminer si le jeune médecin a suscité cette promotion dans la presse locale ou s'il a simplement accepté de bonne grâce – et innocemment – la présence d'un journaliste qui se montrait intéressé par ses travaux. Quoi qu'il en soit, ce simple article dans ce petit hebdomadaire local va faire des vagues et ses conséquences vont se révéler désastreuses.

Moins de deux semaines après avoir fait la une de *Liberté*, le tout frais émoulu docteur en médecine, qui a déjà pour adresse le cabinet où il va exercer pendant les années suivantes, reçoit une lettre indignée du secrétaire général du conseil départemental de l'ordre des médecins. Ce dernier lui reproche un manquement au code de déontologie, qui interdit toute publicité directe ou indirecte. Le ton est plutôt méprisant :

«*Il n'est pas dans notre esprit d'empêcher qui que ce soit de donner des interviews au sujet de tel ou tel traitement "miracle" mais l'interviewé doit rester anonyme, a fortiori ne pas produire de photos à caractère publicitaire, d'autant plus scandaleux que le traitement par l'acupuncture ne date pas de votre installation.*»

Que lui reproche-t-on au juste, d'être un charlatan? Certes non, mais les sous-entendus démontrent tout le mépris des pontes locaux pour les expérimentations aventureuses d'Yves Godard. Officiellement, puisque sa thèse est validée, l'ordre ne peut rien lui reprocher d'autre que d'avoir participé à sa propre promotion. En fait, l'ire des mandarins bas-normands provient surtout d'un hasard malheureux : le président départemental de l'ordre porte le même nom que le jeune acupuncteur, c'est un Godard, lui aussi. Quelle honte! Qu'on puisse ainsi laisser croire que ce jeune thésard vaniteux posant dans la presse avec ses aiguilles en ferraille puisse être le fils d'un notable local et c'est tout l'ordre qui se sent attaqué. La lettre se conclut par cet avertissement :

« Je vous informe que dans l'immédiat, vu le nombre de protestations, le conseil n'a pas encore décidé de la suite qui sera donnée à cette affaire. »

De fait, le conseil de l'ordre des médecins va sanctionner Yves Godard. Six mois de suspension, interdiction d'exercer la médecine.

Dans la vie d'un jeune médecin, il n'y a pas pires débuts que de subir ainsi les foudres de ses pairs, ne pas être reconnu, ne pas être admis comme fréquentable, être exclu de la communauté médicale comme un mauvais élève avant même d'avoir véritablement commencé à exercer. D'autant qu'aucun reproche d'ordre médical ne pouvait lui être fait, au contraire, ses travaux étaient pionniers, tout au moins originaux et prometteurs.

Cet épisode sera fondateur. Comment ne pas ressentir une immense amertume à l'égard de l'ordre des médecins, voire une défiance à l'égard de toute institution régissant la pratique médicale ? Par la suite, Yves Godard n'aura de cesse de vouloir s'affranchir du carcan qui pèse sur les épaules de quiconque a d'autres ambitions que de reproduire la seule médecine *de papa*. Certes cette formule est galvaudée, mais c'est un peu cela dont il s'agit, Yves Godard est en train de tuer le père, son rapport à l'autorité a changé. Finalement, les gardiens du temple médical, au conseil de l'ordre, n'ont pas tout à fait tort, ce type-là ne fait pas et ne fera jamais partie de leur monde.

9.

On recense autour du cap Fréhel, site préservé, d'importantes colonies d'oiseaux marins. Depuis la mer, le spectacle de ces falaises hautes de soixante-dix mètres, dans les anfractuosités desquelles nichent quelques espèces rares, est grandiose, d'autant qu'en ce début septembre 1999, sur tout le littoral des Côtes-d'Armor, la météo est enchanteresse. Mer belle, petite brise régulière, un temps vraiment idéal pour la plaisance en famille. Au large, ceux qui ont la chance d'être encore en vacances s'en donnent à cœur joie, entre Erquy et le cap Fréhel l'éclat blanc des voilures danse joliment sur le dégradé de bleu de l'horizon, les bateaux sont, selon l'expression consacrée, toutes voiles dehors.

Le jeudi 2 septembre en fin d'après-midi, la vedette des douanes *DF 79 La Rance*, basée à Saint-Malo, est en surveillance depuis le matin dans le chenal d'Erquy, trente kilomètres à l'ouest de son port d'attache. La journée a été longue, même si ce n'est là qu'une mission de routine; l'été les douanes participent aux campagnes de sensibilisation à la sécurité en mer, il s'agit de vérifier notamment les équipements de secours des touristes qui se prennent imprudemment pour de vrais navigateurs. Et bien sûr la lutte contre les trafics demeure la mission principale des douaniers ; il arrive que les marchands de drogue convoient leur colis dans les cales de petits bateaux de plaisance.

Les trois douaniers à bord de *La Rance*, le contrôleur Roberto F., jumelles autour du cou, accompagné de ses deux collègues – un homme et une femme –, évoluent alors à marche lente, presque à l'arrêt, devant Sables-d'Or-les-Pins. Il est 19 h 15, parmi tous les voiliers qui se croisent entre le cap d'Erquy et le cap Fréhel, l'un d'entre eux attire soudain leur attention car contrairement à tous les autres, ce *neuf-mètres* est le seul qui *marche au moteur*, voiles affalées, en traînant derrière lui un petit pneumatique, son annexe. C'est le genre de détails qui éveillent la curiosité de ceux dont le métier consiste précisément à distinguer entre vrais et faux plaisanciers. Ils suivent du regard ce voilier évoluer d'ouest en est et remarquent alors que son skipper vient d'opérer un brusque changement de cap, il s'approche de la côte, ce qui les surprend. Les trois agents des douanes décident d'aller jeter un œil de plus près.

La vedette des douanes est une embarcation de taille modeste, mais ses deux moteurs six cylindres de deux cent vingt chevaux chacun lui permettent d'atteindre trente nœuds à pleine vitesse ; dans une gerbe d'écume le contrôleur Roberto F. et ses collègues s'approchent pour mettre bord à bord *La Rance* avec ce voilier sans voile dont le nom est écrit en lettres noires autocollantes sur la poupe, avec son port d'attache : *NICK*, *SN*.

Dans le cockpit, un homme seul. Le contrôleur des douanes monte à bord et commence à poser quelques questions au skipper, la quarantaine, cheveux châtain, un mètre quatre-vingts environ. Celui-ci raconte être parti la veille de Saint-Malo, en ce moment il cherche un mouillage pour faire une pause, voilà tout. Il ajoute qu'il est en balade avec ses deux enfants.

– *Ils dorment. Là, regardez, dans la cabine.*

En effet, le douanier se penche et aperçoit en contrebas une petite fille, allongée sur la banquette du carré. Elle semble profondément endormie.

– *Et son petit frère dort dans la couchette à l'arrière. Ils font la sieste.*

Le douanier demande alors que lui soient présentés les *papiers* du bateau, acte de francisation et contrat de location.

– *Tenez-moi la barre, je descends les chercher, ils sont dans un placard du carré.*

En montant à bord, le douanier n'avait pas exigé l'arrêt du moteur, le contrôle a commencé sans que le *NICK* ralentisse sa marche. Le contrôleur Roberto F. dira avoir regretté par la suite de ne pas avoir demandé l'arrêt du moteur et suivi le skipper dans la cabine.

De longues minutes passent, le skipper tarde à remonter. Mais que fait-il donc ? Il bredouille qu'il cherche toujours les papiers, tandis que le douanier tient toujours la barre franche pour maintenir le cap. Entre-temps, *La Rance* s'est éloignée.

Le douanier explore du regard le pont du *NICK*, il note mentalement qu'une planche à voile, ou bien un surf, est entreposée contre le bastingage avant tribord, dans une housse. À l'arrière suit l'annexe – *un minuscule Zodiac rouge* – arrimée par un *bout*. Le nom *Steval II* y est inscrit au gros feutre.

Quelque chose dans l'attitude de ce plaisancier a paru étrange, mais le douanier ne saurait dire quoi. Oui, ce type-là, se dit-il alors, est *bizarre*. Sur sa couchette, la fillette n'a toujours pas bougé d'un millimètre, son sommeil paraît vraiment lourd. Elle est allongée sur le ventre, jambes jointes, bras le long du corps. Le douanier aperçoit les reliefs d'un repas sur la table du carré.

L'homme revient enfin avec les documents de navigation. En effet, ce *Sun Odissey 30* a bien été loué la veille aux établissements Alet à Saint-Malo, immatriculation *SN883641*, tout est en règle.

– *Vous ne naviguez pas à la voile. Pourquoi?* demande le contrôleur.

L'homme hausse les épaules et répond simplement :

– *Parce que je navigue au moteur.*

Et il se tait.

Au loin, le cap Fréhel a commencé à se teinter de rouge, le soleil décline vers l'horizon, on n'entend plus à présent que le moteur diesel du *NICK* et le jaillissement de l'écume sous l'étrave, une certaine tension est montée entre les deux hommes. Le douanier demande alors que le skipper lui présente aussi ses papiers d'identité, ainsi que ceux des enfants. Tout en restant dans l'escalier de la cabine, légèrement en contrebas, l'homme fournit sa carte d'identité et son livret de famille.

Godard, Yves, domicilié dans le Calvados. Sur le livret de famille, les deux enfants, Marius et Camille. Quatre et six ans.

– *Et ensuite où allez-vous?*

– *Je vais directement vers Perros-Guirec.*

Le douanier comprend mal, le passage dans ce sens-là au cap d'Erquy direction est n'est pas très cohérent, Perros-Guirec est à l'ouest. Et puis il est tard. Il se permet alors de rappeler au skipper les dangers de la navigation de nuit et le risque qu'il prend, seul à la barre, avec deux jeunes enfants à bord. L'homme rétorque qu'il sait ce qu'il fait et qu'il connaît parfaitement la côte.

Le contrôleur Roberto F. est tenté de descendre jeter un œil dans la cabine, mais Yves Godard se tient ostensiblement en travers du passage, les deux bras posés de chaque côté de l'embrasure. Il fait barrage de son corps.

Ok, c'est bon, le douanier rappelle ses collègues qui s'approchent pour se mettre de nouveau à couple, il lâche la barre du *NICK* et enjambe le garde-corps tandis qu'Yves Godard ressort complètement de la cabine pour reprendre sa place au cockpit. Le contrôle est terminé. La vedette des douanes *DF 79* vire et remet plein gaz.

– *Ce mec-là m'a fait une drôle d'impression*, dit aussitôt le contrôleur Roberto F. à sa collègue douanière. Et il conclut par cette sentence étonnante :

– *On dirait un type qui a balancé sa femme par-dessus bord.*

Vraiment, quelque chose le chiffonne dans l'attitude de ce plaisancier. Par acquit de conscience, il téléphone alors depuis *La Rance* au loueur de bateaux à Saint-Malo, qu'il connaît bien. Monsieur H. le rassure, il confirme qu'il a bel et bien loué le *NICK* à un type seul avec deux enfants. Rien d'anormal non plus à ce que l'annexe porte le nom *Steval*, c'est l'ancien nom du *NICK*. Le contrôleur Roberto F. raccroche. L'affaire en reste là. La longue journée en mer des douaniers est terminée, c'est l'heure de rentrer au port.

Quelques jours plus tard, lorsque la presse évoquera la mystérieuse disparition en mer d'un médecin normand avec ses enfants, le contrôleur des douanes Roberto F. se souviendra immédiatement de ce voilier qui remontait le chenal d'Erquy au moteur le jeudi 2 septembre au soir. Et de ce *type bizarre*.

Aujourd'hui, il s'en veut encore de ne pas avoir eu le réflexe de suivre ce jour-là le plaisancier dans le carré.

10.

> Dans quel pays dans quelle principauté
> Poseras-tu ton corps mon adorée
> Dis, ton cœur égraine-t-il comme un regret ?
>
> JEAN-LOUIS MURAT
> *Le Train bleu*

C'est un grand classique, presque une légende, la belle infirmière qui séduit le jeune interne ou bien l'inverse, l'infirmière qui s'abandonne dans les bras du médecin ténébreux. Pendant ses années d'internat au CHU de Caen, Yves Godard n'a pas dérogé à la règle.

Lui était encore jeune externe au tout nouveau et gigantesque CHU Côte de Nacre, à Caen, étudiant de troisième année, il faisait des stages. Elle était déjà infirmière diplômée. Son prénom, c'est Régine. Tous les deux travaillent dans la même unité, ils se croisent, se croisent encore, se plaisent. Leur rencontre se déroule en novembre 1977. Ils s'aiment.

Seulement, lorsqu'il décide de se marier, Yves Godard ne l'annonce pas à ses parents. Il redoute, disent aujourd'hui ses proches, de devoir affronter l'éventuelle désapprobation de son père et décide d'assumer seul ce choix de vie iconoclaste : s'unir, lui le médecin, lui le fils d'un chef de service à l'hôpital, à une *simple infirmière*. Et qui plus est, une femme plus âgée que lui, déjà mère d'un enfant naturel. Il n'annoncera son union qu'après coup.

La brève cérémonie se déroule devant l'adjoint au maire d'Hérouville-Saint-Clair. Godard Yves, Victor, Henri, Luc, né le 2 juin 1956 à Paris 16e, accepte de prendre pour épouse Tronel Régine.

Le voilà marié.

Commence alors une longue période que l'on peut qualifier avec le recul d'harmonieuse. Régine et Yves ont des rêves et ils ont des amis, ils partent en week-end et en vacances, ils vont au cinéma et aiment le théâtre. Ils voient fréquemment Corinne, la sœur d'Yves. Les deux jeunes mariés partagent surtout la même passion pour la voile et s'en iront naviguer en amoureux partout, en baie de Saint-Brieuc et en Manche bien sûr, mais aussi en Espagne et jusqu'en Europe du Nord. Yves aime les îles, avec une attirance particulière pour les îles nordiques, il rêve de naviguer sur les côtes sauvages et âpres du nord de la péninsule Britannique, tout là-haut, dans ces eaux froides parsemées de petites terres étranges, les îles Hébrides, les Orcades, les Shetland et les Féroé. Il se jure d'y naviguer un jour.

Ce faisant, l'évolution du style de vie d'Yves Godard se poursuit, à l'opposé de son milieu d'origine et de ses anciennes fréquentations. C'est un couple à la vie très bohème.

Bientôt, un heureux événement, comme l'on dit, se produit, Régine et Yves ont un premier enfant, Kevin. Rapidement un second fils naîtra, Erwan. Le couple a donc maintenant trois enfants, car Yves a reconnu comme sien, en 1981, le premier fils de sa femme, Frantz. Quand les trois garçons grandiront, cette passion familiale pour la mer ne se démentira pas. Pour les trois fils du docteur Godard, l'enfance est un temps béni rempli de souvenirs merveilleux en mer aux côtés de leurs parents, ils vivent alors l'aventure en famille, auprès d'un père très aimant et protecteur. Excellent marin qui ne perd jamais son sang-froid face aux éléments, il est à leurs yeux un modèle. Les sorties en mer sont fréquentes, principalement dans un triangle compris entre l'île de Bréhat à l'ouest, Granville à l'est et les îles Anglo-Normandes au nord. Leur papa connaît ces côtes par cœur.

Bien plus tard, les amis du couple raconteront tous la même histoire. Marc-Henri, Viviane, Daniel, Claude, Pierre-Yves, Marie-Claude, Marc, Esperanza, tous seront formels : Yves Godard est un papa bienveillant qui ne ferait jamais de mal à ses enfants. Que ce soient les trois grands garçons ou bien les deux petits qu'il aura par la suite avec Marie. Oui, tous ceux qui l'ont bien connu le décriront comme un père qui savait donner des repères à ses enfants, leur enseigner comment prendre du recul quand surviennent les difficultés de l'existence.

Cependant, la vie avec Régine et ce temps des copains aura une fin. Les années passent, la relation entre les époux se dégrade. Étaient-ils heureux ? À la fin des années 1980, le mariage bat de l'aile. Inutile de fouiller l'intimité de ce couple ni d'entrer sous leur alcôve, contentons-nous de dire, pour résumer, qu'Yves a changé. Depuis quelque temps, il est différent, quelque chose en lui s'est brisé. La route, toute tracée, de sa vie familiale ne lui convient plus. Désormais, il se veut de plus en plus libre ; l'être autrefois ténébreux et réservé qu'il était devient un séducteur, il a pris conscience qu'il plaît aux femmes et rêve même de ménage à trois. Et puis, il a fait une rencontre.

En 1991, Régine et Yves divorcent.

11.

Les clés du parcours d'un homme sont toujours enfouies dans sa famille. Après avoir plusieurs mois hésité, plusieurs fois différé, envisagé de renoncer, il devient impératif de composer le numéro d'Henri Godard, père du médecin disparu. Comment présenter cette demande de rencontre ? Comment ne pas apparaître comme un énième importun, un de plus ? Mille fois l'entourage d'Yves Godard a été sollicité et souvent s'est senti trahi ; comme le disent des proches de la famille, les journaux ont fait leur beurre avec ce malheur. Un appel de plus ne pourrait être que mal accueilli, ce serait fort compréhensible.

Et de fait, il l'est :

– *Mon mari est couché, il est malade,* annonce Lucie, la compagne d'Henri Godard.

Après insistance, le vieil homme se résout tout de même à se lever, il prend le combiné mais pour aussitôt élever la voix et même se fâcher très fort.

– *Laissez-nous tranquilles, si vous avez des informations nouvelles, donnez-les aux gendarmes ! Ça fait plus de dix ans que vous venez tous nous harceler, ça suffit.*

- clic -

Chacun peut comprendre sa douleur et le refus de parler.

Mais pour comprendre la vie d'Yves Godard, il nous faut évoquer celle de son père.

*

C'est un ensemble de bâtiments en pierre grise qui ressemblent à un cloître, d'ailleurs ils ont été érigés par des moines. Les lieux sont entourés d'un grand parc arboré et ceints de hauts murs, un gardien à l'entrée filtre les passages, une fois franchie la barrière, on accède à la porte d'entrée principale de cette citadelle en empruntant une petite voie goudronnée qui monte à flanc de colline en contournant cette haute construction dépourvue de toute fioriture et d'aspect si neutre qu'on ne pourrait deviner, en l'observant, les activités qu'elle abrite. Toutefois, peut-être est-ce justement parce que quiconque met les pieds ici sait d'avance ce qu'il va y trouver, mais une drôle d'impression s'en dégage. La folie fait peur. Et nous venons de mettre les pieds, juste comme ça pour voir, dans ce qui s'appelait autrefois un asile d'aliénés et que l'on nomme de nos jours un HP, un hôpital psychiatrique. Un peu à l'écart de Dinan, sur la commune de Léhon, le centre hospitalier Saint-Jean-de-Dieu est une institution très connue dans la région. Outre l'accueil des malades mentaux adultes, l'établissement coordonne pour toute la région une offre de soins à destination des enfants, l'*Intersecteur de psychiatrie infanto-juvénile*, en jargon médico-administratif.

Le docteur Godard père fut longtemps le médecin-chef de ce service, c'est même lui qui l'a créé, du temps où la plupart de ses confrères ne voyaient pas l'utilité d'un service de psychiatrie dédié aux enfants.

Pour le reste, le docteur Godard père est un patron à l'ancienne, doté d'une certaine prestance et d'une autorité construite au fil de sa carrière dans la pure tradition mandarinale. Bref, voilà un homme établi, par ailleurs expert judiciaire *près* la Cour d'appel de Rennes.

Dans les années 1970, le docteur Henri Godard est un homme qui sait se montrer sensible et généreux. Ainsi, touché par la détresse d'une femme, mère de l'un de ses petits patients atteint d'une grave pathologie mentale, il arrive qu'il invite à sa table, le dimanche à Saint-Briac, cette dame de grande éducation, présentée comme ancienne résistante, dont le fils hospitalisé a bouleversé la vie. Elle vivait expatriée en Amérique du Sud dans un milieu de diplomates, elle a dû rentrer précipitamment pour s'installer en Bretagne, seule, et mieux suivre ainsi les soins indispensables à son enfant.

Henri Godard, lui, est père de trois enfants. Yvette, son épouse, lui a donné – comme on disait naguère – deux filles, Corinne et Sylvie, et un garçon, Yves. Dans la maison de Saint-Briac, la fratrie croise parfois la mère de l'enfant malade, dont l'état ne cesse, d'année en année, de s'aggraver. Le père leur explique que c'est une maman qui vient de loin pour voir son fils malade, qu'il faut l'accueillir. Ils compatissent.

Dans les années 1980, l'heure de la retraite sonne pour le chef du service de pédopsychiatrie. Comment Henri Godard va-t-il occuper son temps désormais ? Un beau matin, il annonce à son épouse Yvette qu'il a pris une grande décision, ils partent. Oui, ils plaquent tout pour faire le tour du monde en bateau. C'est ainsi. Chez les Godard, c'est lui qui décide, sa femme suit. Du jour au lendemain, il vend sa maison de Saint-Briac, se rend au Grand Pavois de La Rochelle pour acheter un voilier d'occasion performant et embarque avec son épouse pour une année de mer au moins, tournant brutalement la page de sa vie d'avant.

On nous pardonnera donc cette incursion dans la vie du père d'Yves Godard, car ce précédent paternel est essentiel pour comprendre le comportement ultérieur du fils. Répétons-le, le père du docteur Godard, médecin tout comme son fils, passionné de voile tout comme son fils, a lui-même tout plaqué du jour au lendemain pour refaire sa vie ailleurs.

Six mois après ce départ autour du monde de leurs parents, Yves Godard et ses deux sœurs reçoivent un appel de leur mère, désespérée. Elle téléphone depuis l'Espagne, elle est sur un quai, dans un port, son mari vient de lui annoncer qu'il la quitte en lui laissant le bateau. Les enfants Godard iront alors chercher leur mère en Espagne, puis l'aideront à s'installer dans une maison héritée de sa famille, du côté de Saint-Georges-d'Aunay, dans le Calvados. Elle ne se remettra jamais de cet épisode.

Dire que les choix de vie d'Henri Godard auront jeté un froid dans les relations familiales est un euphémisme. Ses filles ne seront pas prêtes de lui pardonner. Quant au fils, il est, dit-on, profondément choqué. Lui qui avait tant d'admiration pour la stature du *pater familias*, sa rectitude, sa droiture, a du mal à admettre la réalité de cette situation. *Il ne peut pas avoir fait ça, pas mon père*, dit-il alors à ses proches.

Henri Godard s'est remarié avec Lucie, la mère de son ancien patient.

Cet événement familial fut dans la vie d'Yves Godard un traumatisme. Et un tournant. Depuis ce jour, il changea. Son caractère, ses fréquentations, son mode de vie, tout sera désormais différent.

12.

Chaque été, la petite marchande de gaufres installe sa gargote ambulante directement sur le petit port. C'est une dame d'un certain âge qui connaît son affaire, elle sait où se placer, juste devant la calle où les remorques s'en viennent prendre un bain de pieds à l'heure de hisser hors de l'eau les petites embarcations des vacanciers. Ainsi, les gourmands ne peuvent pas passer ailleurs que devant elle, ils seront piégés par les effluves sucrés de ses chichis.

En ce début septembre 1999, comme chaque année à pareille époque, la fréquentation du port a déjà commencé à faiblir ; c'est vraiment la fin de saison, l'été s'achève et ça sent la rentrée.

Ce petit port de l'anse de Bréhec, entre Saint-Brieuc et Paimpol, est quasiment le seul abri véritable dans cette portion de côtes, que l'on nomme les falaises de Plouha, ou de Paimpol, c'est selon. À cet endroit, le littoral est sauvage ; pointes rocheuses, caps, escarpements au-delà desquels s'étendent des landes balayées par les vents de nord-ouest, vierges de toute construction. Vraiment, sur la côte du Goëlo, cette anse de Bréhec s'offre comme un petit nid miraculeux à l'abri des flots mauvais.

Une fois les touristes repartis, Bréhec est un trou perdu ; dès cette fin de saison, le minuscule port ne va pas tarder à retrouver sa quiétude hivernale. Il faut tout de même une sacrée dose d'abnégation pour se tenir ainsi toute la journée dans une caravane transformée en cuisine, à attendre le client, radio en sourdine.

Le vendredi 3 septembre 1999 dans l'après-midi, malgré ce maudit hayon qui lui cache la moitié du ciel depuis sa guitoune, la marchande de gaufres s'amuse d'un petit spectacle qui vient d'égayer son œil. Contournant la digue, voilà qu'entre au port, à un train de sénateur, un minuscule esquif en caoutchouc propulsé par la seule force des bras d'un rameur. Depuis cet endroit, on ne voit pas le large, la digue de granit qui protège le bassin du port cache l'horizon, on ne peut comprendre à l'avance qu'un bateau s'annonce qu'à la seule vue du haut de son mat qui danse par-delà la jetée. C'est dire si l'arrivée de ce canot ridicule a été furtive, la marchande de gaufres ne l'a découvert qu'au dernier moment.

Floc, floc, le rameur plonge ses deux petites pagaies dans les eaux tranquilles de Bréhec et la petite marchande de gaufres regarde à présent le spectacle d'un air un peu plus intrigué en découvrant qu'ils sont tout de même trois à s'entasser sur ce pneumatique riquiqui et surtout qu'il y a parmi eux deux enfants sans gilet ni brassard.

Le minuscule *Zodiac* de couleur rouge accoste sur la pente en béton de la cale. Les deux enfants, une fille d'environ six ou sept ans, brune, un garçon plus petit, brun lui aussi, montent vers elle tandis que l'adulte qui les accompagne hisse le canot au sec.

Leur commande ne la surprend pas.

– *Des gaufres au chocolat, deux, s'il vous plaît madame.*

Un grand classique qui ne déçoit jamais. En revanche, la petite dame est assez étonnée d'entendre ses clients s'exprimer en français, en les voyant arriver elle s'attendait, allez savoir pourquoi, à ce qu'ils soient des étrangers. Peut-être tout simplement parce que chez nous l'école reprend ce lundi, le 6 septembre, certains ont déjà même repris. Un père seul avec ses deux enfants comme ça, un vendredi du mois de septembre, c'est, comment dire, inhabituel.

La marchande réchauffe les gaufres précuites dans son appareil, qu'elle leste ensuite consciencieusement d'une cargaison de chocolat liquide qui s'en va s'installer dans les croustillantes alvéoles en les remplissant tout entières. Une averse de sucre glace par là-dessus, une feuille de papier gras pour emballer le tout et hop, régalez-vous !

La fillette et son petit frère n'auront guère le loisir de réclamer autre chose ni même de s'empiffrer sur place, déjà leur père les attend pour rembarquer. Ces vacanciers ne s'attardent pas, c'est le moins qu'on puisse dire. Les voilà gaufre à la main qui remontent dans leur petit canot rouge et floc, floc, l'homme pagaie pour traverser le port dans l'autre sens. Attendrie, la petite marchande de gaufres les regarde s'éloigner. Yves Godard et ses deux enfants disparaissent comme ils étaient venus, derrière la jetée.

Bien plus tard, lorsque les gendarmes lui présenteront des photos de Camille et Marius, la marchande de gaufres de l'anse de Bréhec reconnaîtra immédiatement et sans l'ombre d'un doute les deux petits enfants à qui elle avait servi, en cette période de rentrée des classes, ses délicieuses gaufres pleines de chocolat fondant.

13.

> Condamné à l'océan, au vent qui mène le bal,
> Oublié des honnêtes gens, du dieu des cathédrales,
> Rien ne pouvant plus les sauver on peut traîner nos âmes.
>
> SOLDAT LOUIS
> (groupe de rock celtique)
> *Savannah*

À la fin des années quatre-vingt, Yves Godard fait une rencontre. Elle se prénomme Marie-France, il l'appelle Marie.

Yves et Marie vivent une passion. Il est de glace, elle est de feu.

Et leur relation est fusionnelle.

Voilà, tout est dit.

Aujourd'hui, les proches de Marie répugnent à dire quoi que ce soit d'elle, ils préfèrent se taire. Élisabeth R., sa seule véritable amie, se désiste :

– *J'ai réfléchi, je préfère finalement ne pas remuer tout ce passé. Désolé.*

Respectons cette pudeur. Disons seulement que sa rencontre avec Marie a bouleversé la vie d'Yves Godard.

– *Elle a besoin de moi, elle dépend de moi,* dit-il à ses amis.

*

Lorsque Yves Godard a rencontré Marie, tous deux ont décidé de vivre dans un château et le portrait du docteur Godard en châtelain, aux côtés de Marie, mérite le détour. Oh, bien sûr, le château de Fresney-le-Puceux, dans le Calvados, n'est pas Chambord, il ressort davantage d'une grosse ferme fortifiée que d'un palais princier, mais c'est tout de même un authentique manoir construit à la fin du XVIe siècle. Bien que le château ait été amputé de son aile ouest pendant la Seconde Guerre mondiale, son haut porche d'entrée a toujours fière allure.

Ne nous y trompons pas, si Yves Godard loue un château à l'année, ce n'est ni pour y mener une vie recluse, seul derrière d'épais murs de pierre, ni pour se donner l'allure hautaine d'un *gentleman-farmer*, mais au contraire pour y mener librement une vie que l'on peut qualifier de marginale.

Au château de Fresney-le-Puceux, période Godard, on vit alors quasiment en communauté. En 1991, trois couples s'y installent, avec chacun son appartement dans les différentes ailes du manoir et partage des tâches.

En fait, Yves et Marie vont vivre ici avec leurs nouveaux amis une période que les bien-pensants nomment vie de débauche. Ça boit, ça fume, ça discute, ça festoie et ça reste parfois au lit toute la journée. À cette époque, le médecin prend une certaine distance avec ses obligations professionnelles, il part travailler à son cabinet de Caen, dit-on, seulement quand il a besoin d'argent.

Au château, on se cultive, aussi. Des séminaires de sophrologie s'y tiennent. Séminaire, le mot est généreux, disons que des groupes s'y réunissent, la curiosité insatiable du docteur Godard pour les médecines alternatives, qu'elles soient douces, traditionnelles, orientales, s'affirme encore un peu plus. Si la plupart des médecins occidentaux n'ont que mépris pour ces autres approches, globales, de la santé humaine, Yves Godard, au contraire, s'y plonge tout entier. Les thèmes de discussion abordés au château, tout comme le profil de ceux qui y sont invités, feraient frémir la plupart de ses anciens camarades d'études. Un guérisseur, une magnétiseuse, un radiesthésiste, une sophrologue, et même une voyante, sont invités. Leur jargon confine davantage à l'ésotérisme qu'à la chirurgie, on parle *niveau de conscience*, on distingue les *Êtres éveillés* de ceux qui le sont moins, on explore les *vibrations* et les *énergies*.

Sa consœur Joëlle, avec laquelle il est associé dans le cabinet médical caennais, vient vivre un temps dans l'un des appartements du château.

Yves Godard crée l'association *Savannah*, enregistrée à la préfecture du Calvados sous le numéro 8968 le 23 mars 1992. Son objet est le développement d'activités culturelles, artistiques et sociales au château.

Savannah, c'est le titre d'une chanson d'un groupe de rock celtique qui connaît alors un certain succès chez les militants de la culture *Breizh*, en mariant instruments bretons traditionnels et guitares électriques, avec une ancre de marine pour logo.

« *Frères assassins déserteurs au destin sanguinaire*

Ce n'est pas le sang sur nos mains qui fera peur aux femmes

Comme nous elles valent moins que rien, moins que leurs charmes. »

C'est le refrain de cette chanson du groupe *Soldat Louis*.

Ce voyage initiatique s'accompagne d'incursions dans l'ésotérisme qui conduiront un peu plus tard Yves Godard à être initié au sein d'une Fraternité secrète, les Rose-Croix. Cette sorte de franc-maçonnerie d'inspiration chrétienne est connue pour ses liens consanguins avec l'ordre du

Temple solaire, de sinistre mémoire, secte templière emmenée par le tristement célèbre docteur Luc Jouret.

Oui, c'est encore un autre aspect du personnage que nous révélons ici, Yves Godard fréquente l'ordre rosicrucien A.M.O.R.C.

Avec quelle assiduité, avec quelle implication ? Seuls les membres du *Sanctum* pourraient dire s'il a franchi plusieurs degrés d'initiation ; de même, il est impossible de déterminer si c'est par ses liens rosicruciens qu'il trouvera son futur domicile de Juvigny-sur-Seulles, dont le maire de la commune voisine, ainsi que sa première adjointe, sont tous deux – et très discrètement – rosicruciens. Là-bas, les cérémonies se tiendront dans un ancien corps de ferme reconverti en gîte rural, à Hottot-les-Bagues, non loin du domicile des Godard. Les cérémonies Rose-Croix au sein des loges, chapitres et pronaoï, notamment les deux grandes fêtes annuelles de l'Ordre, nouvelle année rosicrucienne et cérémonie de la pyramide, accueillent les adeptes en tenue de cérémonie, une longue cape blanche frappée des symboles mystérieux de la *Rose+Croix*.

Plus tard, les accointances rosicruciennes du docteur Godard intrigueront fortement les enquêteurs, cette piste sera même évoquée dans une dénonciation anonyme pour expliquer la disparition de la famille. C'est pourtant une fausse piste.

Mais qui est donc ce curieux médecin homéopathe ? Assurément, il n'est pas de ces êtres dont la vie est tout d'un bloc, il n'est pas de ces hommes simples aux trousses desquels les meilleurs détectives auraient beau fouiller l'existence de fond en comble, retourner leurs poches et même explorer leur âme, ils ne trouveraient rien à redire, rien qui n'ait dévié, rien qui ne soit pas conforme à l'image que ces êtres renvoient d'eux-mêmes.

Le docteur Godard appartient-il davantage à la race des hommes qui doutent, à ceux dont la trajectoire est changeante, nourrie de ruptures, de méandres et de tâtonnements, comme autant de mutations successives ? Ces êtres avec leur période bleue puis grise ou bien verte qui changent de peau au gré des stations de la vie ?

En fait, il est encore une tout autre espèce de destinée humaine, que l'on ne peut envisager qu'en admettant l'idée que plusieurs vies en même temps sont possibles, comme des sortes d'univers parallèles mus chacun par un ressort intime singulier.

Ce sont là des êtres à facettes, des vies à compartiments. Chacun croit, en connaissant l'une des facettes, connaître l'être tout entier et chacun se trompe. Ces vies-là sont régies par une cohérence secrète qui requiert une énergie farouche mais fragile, à la manière de ces assiettes qui tournent au bout d'une perche dans les numéros de cirque.

L'existence d'Yves Godard appartient à cette espèce-là.

*

Mais avant la future recherche de la sagesse rosicrucienne sous les arches du vieux pont de Juvigny, il y a d'abord cette période *rock'n roll* au château de Fresney-le-Puceux, où la cohabitation avec le voisinage n'est pas toujours harmonieuse.

Une nuit, la grange à foin d'un agriculteur voisin est soudain la proie des flammes. Des tonnes d'herbe sèche partent en fumée, le brasier est visible des kilomètres à la ronde. Incendie criminel, estiment les gendarmes. Le fermier, lui, a quelques soupçons, récemment il a eu une vive altercation avec ses voisins du château, c'est pourquoi Yves Godard sera convoqué à la gendarmerie de Bretteville-sur-Laize. Finalement, l'affaire en restera là.

À cette période de sa vie, Yves Godard n'est pas loin de sombrer dans l'alcool.

Plusieurs vies derrière une vie. Existence à facettes.

Ces années-là aussi, une nouvelle passion est apparue dans la vie d'Yves Godard. Après la voile, après l'aviation, le voici à présent qui rêve de devenir comédien.

*

La salle était à l'abandon depuis plus de vingt ans, les souris qui y proliféraient en avaient fait leur royaume, partageant ce palais décrépi avec les chats du coin qui leur couraient après. Les habitants de la ville passaient devant ses portes closes avec indifférence pour se rendre au nouveau temple du samedi soir, un cinéma voisin, qui depuis longtemps l'avait supplanté. Le vieux théâtre de Lisieux pourrissait lentement, fermé pour raison de sécurité depuis 1967. On oubliait même qu'il avait accueilli avant guerre quelques vedettes en tournée provinciale. Et puis il a fini par renaître de ses cendres. Restaurée, pimpante, la petite scène à l'italienne a conservé tout son charme, avec son balcon reconstitué à l'identique. Le théâtre a rouvert à l'orée des années 1990.

Pour sa deuxième saison, le programme est éclectique. En décembre, une troupe semi-professionnelle s'installe dans les trois loges du théâtre rénové. Issue de l'école du théâtre d'Ostrelande, à Hérouville-Saint-Clair, la troupe est venue en voisin. Placardée à l'entrée, l'affiche du spectacle du jour est, pour tout dire, plutôt hermétique et son graphisme des plus sommaires ; on croit deviner qu'il s'agit de la carte de deux pays manifestement ennemis se transformant en deux silhouettes humaines vindicatives se faisant face. Voilà donc du théâtre politique d'avant-garde, une pièce à *message*, adaptation d'une œuvre du célèbre metteur en scène allemand Reiner W. Fassbinder. La représentation va se dérouler le 15 décembre 1990 à 20h30. Son titre français est évocateur :

NON ASSISTANCE À PERSONNE EN DANGER

Approchons maintenant des comédiens eux-mêmes, dont les noms sont bien sûr présents sur l'affiche. La troupe est composée de cinq acteurs – trois femmes et deux hommes – et le rôle principal masculin est tenu, oui, par Yves Godard. *Ancien élève du théâtre-école d'Ostrelande*, est-il précisé. Cette pièce de Fassbinder sera le point culminant de sa carrière de comédien amateur. Sa sœur Corinne, elle, fait les costumes. Yves Godard prend des cours de théâtre depuis plusieurs années, il s'est inscrit en 1988. Il est décrit comme doué. Cette passion l'a conduit à suivre assidûment les répétitions, malgré ses contraintes professionnelles, malgré même une cheville foulée et un plâtre qui l'a handicapé un bon moment pour tenir convenablement sa place sur scène. Les répétitions se tenaient dans une école publique du sud de l'agglomération caennaise, à Ifs.

Inspiré par un fait réel, la pièce de Fassbinder est le récit de la sauvagerie d'un couple qui tortura et tua une dizaine d'enfants. L'auteur explore le thème du fascisme au quotidien en tournant autour de l'idée du bourreau et de la victime.

« *Tout le répertoire de la loi du plus fort est égrené dans ces courtes tranches de vie qui choquent et bousculent : brimades diverses, châtiments corporels, viols, insultes ; les barrières morales, les tabous et les règles sociales sont abolis et la violence, fascinante, demeure le seul repère tangible»*, écrit un critique de théâtre à propos de cette pièce écrite en 1969 par Fassbinder.

Et voilà maintenant ce qu'en dit des années plus tard l'une des autres comédiennes de la troupe qui joue ce soir-là sur cette scène du théâtre de Lisieux aux côtés d'Yves Godard :

«J'ai passé beaucoup de temps avec Yves, car nous avions tous les deux les rôles principaux. Nous avions une grande complicité sur scène. Brièvement, je vous raconte l'histoire de cette pièce. J'étais mariée à un alcoolique violent et je suis tombée amoureuse du personnage joué par Yves qui était l'ami de mon mari. À la fin, je tue Yves car il devient une entrave à ma liberté. Je deviens folle et je tue mes enfants et les gens de mon entourage.»

Le destin sonne parfois comme une étrange prophétie. Ainsi, le docteur Yves Godard, futur fugitif recherché pour homicide volontaire sur la personne de sa seconde épouse, tient quelques années plus tôt le rôle principal d'une œuvre de fiction décrivant le devenir tragique d'un couple à la dérive. Il ne faut donc pas s'étonner qu'au cours de l'enquête de personnalité qui sera conduite après sa disparition, le juge d'instruction s'intéressera à cette facette méconnue du passé du médecin caennais. Comment en effet résister à l'envie de relever les détails de cette pièce, *Non assistance à personne en danger*, en y cherchant de funestes présages. D'autant que la même amie d'Yves Godard conclura devant les enquêteurs son témoignage à propos du comportement de Marie par ces mots :

«Je trouvais cette personne très mal intérieurement. Elle avait parfois des comportements bizarres avec une certaine violence verbale au cours de certaines soirées. À la fin de la première

de la pièce de Fassbinder, Marie m'a dit qu'elle n'avait pas aimé la pièce et elle est partie très rapidement. »

Ce témoignage, recueilli sur procès-verbal, se conclut ainsi :

« *Yves m'a confié, après que je lui ai dit que les pièces de Fassbinder étaient difficiles et violentes, qu'il continuait à vivre cette atmosphère quand il rentrait chez lui.* »

14.

Les époux Le M. sont un couple de retraités, retirés dans leur maison sur la côte bretonne du côté de Paimpol. Monsieur Le M. est prénommé Dominique et il a la gentillesse d'accompagner chaque semaine son épouse Georgette, flanquée de la belle-mère, jusqu'au marché de Paimpol, *pour les courses*. Seulement, la belle-mère a ses petites manies, elle préfère nettement la route de la corniche, bien plus jolie que la route directe. Ajoutons l'aléa météo, qui veut que ce jour-là le temps soit clément et voilà comment, par un beau samedi matin de septembre 1999, ce trio familial va se retrouver sans le savoir porteur d'un élément fort utile lorsque débutera l'enquête sur la disparition du voilier *NICK*.

En quittant le petit port de l'anse de Bréhec, l'étroite route côtière grimpe sur la lande sauvage entre bruyères et genêts et la vision qui s'offre alors aux promeneurs vaut bien, à coup sûr, le risque de rater une bonne affaire au marché. Depuis ce circuit des falaises de Paimpol, le regard porte loin sur la baie de Saint-Brieuc, mais c'est plutôt le jeu des flots sur les rochers en contrebas qui attire le regard; même les jours sans vent la houle s'y brise joliment en un sonore bouquet d'écume. Ne blâmons pas la belle-mère, à cet endroit la côte est splendide.

Ce samedi 4 septembre 1999, le trio familial pousse même jusqu'à la pointe de Minard, dont les beaux à-pics sont réputés pour offrir le plus beau panorama du coin. Allez, il fait beau, il n'est que neuf heures et demie du matin, il y a bien le temps de faire trois pas sur le sentier de la pointe où un banc s'offre même aux jambes possiblement paresseuses des belles-mères de passage.

Tant qu'à faire, Dominique Le M., retraité méticuleux, ne descend pas de voiture les mains vides, il sort précautionneusement de son étui ses splendides *Paralux 10x50 zoom Baryum grand champ*, une paire de jumelles que l'on devine du genre plutôt haut de gamme. Le temps est dégagé, la mer d'huile.

L'ennui, pour qui a le malheur de posséder des jumelles, surtout lorsqu'elles sont performantes, est que tout le monde se bat pour vous les emprunter, «juste pour voir», et comme de juste, voilà notre Dominique Le M. aussitôt privé de son jouet; c'est son épouse Georgette qui s'en sert. La belle-mère, elle, n'aime pas ces machins-là.

En contrebas, l'attention de Georgette est attirée par un voilier au mouillage devant un tout petit repli des rochers au pied de la falaise; l'embarcation est toute proche, moins de trois cents mètres. Tiens, il n'y a personne à bord, les voiles sont affalées, le carré est fermé, ce bateau de plaisance est inerte. Pourtant, jamais aucun plaisancier ne reste au mouillage dans ce coin, il y a mille endroits plus accueillants que la pointe de Minard, non? Et où sont passés ses occupants? Georgette ajuste les jumelles, détaille le pont désert du petit voilier blanc et elle commente :

– Tiens c'est drôle, le nom de ce bateau c'est presque comme toi, il ne manque que le début sinon ça ferait ton prénom.

Dominique Le M. s'empare des jumelles et détaille l'inscription sur l'arrière du voilier, où lisiblement, en lettres suffisamment grosses, est inscrit le nom *NICK*. Oui, en effet, ça fait presque Dominique, tu parles d'une affaire, il est temps de partir, la belle-mère s'impatiente.

Dans le domaine scientifique, il paraît que nombre de découvertes ont vu le jour par hasard. Assurément, c'est aussi le cas en matière criminelle, il n'est pas rare que les hasards de la vie quotidienne aiment à donner un petit coup de pouce aux enquêtes judiciaires. Ainsi va la vie d'une instruction, de loin en loin un rayon de soleil inattendu viendra remonter le moral d'un enquêteur et calmer l'impatience d'un juge en accélérant comme par miracle une enquête qui piétine.

Lorsque monsieur Le M., homme d'un certain âge, a vu le jour, ses parents ne lui avaient pas choisi pour prénom Pierre, Paul ou Jacques mais Dominique. Autre élément du hasard judiciaire, l'impérieuse nécessité pour la belle-mère de se rendre à Paimpol par le circuit des falaises plutôt que par la route directe.

Un rapprochement avec son prénom, c'est ce détail anodin, touchante et triviale remarque d'une femme à son mari un samedi matin sur la route du marché, qui va inscrire efficacement ces quatre lettres, peintes en noir sur la coque blanche, dans la mémoire des deux époux. Lorsqu'un peu plus tard le nom de ce voilier disparu fera la une, Dominique et Georgette se souviendront immédiatement l'avoir déjà lu au travers du verre *grand champ* de leurs *Paralux 10 x 50*.

Il est encore un détail à livrer de cette plaisante histoire de succession de hasards, c'est l'ancienne profession du retraité en question. Le mari de Georgette, le major Dominique Le M., est un ancien gendarme, autrefois en poste à Rennes.

*

Résumons. Le jeudi 2 septembre, un contrôle douanier en mer. Le vendredi 3, des gaufres au chocolat dans l'anse de Bréhec. Le samedi 4, le voilier est déserté à la pointe de Minard.

Après ce week-end du 4 et 5 septembre 1999, plus aucun témoignage ne vient attester de la présence du docteur Godard et de ses enfants sur les côtes bretonnes, excepté ceux de plusieurs promeneurs ayant vu un homme d'une quarantaine d'années, seul avec deux enfants en bas âge, à proximité de l'embarcadère du port de Roscoff.

Roscoff est situé à cent cinquante kilomètres à l'ouest de Saint-Malo, sur la côte nord de la péninsule bretonne. Depuis l'embarcadère du Bloscon, des liaisons maritimes relient quotidiennement par ferries Roscoff à l'Irlande et à la Grande-Bretagne.

La première semaine de septembre 1999 s'achève. La météo est toujours optimale, hormis quelques nappes de brouillard de-ci, de-là. Aucun incident en mer n'est à redouter.

Quant à Marie, l'épouse du docteur Godard, personne ne l'a revue depuis le 31 août.

Deuxième partie

Les investigations

1.

Les flics mar', c'est ainsi que leurs collègues de la Territoriale les baptisent parfois, mélange d'envie et de mépris. *Les flics mar', ils font le tour des plages à moto, chemisette au vent, en reluquant les filles en bikini.*

C'est vrai, la brigade de surveillance du littoral, dénomination officielle de la gendarmerie maritime déployée depuis Brest sur l'ensemble des côtes bretonnes, n'a pas la réputation d'être une affectation trop pénible, surtout aux beaux jours. N'empêche, elle a ses contraintes. À Roscoff, faire le pied de grue un dimanche à l'embarcadère du ferry pour l'Angleterre n'a rien de reluisant ; il s'agit juste de marquer une présence sur le port du Bloscon, qui s'anime un peu à chaque appareillage. Les entrailles de la massive silhouette blanche et bleue du ferry quotidien vers Plymouth, aligné sur la jetée, ronronnent au ralenti, déjà chaudes.

Qui a dit qu'il pleut en Bretagne ? Décidément, en ce dimanche après-midi du tout début septembre 1999, il fait bon sur Roscoff ; d'ailleurs le mois d'août a été caniculaire sur tout le pays, avec de violents orages dans le Sud.

Les *flics mar'* – les gendarmes maritimes, donc – jettent un œil là-bas, vers le parking poids lourds où patientent sagement quelques routiers français et britanniques. Par les vitres baissées de leurs cabines on entend les radios commenter, en français comme en anglais, la même nouvelle, ce non-lieu général prononcé l'avant-veille en faveur des paparazzis qui avaient mitraillé la voiture disloquée de la princesse Diana sous le pont de l'Alma deux ans plus tôt. Plus près du bord du quai, les files de véhicules de tourisme commencent à s'agiter, l'embarquement se précise, les enfants descendus pour explorer du regard les chalutiers amarrés à quelques mètres de l'énorme coque du ferry sont priés de remonter en voiture, les portières claquent, les coffres arrière se referment sur le bazar sympathique des vacanciers britanniques sur le chemin du retour – matériel de camping remballé à la hâte, casseroles et paquets de couches-culottes.

C'est bel et bien la fin des vacances. Nous sommes le dimanche 5 septembre 1999 dans l'après-midi et c'est sur ce quai de Roscoff que l'affaire Godard va débuter.

Et tomber sur les bras des *flics mar'* en chemisette.

C'est un patron pêcheur du coin, monsieur Coursin, qui interpelle les gendarmes.

– *J'ai trouvé une annexe en mer, venez voir !*

Et il raconte qu'au cours de la pêche du matin, à bord de son chalutier, l'*Askara*, il a découvert au large un petit canot d'appoint. Le patron pêcheur a trouvé cette coquille de noix à trente-cinq milles des côtes, soit soixante-cinq kilomètres, une annexe vide à la dérive, aussi loin, sans personne à son bord, cela n'est pas normal. À la demande des gendarmes, il raconte les détails.

Il était neuf heures et quart, ce dimanche matin en mer. Une forme rouge au loin sur les flots. L'*Askara* s'est approché et a découvert la petite embarcation, portant l'inscription *Steval II*, vide de tout occupant ; ce qui a troublé le marin-pêcheur, c'est que les rames du canot étaient engagées dans leurs dames de nage, comme si quelqu'un venait de les utiliser, comme si quelqu'un même venait de tomber à l'eau en laissant derrière lui les rames en plan. Et puis il y avait ce vêtement, une veste de mer de couleur jaune que monsieur Coursin a immédiatement aperçue sur le plancher de l'embarcation, ce genre de découverte ne laisse jamais présager rien de bon. Pourtant, la météo était excellente, quasiment pas de vent, aucune houle, une mer d'huile, vraiment pas de quoi provoquer la moindre difficulté, quel que soit le bateau dont dépend cette annexe. Le patron de l'*Askara* a remonté le petit canot à son bord et fouillé rapidement la veste, il a découvert dans l'une des poches un chéquier, avec un nom et une adresse. Alors, comme le ferait tout homme de mer à sa place, il a prévenu immédiatement les secours par le canal *VHF 16* de sa radio de bord, le CROSS *Corsen* lui a demandé de faire route vers Roscoff avec l'annexe et a déclenché immédiatement des recherches. Voilà.

Les gendarmes, tout en écoutant monsieur Coursin raconter sa trouvaille, l'ont suivi jusqu'à son chalutier, sur le pont duquel est posé en effet un petit *Zodiac* rouge de deux mètres soixante de long, portant l'inscription *Steval II*, le nom du bateau auquel cette annexe se rattache. Les gendarmes procèdent alors à la saisie de l'ensemble – canot, blouson marin jaune, chéquier –, puis consignent par écrit la déposition du marin-pêcheur. Ce procès-verbal deviendra la première pièce de procédure de toute l'affaire.

Entre-temps, le ferry pour Portsmouth a appareillé, sa silhouette claire, qui tranche sur le bleu de la mer, s'éloigne déjà à grande vitesse. Le quai s'est vidé, hormis le cri des cormorans on n'entend plus à présent que le moteur diesel d'une fourgonnette bleue qui s'éloigne, celle des *flics mar'* qui rentrent à la brigade en emportant avec eux le petit canot rouge trouvé au large.

Les disparitions en mer, cela arrive. L'été, il n'est pas rare que des plaisanciers inexpérimentés jouent avec leur vie et la fameuse solidarité des gens de mer n'est pas un vain mot ; dès qu'ils détectent la moindre anomalie – et bien qu'ils détestent que quiconque sache où ils jettent réellement leurs filets –, les pêcheurs donnent généralement l'alerte et le CROSS déclenche systématiquement des recherches, le système est bien rodé. Pour autant, ce dimanche 5 septembre, aucun navire n'est signalé manquant, aucune famille inquiète n'a signalé quoi que ce soit, et après tout, il ne s'agit que d'un simple canot d'appoint ; pourquoi chercher plus loin que l'éventualité d'une anodine perte d'annexe, dont l'amarre se serait détachée, probablement larguée par un plaisancier distrait ? Comment imaginer que la découverte de cette coquille de noix sera le début d'une affaire qui tiendra en haleine la presse tout entière pendant des années ?

De retour à la brigade, les maritimes vont, tout simplement, faire leur travail. Il leur faut déterminer à qui appartient le bateau correspondant à cette annexe, cela ne devrait pas être trop compliqué. À partir du nom figurant sur le pneumatique rouge, ils interrogent les fichiers de plaisance et en quelques dizaines de minutes, ils savent qu'il leur faut rechercher un voilier de neuf mètres, autrefois nommé *Steval,* rebaptisé *NICK*, loué par un plaisancier du nom de Godard à Saint-Malo quatre jours plus tôt, le 1er septembre, à l'agence *Alet location* sur le port des Bas-Sablons. En parallèle, l'adjudant de la gendarmerie maritime a ouvert le carnet de chèques retrouvé dans la veste. *SCI Hanneman, chez monsieur Godard,* est-il écrit. C'est bien le même nom. Avec une adresse : *Hameau de Juvigny, 14250 Tilly-sur-Seulles.*

C'est quoi, une enquête qui démarre ? C'est un adjudant qui passe des coups de fil depuis son bureau et envoie des demandes de renseignement par message radio, c'est assez simple, en fait. Puisque personne ne répond à l'adresse figurant sur le chéquier, le gendarme recense sur *Minitel* tous les Godard du coin, qu'il appelle un à un et finit par tomber sur un dénommé Henri Godard, à Cancale, qui confirme :

– *Oui, Yves Godard, à Juvigny, c'est mon fils. Il est médecin à Caen.*

Et il ajoute :

– *J'ignorais qu'il avait loué ce bateau.*

Le père confirme donc l'adresse du domicile et donne celle du cabinet médical à Caen. Surtout, il précise la composition de la famille, laquelle a pris place tout entière, probablement, sur le bateau.

– *Marié, deux enfants en bas âge.*

Il fournit les identités complètes.

Les recherches vont donc pouvoir être affinées. À partir de la découverte initiale de cette annexe *Steval II*, les services de secours seront avisés d'une possible avarie en mer d'un voilier, le *NICK*, avec quatre personnes à son bord.

Le père d'Yves Godard est donc le premier à être averti de la découverte de l'annexe – on ne parle pas encore de disparition. Dans sa maison de Cancale, l'homme que les gendarmes viennent de joindre raccroche le téléphone ; est-il réellement inquiet ? Intrigué, sans doute, il se rend aussitôt à Saint-Malo, quinze kilomètres à peine depuis Cancale. Il est 18 h 30 lorsqu'il arrive aux Bas-Sablons, ce bassin malouin où le voilier familial était autrefois amarré et que toute la famille connaît par cœur. Combien de fois par le passé le docteur Godard père est-il déjà venu comme ce dimanche soir scruter l'entrée du port en attendant le retour de son fils, sorti seul par gros temps ? Avec cette météo particulièrement favorable de l'été 1999, pourquoi s'alarmer ? Que son fils ne l'ait pas prévenu de sa présence dans la région n'a finalement rien de surprenant, voilà des années que leurs relations sont devenues plus compliquées qu'elles ne l'étaient autrefois.

Henri Godard arpente les pontons des Bas-Sablons dont les eaux paisibles, les soirs d'été, se teintent d'émeraude. Puis il remonte sur le quai. Là, il découvre, stationné parmi les nombreux autres véhicules, la fourgonnette de son fils ; pas de doute, c'est bien le *bus* d'Yves, un *Combi* Volkswagen blanc immatriculé dans le Calvados, davantage un camping-car de routard que la voiture d'un médecin. Les portes ne sont même pas fermées à clé, dans l'habitacle Henri Godard ne remarque rien d'autre que le bazar habituel de la vie de son fils.

Tandis que le soleil décroît sur la baie de Saint-Malo, le médecin retraité rentre chez lui à Cancale ; il signalera le lendemain matin aux gendarmes la présence de la fourgonnette de son fils sur le quai. Quel présage a-t-il lu dans les eaux limpides du port de Saint-Malo ? Aurait-il découvert, dans la fourgonnette, un signe, un mot d'explication dont il n'a jamais parlé ? Ou bien eut-il, dès ce dimanche soir 5 septembre 1999, la funeste intuition qu'il ne reverrait plus jamais son fils vivant ? Aux dires de tous les autres membres de la famille qui en seront très surpris, le docteur Godard père évoquera dès le lendemain la question de la succession et parlera même du caveau de famille.

Le lundi 6 septembre au matin, les gendarmes maritimes appellent le loueur du bateau à Saint-Malo. Aucune nouvelle de ses clients. Certes ils auraient dû rentrer la veille au soir, mais il arrive fréquemment, dit-il, que les plaisanciers décident de prolonger leur croisière, pas de quoi s'alarmer.

Toutefois, certains détails sont d'ores et déjà intriguants. L'annexe a été découverte en haute mer, or généralement il n'y a guère qu'au plus près des côtes, lorsqu'ils changent de mouillage, que les skippers mettent à l'eau ces frêles esquifs, systématiquement remontés à bord pendant la navigation. L'endroit même de la découverte, d'ailleurs, ne *parle* ni aux marins ni aux spécialistes en courant du service hydrographique de la Marine, à Brest, qui seront consultés. Leurs conclusions seront même précises ; étant donné le vent quasi nul ce jour-là, la faible prise au vent du petit pneumatique, l'étude de la houle et des courants dans ce secteur montre que cette annexe vide n'a pas pu dériver de plus de cinq cents mètres, ce qui signifie qu'elle a été abandonnée à cet endroit même, à plus de soixante kilomètres des côtes. Avec ses rames et un blouson à son bord ? Le bateau auquel l'annexe se rattache aurait-il sombré avec ses occupants ? Mais dans ce cas, personne n'aurait donc eu le temps, par cette belle journée, sur cette mer d'huile, ni de déployer le radeau de survie du bord ni de se hisser à bord de cette fichue annexe ? C'est absurde.

Surtout, ce que personne ne relève pour l'heure mais qui ne tardera pas à fortement troubler les enquêteurs, c'est un détail que le patron de l'*Askara* a aussitôt mentionné aux maritimes, un détail que les non-initiés ne remarqueraient même pas mais qui saute aux yeux de tout marin : la petite corde nouée à la proue pour amarrer l'embarcation ne traînait pas dans l'eau, *ce bout n'était pas filant*, il ne flottait pas comme il aurait dû si le nœud s'était détaché seul ; non, le filin était jeté à bord de l'annexe – réflexe de marin. Le geste de quelqu'un qui abandonne volontairement ce canot derrière lui, mais en jetant machinalement l'amarre à l'intérieur.

Et puis il y a cette veste jaune retrouvée à bord, elle n'était pas simplement posée sur le fond du pneumatique mais maintenue sous une lame du plancher, coincée, comme pour éviter qu'elle ne tombe à l'eau. Et pour que ses poches soient fouillées.

À l'autre bout du fil depuis Saint-Malo, le loueur explique aux gendarmes en ce lundi 6 septembre au matin que le plaisancier est parti seul avec deux enfants en bas âge, oui, seul, il n'y avait pas de femme avec eux, il est formel. La mère des petits n'était donc pas à bord, elle doit bien avoir eu de leurs nouvelles, où diable est-elle ?

Contacté de nouveau, le docteur Godard père s'étonne de l'absence de sa belle-fille à bord.

– *Le loueur a dû se tromper.*

Henri Godard donne alors d'autres contacts, d'autres personnes mieux placées que lui pour en savoir davantage. Le foyer de son fils est une famille recomposée, il a été marié une première fois. Outre les deux petits avec lesquels il a embarqué, il est père de trois autres grands enfants issus de sa première union. Idem pour Marie-France, sa femme, qui a elle aussi deux autres enfants d'un premier mariage, des ados. Tous ces jeunes gens doivent bien en savoir un peu plus, non ?

2.

Il s'en est fallu de très peu que l'alerte soit donnée plus tôt. Fanny, la fille aînée de Marie, est allée à la maison du pont de Juvigny. C'était juste avant le week-end, le vendredi 3 septembre. Intriguée par le silence inhabituel de sa mère, la jeune fille s'inquiétait. Vraiment la situation lui semblait incompréhensible, la dernière fois qu'elle l'avait appelée, le mardi soir au lendemain de la rentrée des petits, sa maman avait dit qu'elles se parleraient de nouveau au téléphone très vite. Et puis rien, le téléphone qui sonne dans le vide. Où sont-ils donc tous passés ? C'est pourquoi ce vendredi en fin d'après-midi, elle a convaincu son père de la conduire là-bas, pour voir.

En arrivant, Fanny a découvert, stationnée dans l'allée devant la maison, la Peugeot rouge de sa mère. Ah, elle est rentrée ! Mais non, personne, porte close, le chat qui surgit en réclamant son dû. Les deux petits sont peut-être encore à l'école et sa mère partie à Caen avec Yves ?

La clé est toujours cachée au même endroit. Depuis que leur mère a quitté leur père pour s'installer avec Yves Godard, Fanny et son frère Léo, seize et douze ans, ont appris à partager leur vie et à intégrer les habitudes des deux domiciles de leurs parents séparés.

Elle entre.

La jeune fille ne remarque rien de particulier, si ce n'est qu'une odeur de cendres froides envahit toute la maison.

Dans la cheminée de pierre blanche, elle aperçoit les restes d'un petit feu de papiers. Des archives devenues inutiles ?

Dans le séjour, rien d'autre, si ce n'est qu'il manque l'un des deux plaids qui recouvrent habituellement les canapés.

Dans la cuisine, tout semble en ordre – si l'on peut dire dans cet intérieur particulièrement désordonné. Les vélos rangés contre l'évier ? Probablement pour éviter qu'ils soient volés dehors. Sur l'égouttoir, la vaisselle, lavée, d'un petit déjeuner, deux mugs et un seul bol. Trois personnes, donc, et non pas quatre. Des fruits dans la corbeille, la cafetière électrique jaune en place, le petit tableau blanc de la petite Camille, sa demi-sœur, traîne dans le passage, sur son trépied. C'est alors que Fanny découvre le petit mot sur la table de la cuisine :

Fanny, Léo,
nous partons quelques jours
pour décompresser.
On rentre dimanche après-midi.
Bisous.
Yves, Marie.

Texte griffonné à la hâte par Yves, la jeune fille a reconnu son écriture. Des vacances ? Sa mère ne lui a pourtant rien annoncé de tel, trois jours auparavant, la dernière fois qu'elles se sont parlé au téléphone.

Apercevant le voyant rouge du lave-linge, Fanny ouvre le hublot, la machine est pleine de vêtements lavés, essorés, mais encore humides et déjà légèrement moisis. Ils ont oublié d'étendre le linge ! Parmi les vêtements qu'elle sort du tambour pour les faire sécher sur un étendoir, Fanny découvre le plaid manquant du canapé, qu'elle va consciencieusement remettre, encore humide, à sa place dans le séjour.

Après le rez-de-chaussée, l'étage.

En montant l'escalier, la jeune Fanny ne remarque rien d'anormal. Là-haut, une table à repasser dépliée encombre l'étroit couloir, les vêtements sont en désordre, le pot du petit Marius traîne dans la chambre des petits, rien d'inhabituel; dans sa chambre, elle aperçoit son bureau flambant neuf acheté le week-end précédent en vue de la rentrée des classes et monté par Yves avec son marteau lui aussi tout neuf.

Un coup d'œil à la chambre des parents, où la jeune fille ne remarque rien de particulier, si ce n'est le sac à main de sa mère posé sur le lit, vidé de tous ses documents importants – *elle a dû changer de sac.* Non, rien de spécial, une pile de livres en vrac à côté du lit, dont un ouvrage de Jacques Lacan, témoin de la passion d'Yves et Marie pour la psychanalyse. Quoi d'autre sur le lit ? Rien, le couvre-lit habituel.

Au cours de cette visite du vendredi, entreprise parce qu'elle s'inquiétait du silence de sa mère, la jeune Fanny ne remarqua donc rien de franchement anormal. Elle constata certes que toute la maisonnée était partie, mais eut une explication par le petit mot sur la table de la cuisine. Elle n'avait aucune raison de penser que quelque chose d'anormal puisse se produire dans cette maison du pont de Juvigny.

En s'approchant d'un peu plus près, elle aurait pourtant pu découvrir que quelque chose de très anormal, au contraire, venait de s'y produire. À portée même de son regard s'offraient les marques multiples et désormais muettes de ce qu'il faut bien appeler une nuit d'horreur. Des traces qu'elle ne vit pas.

Dans la chambre de sa mère, elle ne remarqua pas sous le couvre-lit l'absence de draps. Ils avaient été enlevés pour être jetés. Puisqu'elle n'avait aucune raison de retourner ce couvre-lit, elle ne vit pas les auréoles rouge sombre qui tachaient son envers. Sous le couvre-lit, elle n'avait bien sûr aucune raison de soulever le matelas. Elle ne remarqua donc pas qu'il avait été retourné pour dissimuler d'autres taches, plus larges, plus denses, qui l'imbibaient, des taches tellement larges et tellement denses qu'elles étaient encore rouge vif. En sortant de la chambre, elle ne vit pas davantage, dans l'embrasure, et sur la porte, et dans l'escalier, les fines projections de même couleur, comme une pluie fine, flagrantes éclaboussures sur lesquelles la jeune fille n'avait aucune raison de se pencher. Enfin, en bas dans le séjour, lorsqu'elle avait reposé le plaid lavé sur le canapé, elle n'avait aucune raison non plus de retourner sur leur autre face les coussins du deuxième canapé. Imprégnés eux aussi du même liquide visqueux et rougeâtre.

Non, ce jour-là Fanny n'a rien vu. Tout avait été très grossièrement dissimulé mais cela avait suffi à ce qu'elle ne découvre rien. Avec le recul, on peut dire que c'est peut-être mieux ainsi.

L'adolescente est ressortie pour prendre le courrier dans la boîte aux lettres, qu'elle a déposé sur la table de la cuisine, puis elle a refermé la porte d'entrée. Elle a reposé la clé à l'endroit habituel et elle s'en est allée, son père l'attendait dans la voiture. Elle n'a rien vu du sang de sa mère qui avait séché partout dans la maison.

3.

Mardi 7 septembre au matin, toujours aucune nouvelle, ni des plaisanciers, ni du voilier, nulle part. Les gendarmes maritimes de Brest sont à Saint-Malo, il leur faut jeter un œil dans le fourgon et rencontrer le loueur de bateaux. Celui-ci se souvient bien de son client, avec lequel il avait rendez-vous directement sur les docks ; il consulte son registre, emplacement E 79, c'est bien cela, le type est arrivé pile à l'heure au rendez-vous, c'était le 1er septembre à 10 h 30. Et monsieur H. raconte aux gendarmes tout ce dont il se souvient de sa rencontre avec ce client, le type peu intéressé par l'état technique du bateau, les deux enfants qui jouent tranquillement sur le ponton, l'impossibilité de prendre la mer à cause de la marée, il se souvient bien, oui.

Le fourgon à présent. C'est celui-ci, le Volkswagen blanc sur le quai. Les gendarmes s'approchent et en font le tour. Par les vitres, ils aperçoivent un pull roulé en boule sur un siège, le cendrier qui déborde de mégots de cigarettes roulées à la main et là, coincés dans les grilles d'aération, encore d'autres mégots maculés de rouge à lèvres – *vraiment pas classique, la femme du toubib !* À présent, un coup d'œil à l'arrière, les gendarmes ouvrent le hayon arrière et la porte coulissante latérale et là…

Là ils tombent en arrêt. N'en déplaise à leurs collègues des sections de recherches, il ne faut pas longtemps à un gendarme maritime, tout *flic mar'* qu'il soit, pour remarquer les auréoles rougeâtres sur le marchepied arrière et sur le plancher en contreplaqué du coffre. Traces fraîches. Il y a aussi un flacon de nettoyant ménager, un gros flacon de Mir à peine entamé, bouchon posé sur le goulot sans être vissé, comme si quelqu'un avait oublié de le reboucher – ou n'en avait pas eu le temps.

Cette enquête de gendarmerie ouverte la veille pour *disparition inquiétante* semble vouloir évoluer à grande vitesse vers, comment dire, autre chose.

Le téléphone chauffe, la hiérarchie est en alerte, le bureau du procureur s'agite. Un dépanneur est réquisitionné, le Volkswagen blanc immatriculé 1847 WA 14 est saisi et mis à l'abri dans les locaux de la compagnie de Saint-Malo, entouré d'un périmètre de ruban jaune avec *PTS complète demandée*. PTS, cela signifie, dans le jargon des enquêteurs, police technique et scientifique.

Une enquête qui démarre, c'est un fil qu'on tire. Et la pelote va se dévider. Dans les heures et les jours qui suivront, les gendarmes vont exploiter les éléments dont ils disposent. France Télécom, sur réquisition, fournira la liste des appels passés depuis le portable du plaisancier disparu. Sa banque sera priée de fournir un relevé des opérations de sa carte de crédit. Un vigile du port des Bas-Sablons apporte quant à lui son témoignage. Dans sa ronde la nuit du 1er septembre, il dit avoir été intrigué par ce *Combi VW* blanc, car sa porte coulissante latérale était à demi ouverte, ainsi qu'une vitre ; un plaisancier étourdi, a alors pensé le vigile en refermant porte et fenêtre, par précaution. Une personne s'affairant à l'intérieur du Volkswagen avec un flacon de nettoyant ménager aurait-elle été dérangée par la visite impromptue du vigile ? Un peu plus tard encore, les gendarmes apprendront que le *NICK* a été contrôlé en mer le 2 septembre par la vedette des douanes. Une demande d'audition des douaniers sera adressée.

Résumons les informations recueillies dans cette phase initiale de l'enquête : une annexe vide retrouvée très au large avec un blouson et un chéquier, un voilier loué par un médecin normand, parti de Saint-Malo avec deux enfants. L'équipage a fait des courses avant le départ, a passé un appel pour consulter la messagerie, a été contrôlé en mer par un douanier le lendemain. D'importantes taches qui semblent bien être du sang sont découvertes dans la fourgonnette. La femme du médecin, elle aussi, a disparu. L'affaire Godard commence.

*

La section de recherches de Rennes a d'autres chats à fouetter que de gérer une disparition en mer, les effectifs sont alors mobilisés sur l'affaire Caroline Dickinson, cette jeune Britannique violée et assassinée dans une auberge de jeunesse à Pleine-Fougères, non loin de Saint-Malo. Il y a aussi une enquête en cours sur un trafic de stupéfiants, pour laquelle une équipe part ce même jour sur Paris. Vraiment, ce coup de main à donner aux maritimes ne réjouit personne. Un *TIC*, technicien d'investigation criminelle, spécialiste de police scientifique, est tout de même prié de laisser un temps son dossier Dickinson pour aller examiner le fourgon du médecin normand. Quant aux deux gendarmes en partance pour Paris sur l'affaire de stups, ils sont gentiment invités à commencer par faire un détour par la Normandie, pure formalité, simple visite domiciliaire dans une maison vide près de Tilly-sur-Seulles, annonce la hiérarchie à ces deux gendarmes quelque peu contrariés par ce changement de programme infiniment moins plaisant qu'une virée à la capitale. L'un d'entre eux est formé aux rudiments de la police scientifique.

En cette matinée du mercredi 8 septembre, tandis qu'une équipe se met donc en route pour la Normandie, une autre à Saint-Malo commence l'examen approfondi du véhicule du plaisancier disparu. *Passer au peigne fin*, c'était autrefois l'expression consacrée ; de nos jours, l'outil principal est plutôt le Coton-Tige, l'écouvillon, sorte de bâtonnet stérile pour prélèvements à fins d'analyses. Les *TIC* sont vêtus d'une combinaison blanche, de gants et d'un masque chirurgical, ils doivent surtout être pourvus d'une patience infinie pour traquer la moindre bribe d'ADN, écouvillon en main.

Or, cinq minutes suffisent ici pour se faire une idée. Sitôt les portes du Volkswagen ouvertes, les gendarmes ont la certitude que les auréoles rougeâtres qui en tapissent le plancher sont bien du sang humain, un simple testeur grand comme un crayon le leur confirme. Du sang humain en assez grande quantité, bien qu'il ait été nettoyé. Le terme le plus juste serait de dire que le fourgon a été mal nettoyé, des coulures visqueuses subsistent un peu partout, notamment dans le mécanisme de la porte coulissante et l'encoignure du hayon arrière. En démontant le plancher en contreplaqué qui tapisse le fond du véhicule, il est manifeste que le bois a « bu » le sang, sur toute son épaisseur ; le nettoyage de surface a masqué grossièrement les traces, mais cela ne résiste pas à un examen approfondi. Premières conclusions immédiates : présence de sang humain en quantité relativement importante dans la voiture du plaisancier disparu. Ultérieurement, l'analyse montrera qu'il s'agit du sang de son épouse et qu'il contient du phénobarbital, un produit antiépileptique. À forte dose, ce médicament peut provoquer un arrêt cardiaque.

Les gendarmes inspectent la fourgonnette de fond en comble, ils y saisissent le flacon bleu de nettoyant ménager Mir et surtout une trousse de médecin contenant un ordonnancier et des ampoules de morphine, vides.

Un travail de police scientifique complet sur un véhicule dure plusieurs heures, les techniciens doivent saupoudrer tous les points stratégiques à la recherche d'empreintes digitales, frotter leurs bâtonnets de coton pour le relevé d'empreintes génétiques, établir des croquis et mitrailler le véhicule de photos en mode macro.

La vision de ces dizaines de clichés fait froid dans le dos. Quiconque feuillette le dossier ainsi constitué ne peut être que frappé par ces images de dégoulinures visqueuses rouge vif sur la carrosserie blanche.

Pendant ce temps, l'autre équipe est arrivée en Normandie. Les gendarmes ont demandé l'assistance de la brigade locale et requis la présence, comme témoin, du maire d'une commune voisine, qui est pourtant un « frère » du docteur Godard au sein de l'ordre des Rose-Croix, ce que bien sûr les gendarmes ignorent.

Les voilà qui entrent à présent dans la maison. D'abord un premier tour rapide. Le rez-de-chaussée avec le salon et la cuisine, le petit escalier, l'étage avec les trois chambres, la salle de bains et les toilettes. Ils appellent leurs collègues en Bretagne, plutôt tranquilles :

– *Rien de spécial dans cette maison, tous leurs vêtements sont là, il y a de la bouffe dans le frigo, on voit bien qu'ils ne sont pas partis définitivement.*

Et le gendarme ajoute, comme si c'était anodin :

– *Simplement, on a trouvé des taches de sang sur les marches de l'escalier et aussi à l'étage dans la chambre à coucher. Il y a aussi du sang sur le matelas et il n'y a pas de draps. On vous fait des photos, on prélève et on vous envoie tout ça.*

Dans un petit palais de justice, tout se sait. Le procureur et le juge d'instruction auront écho par la suite de ces conversations entre gendarmes, qui ne figurent pas dans les actes de procédure. À Juvigny, les gendarmes ont-ils bien réalisé l'importance de ce qu'ils venaient de découvrir ? Pourquoi une telle nonchalance ? Étaient-ils pressés d'enchaîner avec leur « vraie » mission à Paris ? Si la *scène* avait été gelée dès cet instant, si de vraies investigations de police technique avaient été menées, il est probable que les événements qui s'y sont déroulés auraient pu être reconstitués avec une grande précision.

Dans la maison, les gendarmes relèvent tout de même les traces de sang que la jeune Fanny, elle, n'avait pas vues.

Des taches de petite taille sont situées sur les neuf dernières marches en haut de l'escalier. À l'étage, il y a du sang sur la porte des W-C, en taches plus allongées, d'une taille de trois centimètres et demi chacune. Sur la porte de la salle de bains, ils relèvent d'autres gouttes, beaucoup plus nombreuses, qui forment même une gerbe sur le mur.

Dans la chambre d'Yves et Marie Godard, c'est pire. Taches sur le chambranle de la porte, taches sur la porte elle-même et surtout taches sur les murs, en pluie, à une hauteur d'un mètre trente. Ces projections sont les plus flagrantes, elles ont été lavées mais ont coloré le mur de façon indélébile. Ces éclaboussures de sang s'étalent en une gerbe sur une dizaine de centimètres de largeur, comme après un coup porté.

Le couvre-lit lui aussi est taché, quant au matelas, il est imbibé de sang à deux endroits, notamment une large tache d'une trentaine de centimètres de diamètre, à l'endroit où repose la tête.

Dans la cuvette des toilettes, les gendarmes découvrent une feuille d'essuie-tout devenue noirâtre, la chasse d'eau n'a pas été tirée.

L'examen de ce papier révélera qu'il contient des résidus de deux sortes de médicaments, du paracétamol et du méprobamate. Probablement les comprimés ont-ils été écrasés et mélangés dans un récipient avant d'être administrés, puis le récipient a été rapidement essuyé par ce *Sopalin*, jeté ensuite dans les toilettes sans que la chasse d'eau ne soit tirée.

Le méprobamate est un anxiolytique, il provoque aussi un relâchement musculaire ; cette drogue n'est plus guère utilisée de nos jours, des molécules plus fiables l'ont remplacée. C'était autrefois un calmant bien connu des médecins de garde appelés à la rescousse par la police pour calmer un type en garde à vue trop agité ou menaçant.

La salle de bains, à présent. Elle est à l'image du reste de la maison, en désordre. Au-dessus du lavabo, un porte-brosses à dents en bois sombre contient sept brosses de toutes les couleurs, manifestement celles de toute la famille. Les gendarmes les enferment chacune dans un petit sac stérile. C'est l'examen des empreintes génétiques présentes sur ces brosses à dents qui permettra d'obtenir de façon fiable une cartographie ADN de toute la famille disparue, très utile pour la suite de l'enquête.

En fin de journée ce mercredi 8 septembre, le téléphone sonne dans le cabinet du juge d'instruction Gérard Zaug à Saint-Malo. Au bout du fil, le procureur de la République :

– *J'ouvre !*

Qui pourrait prétendre être capable de lire dans les pensées d'un magistrat ? Mais nous pouvons imaginer qu'à cet instant précis, le juge Zaug a dû se sentir bien seul. Le procureur poursuit :

– *Ils ont trouvé du sang dans le fourgon et aussi dans la maison, alors j'ouvre.*

« J'ouvre », dans le jargon, cela signifiait que le procureur décidait l'ouverture d'une information judiciaire. Cela signifiait, pour ce petit palais de justice, une nouvelle enquête criminelle importante après l'épineux dossier Caroline Dickinson, probablement d'envergure médiatique lui aussi. Et cela signifiait donc, puisqu'il n'y a qu'une seule chambre de l'instruction à Saint-Malo, que cette enquête lui soit confiée, à lui qui justement demandait sa mutation après s'être tout juste sorti du mauvais pas Dickinson, enquête pour laquelle il en avait bavé au point d'être dessaisi au profit du juge Van Ruymbeke à Rennes. Deux dossiers de ce type pour un seul homme, disons-le, c'est beaucoup.

Disparition inquiétante, c'était le terme officiel employé jusque-là. Désormais, à compter du 9 septembre 1999, il est écrit noir sur blanc sur le réquisitoire introductif du parquet, *Godard Yves, recherché par Interpol pour homicide volontaire.*

C'est alors le branle-bas de combat dans les services de gendarmerie. Dès le lendemain, une grande réunion se tient pour le partage des rôles, les magistrats décident que la direction d'enquête est maintenue à la gendarmerie maritime de Brest, saisie conjointement avec la section de recherches de Rennes. On accroît les moyens, il faut absolument retrouver ce fichu voilier. Une cellule d'enquête est créée, forte de quarante gendarmes au moins. L'avion des douanes fait des survols en mer, le CROSS *Jobourg* et le CROSS *Corsen* sont appelés à une vigilance accrue, à Pleumeur-Bodou les moyens d'écoute en mer sont sollicités, une réquisition est même envoyée à Toulouse auprès du service qui gère les satellites d'observation. Le parcours du voilier, depuis sa sortie du port de Saint-Malo, pourra ainsi être suivi à la trace jour après jour. Manque de chance, le hasard veut qu'en raison de la sortie depuis la rade de Brest d'un sous-marin nucléaire à cette période, ces images soient classées secret défense, impossible pour la justice de les obtenir.

Au palais de justice de Saint-Malo, on prie pour que cette affaire ne demeure qu'une simple disparition en mer et surtout pas, une nouvelle fois, un crime médiatique avec des télés en permanence à la porte du palais. Au fond, la thèse criminelle, personne ne veut y croire, on ne voit pas un médecin sans histoire tuer femme et enfants comme ça, ce voilier mystère va bien finir par réapparaître. Ou bien on découvrira que c'est un simple accident en mer. Oui c'est cela, un naufrage.

D'ordinaire, la plupart des enquêtes criminelles ont une donne de départ figée, comme des cartes distribuées une fois pour toutes ; un lieu, une victime, une arme – la fameuse scène de crime –, à charge pour les enquêteurs de venir enrichir par leur travail les informations dont ils disposent. Il en va tout autrement dans l'enquête qui commence, tout est flou, tout est mouvant. Est-ce un homicide ?

Si crime il y a, c'est un crime sans arme, sans cadavre et sans assassin, il n'y a pour l'instant que des personnes qui ont disparu. Un grand vide avec quelques traces de sang. Quant à la situation initiale, elle est loin d'être figée, au contraire, des éléments nouveaux vont surgir d'eux-mêmes de jour en jour, comme autant de nouvelles cartes dans la main des enquêteurs.

Ainsi, le 16 septembre 1999, le CROSS *Jobourg*, à l'extrémité nord-ouest de la presqu'île du Cotentin, est alerté de la découverte en mer, au large du cap de la Hague, d'une brassière de survie, un *life jacket* rouge sur lequel est inscrit le nom *Steval II*. Ce sont des plaisanciers, à bord de leur voilier, le *Tioman*, qui ont fait cette découverte au nord-est de l'île de Guernesey. Ils ont alerté les secours à dix-huit heures et remis le gilet de sauvetage au remorqueur *Abeille Languedoc* de la SNSM, qui patrouillait à proximité.

Onze jours après l'annexe, voici donc un deuxième objet issu du *NICK*. Vu de très loin, cette découverte paraît cohérente, vu de près, avec une carte sous les yeux, il en va tout autrement : les deux lieux de découverte sont très éloignés l'un de l'autre. Les spécialistes en courants marins du SHOM de Brest, appelés là encore à se prononcer, vont étudier les vents, les courants et l'ensemble des conditions météo. Verdict : ils ne voient pas de compatibilité entre la découverte de l'annexe – soixante-cinq kilomètres au nord de Roscoff – et l'emplacement de cette brassière au nord-est de Guernesey. Une brassière n'a quasiment aucune prise au vent, elle suit les courants. Or, à ce moment, à cet endroit, ils estiment que le gilet ne peut avoir beaucoup bougé depuis qu'il séjourne dans l'eau. En clair, cela signifie qu'il a été repêché quasiment à l'endroit où il a été déposé. Cela signifie aussi, par conséquent, qu'il n'a pas été largué en mer au même endroit que le petit Zodiac rouge, l'annexe, trouvée plus tôt.

Les spécialistes de l'architecture marine, quant à eux, expliquent qu'un voilier de ce type, qui n'a pas de coque en bois, se disloque lorsqu'il sombre, la pression de l'eau faisant quasiment exploser l'habitacle. En pareil cas, immanquablement, de nombreux débris flottants remonteraient à la surface.

Des recherches sont alors effectuées, on ne trouve aucun débris de quoi que ce soit dans ce secteur.

Cette brassière vient brouiller les pistes et les enquêteurs sont loin d'être au bout de leurs peines. D'autres nouveaux éléments incohérents de ce genre ne tarderont pas à surgir, à s'accumuler même, au point que cette mystérieuse disparition en mer sera bientôt, au sein de la cellule d'enquête mise en place à Saint-Malo, résumée d'une formule, *tout ça pue la mise en scène !*

Nous voici à présent sept jours plus tard, le 23 septembre 1999, de l'autre côté de la Manche, sur une plage du West Dorset.

Le jour se lève, il est sept heures et demie du matin. Dans cette région, non loin de Weymouth, la côte anglaise ressemble un peu à Étretat, de hautes falaises de craie surplombant verticalement des plages de galets succèdent à de petites baies plates dans lesquelles l'homme a creusé l'entrée de ports minuscules. Là, chaque matin, sur l'une de ces plages que les locaux nomment Lyme Bay, une vieille dame promène délicatement ses chats en laisse. Il n'y a probablement qu'une Britannique pour s'adonner à un tel rituel ; chaque matin à l'aube, la dame parcourt ainsi la promenade qui surplombe la plage de galets, tout près du minuscule port de Bridport, ses deux chats aux avant-postes, chacun au bout d'une longue laisse.

– *Come on, Kitty.*

En portant son regard en contrebas sur le rivage, la maîtresse des chats aperçoit alors, échoué contre une petite digue brise-lames faite de grosses roches, un canot rouge de forme ronde, un drôle de canot en fait, octogonal plutôt que rond, qui ne semble guère fait pour fendre les flots. C'est un radeau de survie. Du genre de ceux qu'embarquent obligatoirement tous les bateaux et dont les passagers ne connaissent – qu'à Dieu ne plaise – que le conditionnement, dans ces sortes de tonneaux de plastique blanc aux bastingages des ponts supérieurs des navires. Ces radeaux de survie, qui se gonflent automatiquement lorsqu'on les dégoupille, sont obligatoires, même pour les petits bateaux de plaisance.

La vieille dame aux chats est bien sûr intriguée par ce curieux engin échoué sur les rochers, à demi gonflé, *not completly flat*, dira-t-elle. Lorsqu'elle juge que ses chats ont suffisamment dégourdi leurs pattounes, la voilà qui chemine à pas comptés vers sa petite maison, dans ce quartier de Bridport qui jouxte la mer, où l'attend son mari handicapé. Certes la scène paraît trop caricaturalement british pour être vraie, mais elle est rigoureusement authentique. Encombré de mille bibelots disparates, le salon séjour de Mr and Mrs C. ressemble à un magasin d'antiquités ; au fond de la pièce, dans son coin bureau d'où il ne sort probablement jamais, le mari de la vieille dame aux chats passe ses journées à visiter le monde entier par les ondes sans bouger de son fauteuil roulant, mug de thé en main. Il est radio amateur. Et c'est ainsi que les gardes-côtes du Dorset vont être prévenus, par les ondes, de la découverte sur la plage de galets de Lyme Bay du radeau de survie du

NICK, ce jeudi 23 septembre 1999 à 7 h 40 du matin par une vieille dame anglaise qui promenait ses chats en laisse.

Ce radeau de survie, *Plastimo classe II, 6 personnes*, est totalement déployé et entièrement vide. Sur une plaquette apparaît clairement le nom du bateau auquel il se rattache, avec son immatriculation. Après avoir recueilli la déposition du couple, la police du Dorset expédie le 30 septembre de l'autre côté de la Manche, à bord d'un ferry rapide de la compagnie *Condor*, le radeau de survie découvert à Lyme Bay, désormais dégonflé. Les services français vont le faire expertiser, sommairement pourrait-on dire. Dans les plis entre les boudins qui composent la structure gonflable, un bâton de sucette sera découvert, et quelques éléments pileux inexploitables. Aucune empreinte, ni digitale, ni génétique, ne pourra être extraite, finalement le radeau de survie du *NICK* sera rangé dans un carton et déposé provisoirement sous un bureau de la gendarmerie maritime à Brest. À toutes fins utiles.

Après l'annexe au large de Roscoff, après le gilet de sauvetage du côté de Guernesey, voici donc, surgi des flots marins à un tout autre endroit, sur les côtes anglaises cette fois, un troisième élément de bord du *NICK*. Et pas des moindres.

À Rennes, des réunions interminables réunissent tous les enquêteurs affectés à l'enquête. Une quarantaine de gendarmes s'entassent dans une salle très vite enfumée, parfois jusqu'à une heure tardive, pour faire le point. C'est le directeur d'enquête qui préside les séances, un gendarme maritime, donc. Chacun expose ses éléments et chacun y va de ses commentaires ; autour de la table, deux cultures se complètent. Ou s'affrontent. Il y a les vieux de la vieille de la Maritime, sentencieux, qui disent qu'avec la mer il faut s'attendre à tout, *c'est tellement bizarre les courants marins*. Et puis il y a les rationnels de la section de recherches, sceptiques, qui secouent la tête, examinant objectivement les différents lieux de découverte en se basant sur les rapports des experts. *On nous balade*, disent ceux-ci. Il y a aussi celui qui sait tout et qui annonce *qu'on travaille pour rien, un médecin ne tue pas ses gamins*. Et d'autres encore qui veulent se faire mousser en tentant de rallier à leurs spéculations plus ou moins pertinentes toute la troupe.

*

Sur le terrain, divers recoupements permettent d'avancer. L'emploi du temps du médecin, les jours précédant son départ, est scruté à la loupe. L'examen attentif de son agenda démontre qu'il a été maquillé. Les rendez-vous inscrits au crayon à la date du 1er septembre, effacés à la gomme, réapparaissent en filigrane du papier sous une lampe spéciale. Les enquêteurs reconstituent patiemment la page et découvrent tous les vrais-faux rendez-vous inscrits par le docteur Godard et effacés au moment de son départ. Pourquoi les avoir gommés ? S'il fallait faire disparaître cette page, pourquoi ne pas avoir brûlé tout l'agenda comme l'ont été d'autres papiers, dans la cheminée, juste avant le départ ?

Dès lors que le passé d'un homme est fouillé, on cherche toujours des cohérences, des explications rationnelles, mais parfois – souvent – le comportement des êtres montre tout l'inverse. Comment savoir quels éléments dans le comportement du docteur Godard relèvent de l'anecdotique, du quotidien inepte, quels détails au contraire mettront les enquêteurs sur une piste ? Ne pas savoir ce qu'on cherche, c'est ce qui va tout au long de l'enquête nourrir cette énigme.

L'enquête de voisinage se poursuit. L'enquête de personnalité, elle, débute. Si crime il y a, il faut en comprendre les raisons, *le mobile*, comme aiment dire les journalistes. Le quotidien du couple va être disséqué. Quant à Yves Godard lui-même, sa vie entière va être mise à nu : famille, parcours professionnel, fréquentations, finances, maîtresses éventuelles.

Cependant, il est frappant de constater que la majorité des enquêteurs ne croient pas véritablement à un meurtre. Bien qu'une information judiciaire pour homicide volontaire soit ouverte, bien que des soupçons se portent naturellement sur Yves Godard, la plupart sont plutôt enclins à penser que Marie-France Godard, l'épouse disparue, a fait une tentative de suicide après sans doute une dispute, ce qui expliquerait le sang dans la maison et dans le fourgon. Bizarrement, l'hypothèse qui l'emporte alors est que, contrairement aux apparences, toute la famille a embarqué sur le *NICK*, ce qui expliquerait l'absence de cadavre.

4.

En ce samedi matin du tout début octobre 1999, les bureaux de la gendarmerie de Falaise, boulevard de la Libération, tournent au ralenti. C'est le week-end, ce chef-lieu de canton situé à une trentaine de kilomètres au sud de Caen se réveille doucement. Un peu plus tard, les rues s'animeront quelque peu, le samedi les gens des campagnes alentour viennent au bourg faire leurs courses. Pour les gendarmes, il n'y a guère, au programme des week-ends, que les habituelles rondes, une possible tournée de nuit et sans doute quelque imprévu, accident de la route au sortir d'une discothèque ou éventuel cambriolage. Les bureaux de la compagnie, eux, demeurent déserts, excepté bien sûr la présence du *planton*, corvée récurrente pour tout gendarme du bas de l'échelle désigné à tour de rôle pour tenir la permanence d'accueil et recevoir les appels téléphoniques.

Le planton prend son poste à huit heures et l'une de ses tâches de la matinée consiste à se rendre au bureau de Poste pour y chercher la sacoche du courrier du jour ; ce samedi 2 octobre 1999, figure dans la liasse une petite enveloppe adressée ainsi, *Gendarmerie de Falaise,* manuscrite. De retour au bureau, le planton ouvre la lettre et trouve à l'intérieur une sorte de *Post-it,* plutôt un petit carré de papier blanc tiré d'un bloc-notes, sur lequel figure ce court message, manuscrit lui aussi :

le Dr Yves Godard est bien vivant
il vit en mer d'Irlande
sur Isle of man
le prendre au sérieux

Aucune autre indication, le mot n'est pas signé, il s'agit bien d'une lettre anonyme. L'écriture est assez neutre, de facture plutôt classique, les mots *vivant* et *sérieux* sont soulignés d'un trait. Le gendarme examine l'enveloppe, le cachet de la Poste montre que la lettre a été oblitérée la veille à Falaise même. Il alerte immédiatement sa hiérarchie. Évidemment, le week-end qui s'annonçait paisible pour le planton et tous ses collègues de la brigade de Falaise sera finalement loin d'être oisif.

Quelqu'un a donc posté depuis les rues de cette petite ville du sud du département du Calvados, jusque-là nullement concernée par l'affaire, un message d'alerte. S'agit-il d'un canular ? Les renseignements pris auprès des services postaux ne permettent guère d'en savoir davantage, si ce n'est d'apprendre que la lettre est passée en machine à oblitérer le vendredi après-midi.

En fait, ce qui pousse intuitivement à prendre ce message au sérieux est un détail du texte, dont l'énoncé est intrigant : *il vit en mer d'Irlande sur Isle of man*. Une telle désignation, mi en français, mi en anglais, laisse à penser que l'auteur(e) du message ne maîtrise pas totalement sa formulation, voire ne connaît pas le lieu sur lequel il (elle) veut attirer l'attention. Paradoxalement, cette imprécision sonne juste, comme si elle émanait d'une personne ne parlant pas anglais qui aurait recopié l'inscription «*Isle of man*» figurant par exemple sur une carte postale envoyée par un ami. C'est en tout cas une hypothèse plausible.

La lettre anonyme va immédiatement être acheminée au laboratoire de l'Institut de recherche criminelle de Rosny-sous-Bois pour être analysée. Il s'agit d'y chercher d'éventuelles empreintes digitales et génétiques, notamment sous le timbre. Par ailleurs, dès le week-end passé, le lundi matin, contact est pris avec la police de cette île dont le nom en France est vaguement connu mais que l'on situe mal. Des photos de la famille Godard et du voilier *Nick* sont transmises par Internet aux policiers locaux. Les collègues britanniques promettent de mener leur petite enquête et de rappeler au plus vite.

L'île de Man ? Moins familière pour les Français que Jersey et Guernesey, cette île située en mer d'Irlande jouit du même statut autonome que ses sœurs anglo-normandes. Man est notoirement un paradis fiscal et bancaire, avec une position géographique particulière, à égale distance des côtes d'Angleterre, d'Irlande et d'Écosse.

Dès le mercredi 6 octobre, l'inspecteur Pickard, des services de police de Douglas, capitale de l'île de Man, rappelle les enquêteurs français pour leur annoncer que leur piste est sérieuse. En effet, un hôtelier de Douglas, principal port de l'île, se souvient parfaitement avoir eu comme clients au début du mois de septembre un Français avec deux jeunes enfants, un petit garçon et une fillette qui, ajoute-t-il, pleurait l'absence de sa mère. Le *detective* britannique ajoute que le tenancier de l'hôtel, tout comme les membres de son personnel, reconnaissent formellement Godard et ses enfants sur les photos que la police mannoise leur ont montrées.

Si ces précisions n'émanaient pas d'un très sérieux policier de l'île de Man, elles seraient évidemment à prendre avec des pincettes. Mais là…

La lettre anonyme, avec ce contenu surprenant, n'est donc pas fantaisiste.

À Saint-Malo, dès le vendredi, le juge d'instruction délivre une commission rogatoire internationale pour obtenir l'autorisation de l'*Attorney general* de l'île de Man d'envoyer des enquêteurs français sur place. Quelques jours plus tard, le 12 octobre 1999, soit tout de même neuf jours après la réception de la lettre, trois gendarmes quittent la Bretagne pour Douglas, capitale de cette dépendance de la couronne britannique.

Les policiers mannois sont venus accueillir leurs collègues français à l'aéroport de Douglas, l'accueil est sympathique et la collaboration s'annonce sincère. Un seul des trois gendarmes dépêchés sur place parle anglais, mais qu'importe, le *detective inspector* Guy Pickard et ses hommes du *serious crime unit* leur ont préparé le terrain et vont les guider pendant toute la durée de leur séjour. Très vite, les Français vont obtenir la confirmation que les témoignages annoncés s'avèrent fiables et précis. Avant de leur faire rencontrer le personnel de l'hôtel qu'ils ont évoqué dans leurs échanges par téléphone, les policiers britanniques dirigent d'abord les Français vers le port, principale plateforme d'échange de l'île de Man avec les côtes britanniques et irlandaises. Ils veulent que les gendarmes rencontrent une femme qui va, disent-ils, beaucoup les intéresser.

L'escouade franco-britannique pénètre dans le terminal passagers et se dirige alors vers l'office de tourisme de l'île de Man, dont le comptoir est directement situé dans ce terminal, sous les yeux des passagers qui débarquent. Et voici maintenant la femme qu'ils veulent leur présenter : il s'agit tout simplement de l'hôtesse d'accueil de l'office du tourisme. Une fois les présentations faites, la préposée est invitée à répéter devant les *French policemen* ce qu'elle a déjà expliqué quelques jours plus tôt à la police locale.

C'était dans la première quinzaine de septembre, dit-elle, les touristes étaient encore assez nombreux sur l'île, elle se souvient que l'homme en question s'est présenté avec deux jeunes enfants à son comptoir, il cherchait une adresse de *Bed and Breakfast* pour passer quelques jours.

Les gendarmes français présentent alors à la jeune femme une série de clichés de différents hommes, bruns, blonds, jeunes et moins jeunes, ainsi que plusieurs clichés d'enfants, avec bien entendu, figurant parmi ce panel, la photo d'Yves Godard et celles de Camille et Marius. L'hôtesse d'accueil désigne sans hésiter le médecin caennais.

– *C'est lui !*

On imagine le sentiment éprouvé alors par les enquêteurs, dont quarante de leurs collègues sont depuis plus d'un mois mobilisés sur les traces de l'introuvable médecin, sans le moindre commencement de début de piste fiable. La femme reconnaît aussi, sur les clichés présentés, les enfants qu'elle a vus devant son comptoir. Les enquêteurs reprennent alors leur interrogatoire, qui figurera sous forme de procès-verbal aussi bien dans le dossier de la police britannique que dans celui de la procédure française.

– *L'homme parlait anglais, plutôt bien, mais j'ai reconnu l'accent français. Il a dit qu'il cherchait une Guest House ou un Bed and Breakfast pour un séjour de trois à cinq jours, je lui ai répondu que malheureusement il n'y avait rien de libre immédiatement.*

Dans ce bureau de tourisme du terminal passager d'où l'on aperçoit, par les baies vitrées, l'imposante silhouette des ferries à quai, la petite dame du syndicat d'initiative de l'île de Man va alors donner aux gendarmes français un détail essentiel confirmant la fiabilité de son témoignage.

– Lorsque je lui ai demandé son nom, il a hésité. J'ai insisté, lui expliquant qu'il était plus simple, si une place se libérait, de pouvoir l'inscrire aussitôt sur mes tableaux de réservation.

– Et il a fini par vous donner son nom ? demandent les enquêteurs.

– Oui, il a dit « my name is Godard » et moi j'ai sursauté : c'est le nom d'un cinéaste français ! Et lui m'a alors répondu : non je ne suis pas cinéaste, je suis médecin en France.

L'hôtesse d'accueil cinéphile, dotée d'une excellente mémoire, se souvient aussi du devenir des Français après l'office de tourisme, car pour aider ces touristes sans toit, elle avait alors téléphoné à des hôtels de la ville et trouvé une chambre libre au *Mannin*, un hôtel tout proche où elle l'a donc envoyé. Le Français était reparti avec ses deux bambins tandis que la nuit tombait sur le port.

Les gendarmes français appellent le juge de Saint-Malo pour rendre compte. La nouvelle fait très vite le tour de la cellule d'enquête. Ainsi donc, malgré les indices d'un possible naufrage, un premier élément tangible atteste de la présence du docteur Godard et de ses enfants au Royaume-Uni.

Direction le *Mannin*, à présent, l'hôtel qu'avaient évoqué les policiers mannois lors de leur premier appel téléphonique. Ses quatre-vingt-dix chambres, dans une grande et belle bâtisse claire de quatre étages, sont situées à deux pas du front de mer, en plein centre de la baie de Douglas. Au sein du personnel, les gendarmes vont recueillir plusieurs témoignages du même ordre, tous concordants, à commencer par celui du manager de l'hôtel, qui confirme les dires de la préposée de l'office de tourisme en précisant que le petit garçon dormait dans les bras de son père lorsqu'ils sont arrivés. Une femme de chambre, qui reconnaît elle aussi les enfants sur photo, se souvient avoir vu la fillette pleurer dans la chambre. Dans ses sanglots, elle disait *maman, maman*, comme si elle suppliait le ciel de lui rendre sa mère. Un autre des employés de l'hôtel, un intermittent d'origine française, va quant à lui apporter un élément supplémentaire. Il se souvient du jour où, après un *extra*, il était venu chercher sa paie auprès du patron, il a revu ces deux enfants français jouer dans le hall de l'hôtel. À un moment, la porte de l'ascenseur s'est ouverte, une femme blonde en est sortie ; apercevant les enfants qui chahutaient devant la réception elle les a fait taire, leur demandant de rester tranquille.

L'employé de l'hôtel dit aux gendarmes :

– *Elle avait autorité sur ces enfants, elle parlait français.*

Il précise qu'ensuite, il a vu l'homme, qu'il identifie d'après photo comme étant bien Godard, toujours accompagné de la même femme blonde et des deux enfants, quitter l'hôtel avec leurs bagages et monter dans une Renault Clio bleue conduite anglaise, volant à droite.

Comment vérifier tous ces éléments ? Comment les étayer ? Impossible de recueillir de quelconques documents ou traces écrites du passage des Godard au *Mannin*, le médecin normand a payé son séjour en liquide et le registre des clients n'est pas tenu. Le *detective inspector* Pickard et son unité font de leur mieux pour aider les Français, mais ils jouent de malchance. Impossible de saisir les enregistrements de la vidéosurveillance du terminal passagers, car le système, défectueux, n'a pas fonctionné. Aucun enregistrement sur la période en question.

Et qui est cette mystérieuse femme blonde ? Amie, maîtresse, ou simple *correspondante* l'aidant dans sa fuite ? Mais alors, « correspondante » de quelle organisation ? Une recherche est lancée pour recenser les Renault Clio de couleur bleue sur l'île. Recherche couronnée de succès, il y a bien une femme propriétaire ici de ce type de véhicule, mais c'est une fausse piste, la pauvre dame qui voit surgir les policiers chez elle n'a absolument rien à voir dans cette histoire.

Dans les jours qui suivent, la presse, tant locale que française, donne un large écho à ce rebondissement de l'affaire. *Godard «logé» à l'île de Man*, écrit *Le Télégramme de Brest*. *Une étape pour les Godard?* s'interroge *Ouest-France*.

Et c'est pendant ce séjour médiatisé d'enquêteurs français sur l'île de Man que le planton de corvée à la gendarmerie de Falaise, dans le département du Calvados, va de nouveau être sollicité. Ouvrant comme il se doit de le faire chaque matin le courrier, le gendarme de permanence va découvrir une nouvelle lettre. Nous sommes alors le mercredi 20 octobre 1999, cette fois c'est une petite carte blanche format bristol avec la même écriture, légèrement penchée, classique, toujours anonyme et ainsi rédigée :

Le docteur Godart Yves
est dans la région
des îles Hébrides
plus précisément lewis
Sauvez Marius et Camille

Les enquêteurs noteront que sur cette deuxième lettre le nom du médecin n'est pas correctement orthographié, mais un expert en écriture installé à Metz, sollicité pour analyser les deux envois non signés, établira que l'auteur des deux messages est bien une seule et même personne. L'écriture, dit le graphologue, est celle d'une femme, âgée d'environ soixante ans ; les résultats du laboratoire de police scientifique apporteront confirmation que l'ADN retrouvé sous les timbres – résidus de salive – est féminin, la même personne pour les deux envois.

C'est le terme corbeau qui est généralement employé par la presse dans ce genre de situation, mais à la différence de nombreuses autres affaires criminelles, ce corbeau-là est manifestement bienveillant, quelqu'un veut alerter les autorités sur le danger de mort que courent les enfants du médecin caennais.

Que faire ? C'est simple, regarder immédiatement sur une carte où se trouve exactement cette île de Lewis et tenter d'y envoyer les gendarmes qui se trouvent déjà sur l'île de Man.

Ces deux lettres anonymes sont donc un prodigieux coup d'accélérateur à cette enquête, cantonnée jusque-là à la méticuleuse recherche d'indices muets autour d'une disparition mystérieuse ; la voilà qui se transforme subitement en course-poursuite derrière un fugitif au fin fond du Royaume-Uni, d'abord sur une île en mer d'Irlande et à présent sur une île écossaise perdue.

*

Camille Godard est une petite fille menue avec des yeux rieurs. Au mois de mai, elle a eu six ans. Ses cheveux sont longs, souvent liés en queue de cheval ou maintenus par des barrettes ; parfois, lorsqu'ils sont détachés, ils tombent en corolle sur ses épaules et volent au vent, comme en raffolent toutes les petites filles de son âge. Son petit frère Marius lui aussi est né au mois de mai, deux ans après sa sœur, il vient donc d'avoir quatre ans. Les deux enfants se ressemblent, le même sourire, les mêmes yeux marron, les mêmes cheveux châtain clair ; sur les photos de l'été, juste avant le grand départ, Marius arbore une grosse tignasse, un peu comme son père.

Depuis le départ de leur maison, au petit matin du 1er septembre, sans leur maman, ils ont accompli un long périple. D'abord la voiture jusqu'à Saint-Malo, puis le voilier avec ses couchettes étroites et sans doute un peu le mal de mer à caboter plusieurs jours le long des côtes bretonnes, puis le ferry depuis Roscoff jusqu'en Irlande et de nouveau un ferry jusqu'à l'île de Man, puis encore un grand bateau pour en repartir avec par la suite, tandis que le temps devient toujours plus changeant, toujours plus frisquet, des heures de route à travers les Highlands jusqu'au nord-ouest de l'Écosse pour un énième ferry jusqu'à une nouvelle île, Lewis, tout là-haut dans l'archipel des Hébrides, qui ne sera encore qu'une étape de plus dans cette course folle. Car le voyage n'est pas fini.

Les enfants ont-ils pu emporter avec eux un jouet, une peluche, un doudou ? On dit souvent qu'un enfant s'habitue à tout, qu'il prend la vie comme elle vient, mais tout de même, que pensent Camille et Marius de ce grand voyage, que disent-ils à leur père ? *C'est loin où on va, c'est quand qu'on arrive* ? Et lui, que peut-il répondre à leurs questions sur l'absence de leur maman ?

Pour qui a entrepris de refaire le parcours d'Yves Godard en marchant sur ses pas, il faut, après Juvigny-sur-Seulles, après Saint-Malo, le cap Fréhel et l'anse de Bréhec, après l'île de Man, se rendre donc sur les îles Hébrides et c'est là un vrai grand voyage. Il faut déjà compter depuis Édimbourg ou Glasgow cinq bonnes heures de route vers le nord pour traverser les Highlands, passer Inverness et rallier Ullapool, port d'embarquement pour les Hébrides extérieures. Sommets enneigés même l'été, *lochs* sombres surgis au détour d'un col, tourbières de couleur fauve partout où se porte le regard, rares hameaux au loin semblant inaccessibles, ce périple fait naître une question obsédante : pourquoi ? Pourquoi est-il remonté ainsi jusqu'à l'extrémité nord de la Grande-Bretagne, pourquoi est-il passé d'île en île comme autant d'étapes nécessaires ou de rendez-vous manqués ? Surtout, comment s'enfoncer ainsi toujours plus loin vers ces contrées inhospitalières avec deux enfants en bas âge habillés de vêtements d'été tandis que s'annoncent les brumes givrantes de l'automne écossais ?

D'abord Ullapool, port de départ pour les Hébrides. Bien que ce petit bourg, tout au nord-ouest de l'Écosse, soit la seule concentration humaine à des kilomètres à la ronde, nulle activité apparente ne semble l'agiter, si ce n'est le va-et-vient des ferries à heure fixe. Un calme étrange émane de cette anse profonde, dont les eaux immobiles s'invitent, comme un lac, loin à l'intérieur des Highlands. Certes, le ciel d'Ullapool est si versatile qu'il peut décider de tout repeindre en un instant de couleurs gaies, mais la couleur qui l'emporte ici est le noir. Est-ce par l'épais manteau de tourbe au flanc des montagnes qui les bordent comme un fjord, est-ce par le reflet de ce nuage dense venu du Grand Nord, même les flots marins paraissent d'encre. Noire aussi est la coque du ferry *Isle of Lewis* quittant le port chaque matin – sauf les jours où il doit rester à quai parce que la mer est trop forte. Non, décidément, il n'y a guère de distraction pour deux enfants de six et quatre ans attendant sous un ciel d'octobre le départ du ferry sur ce *pier* d'Ullapool, riche seulement de ses trois pubs où les trois équipages des trois chalutiers locaux qui dorment à quai font couler, comme de juste, la bière à grands flots.

Lorsque l'*Isle of Lewis* appareille, le souffle puissant qui l'attend sitôt les portes de la baie franchies est celui du grand large et si ce quai d'embarquement d'Ullapool paraissait déjà bien sombre, que dire du point d'arrivée, trois heures plus tard, sur les îles Hébrides, à une cinquantaine de miles au large ? Là-bas, c'est encore autre chose. Comment dire ? La pensée qui traverse l'esprit en posant le pied à Stornoway, port d'arrivée sur Lewis, sorte d'île noire où Yves Godard et ses enfants accostèrent en octobre 1999, est d'avoir l'impression singulière d'arriver pour de bon au bout du monde.

L'île de Lewis est la plus septentrionale des Hébrides extérieures, à la même latitude que le port norvégien de Stavanger. Longue d'une centaine de kilomètres et large d'une trentaine, Lewis vivait autrefois de la pêche ; sur le quai de Stornoway les femmes plongeaient dans des barils de sel les morues que leurs maris rapportaient de leurs froides expéditions au large de l'Islande. Aujourd'hui, il ne subsiste, seule production humaine visible, que des élevages de saumon disséminés dans des trous d'eau au milieu des tourbières, gardés par quelques moutons à laine épaisse. Pour le reste, hormis les quelques points côtiers où se concentrent les habitants, l'île est nue. Sur sa côte ouest, face aux vents violents en provenance directe de l'Atlantique Nord et du Groenland, se trouve un site mégalithique splendide, c'est même le principal point d'intérêt de Lewis ; là, comme à Stonehenge, de colossales pierres dressées en cercles concentriques célèbrent pour l'éternité des dieux oubliés, le tertre où les hommes de l'âge de bronze ont érigé ces monuments de pierre primitifs domine l'une des rares étendues de vraie herbe verte de l'île. Là, venus de contrées lointaines, des pollens transportés par des vents océaniques incessants ont même miraculeusement fertilisé cette côte ouest des Hébrides ; mais à l'intérieur des terres, sur ces reliefs balayés par les vents incessants, c'est le royaume de la tourbe et du crin rêche de grosse herbe jaune qui s'y accroche, seule végétation ayant vaincu ce matériau inculte. Sur cette terre d'une étrange couleur de feu, le vent souffle trop fort pour que les arbres résistent, il n'y en a guère.

C'est donc là, l'étape suivante de l'échappée du docteur Godard ? Diable, quelle contrée !

Le 21 octobre 1999 au soir, les trois gendarmes français, eux, y débarquent en avion et en confiance ; puisque leur séjour sur l'île de Man s'est avéré fructueux, il n'y a aucune raison que le prolongement de leur mission sur cette nouvelle île se passe mal. Qui sait, s'il s'avère que le médecin caennais en cavale est encore présent, peut-être pourront-ils obtenir des autorités locales de l'intercepter ?

Ce 22 octobre à Stornoway, il n'est que huit heures du matin et le *detective* Georges L. Murray, enquêteur en chef du *Northern Constabulary* de la police écossaise, est déjà dans les bureaux du terminal passagers ; il veut travailler seul et au calme avant de rejoindre les collègues *frenchies* arrivés la veille au soir. Ce n'est pas tous les jours qu'une enquête criminelle internationale connaît de potentiels développements dans ce coin perdu. D'ordinaire, seules les viriles rivalités alcoolisées du vendredi soir devant les jeunes filles en âge de se marier expliquent les quelques rares dossiers criminels que la police locale doit traiter bon an mal an ; courir après un *French fugitive* soupçonné d'avoir tué sa femme, ça n'était jamais arrivé, ça non, pas encore.

Faisant face au policier se tient un homme d'âge mur – il vient de fêter début octobre ses cinquante-huit ans. Robert M.

est l'un des plus anciens employés du port de Stornoway, son travail de *shipping clerk* consiste notamment à vendre les tickets des ferries au public et son comptoir est situé directement dans la grande salle d'embarquement, là où l'été les touristes en partance se vautrent pour somnoler en attendant l'heure du départ. Robert M. se souvient très bien des trois passagers qu'il reconnaît immédiatement sur les photos que vient de lui tendre le *détective* Murray. C'est d'ailleurs tout frais dans sa mémoire puisque cela remonte à la veille, tout au plus à l'avant-veille, dit-il, donc le mercredi 20 ou le jeudi 21 octobre 1999. Son témoignage sera consigné sur procès-verbal de la police écossaise, *taken by officer DS 115 G L Murray at 8 : 00 on friday 22nd october 1999*, avec la signature des deux hommes.

Mister M. commence par déclarer :

– *Vous savez, il est très rare qu'il y ait encore des touristes à cette saison, alors on les remarque.*

Et bien sûr, monsieur M., qui travaille ici depuis vingt-deux ans, n'a pas manqué la veille d'être intrigué par cet étranger, seul avec ses deux enfants. Le décrire ? La quarantaine, une sorte de surveste de couleur brune ou kaki, qui tombait assez bas jusqu'aux genoux, comme un *wax jacket*, un ciré de marin ; sa taille ? Il mesurait un peu moins de six pieds de haut.

– *À peu près la même taille que vous, inspector.*

Le vendeur de tickets se montre assez précis, il se souvient qu'à un moment la petite fille s'est approchée du comptoir, oui il se souvient des deux barrettes qui tenaient ses cheveux de chaque côté, de cette manière, comme ça. Le petit garçon, lui, était un peu en retrait. Le *detective* Murray demande alors à monsieur M. s'il peut dire combien de tickets l'homme a acheté :

– Je suis presque certain que l'homme m'a acheté trois « 5-day returns », des billets aller-retour valable cinq jours, un pour lui plein tarif et deux demi-tarif pour les enfants, oui j'en suis sûr à presque cent pour cent. Et il a payé en liquide.

Les événements, donc, s'accélèrent. Non seulement le docteur Godard a bien mis le pied ici, mais son passage est tout frais et il a même pris des tickets aller-retour. Est-il encore sur l'île ou bien, s'il est parti la veille, va-t-il revenir comme ses billets aller-retour semblent vouloir l'indiquer ?

En fait, Yves Godard se trouve alors encore sur Lewis. Des témoignages précis comme celui de Robert M., les policiers du *Northern Constabulary* en poste à Stornoway vont en recueillir près d'une dizaine, qui figurent sur des procès-verbaux détaillés. En les parcourant, un constat très clair s'en dégage. Ces témoignages attestent de la présence d'Yves Godard et de ses deux enfants sur l'île de Lewis à ce moment-là, entre le 16 et le 25 octobre 1999, au moment même, donc, où les trois gendarmes français eux aussi s'y trouvent. Le petit centre-ville de Stornoway étant un mouchoir de poche, impossible donc pour les enquêteurs français, habillés en civil, de ne pas les croiser, soit dans *Nowwell Street* la rue centrale piétonne, soit dans *Point Street* ou une autre des trois seules petites rues commerçantes qu'elle croise, oui c'est certain la probabilité est forte qu'ils tombent nez à nez, dans les ruelles de ce petit port, avec l'homme qu'ils recherchent depuis près de deux mois !

Croiser le docteur Godard au détour de ces ruelles, c'est, par exemple ce qui est arrivé à Hilda G., une femme au foyer âgée de trente-neuf ans qui vit sur *Nicholson Road*, un peu à l'écart du bourg de Stornoway. Le samedi soir précédent, le 16 octobre, vers huit heures moins le quart, tandis que la nuit est déjà tombée, elle se rend dans le petit centre-ville pour aller chercher son grand fils qui a passé la journée à Barvas, de l'autre côté de l'île, sur sa côte ouest ; il est convenu qu'elle l'attende à l'arrêt des cars de *Perceval Square*, la place à l'entrée de la rue piétonne, point de rendez-vous pour les départs des bus et taxis desservant le reste de l'île.

Ce soir-là, madame G. est en avance, elle s'est trompée de fiches, consultant les horaires d'été elle a oublié que la gare routière est déjà passée au service hivernal et doit donc attendre une petite heure l'arrivée du car de son fils. Il fait frisquet, à cette heure déjà tardive les rues sont quasi désertes, de loin en loin quelques passants traversent la place direction le pub du port pour les uns, direction le restaurant du bourg pour les autres, plus chics. Hormis ces quelques passants, la place est déserte, il n'y a pas grand-chose à faire le samedi soir à Stornoway. À un moment arrivent un homme et une femme accompagnés de deux enfants et ce qui attire immédiatement l'attention de Madame G., c'est la tenue vestimentaire des deux enfants, manifestement inappropriée en cette soirée plus que fraîche. Les enfants ont des vêtements d'été et Hilda G., mère de famille, ne peut qu'être frappée par ce détail. L'homme regarde dans toutes les directions, remarquant la présence d'Hilda qui patiente debout devant la vitrine d'une librairie, il fait signe aux siens d'aller s'asseoir sur un banc, au centre de la petite place, et traverse la rue pour aborder Hilda G. et lui demander, avec un accent étranger, français peut-être, se dit-elle alors :

– *Tourist board, where ?*

Pendant ce temps, les deux petits, une fillette d'environ six ou huit ans et un petit garçon plus jeune, traversent la rue en donnant la main à la dame qui les accompagne – leur mère, pense alors Hilda – et s'assoient sur le banc, là, devant la *nouvelle fontaine*, comme l'appellent les gens du coin. Lorsque l'homme se voit répondre que l'office de tourisme est non seulement fermé – il est presque vingt heures trente, c'est samedi soir – mais qu'il ne rouvrira pas avant le lundi matin, il semble comprendre mais il s'en retourne vers les siens, sans demander son reste, à attendre sur le banc devant l'office de tourisme. N'aurait-il pas bien compris ? Ou bien a-t-il posé cette question uniquement pour donner le change et justifier leur présence sur cette place, précisément sous les fenêtres de l'office de tourisme ? Hilda G. réalise d'ailleurs dès ce moment que quelque chose n'a pas été franc dans l'attitude de l'homme lorsqu'il lui a adressé la parole ; il ne l'a pas regardée vraiment, en tout cas pas dans les yeux, il a même tourné la tête pendant toute la durée de leur brève conversation et une sorte de capuche laissait son visage dans l'ombre. Plus tard, en se souvenant de ce détail, elle l'interprétera comme le signe que le type ne voulait pas que son visage puisse être identifié.

Hilda observe un long moment encore ces étranges touristes, dix minutes passent et ils sont toujours assis là, la dame entre les deux enfants et l'homme au bout du banc, à regarder à droite et à gauche comme s'il cherchait quelque chose ou surveillait l'arrivée de quelqu'un.

Que faire ? Ce qu'Hilda G. éprouva alors fut de la compassion. Manifestement ces gens avaient besoin d'aide, assis dans le froid humide de la nuit des Hébrides, c'est pourquoi elle traversa la rue pour aller leur parler.

– *Écoutez, si vous cherchez un endroit pour passer la nuit, il y a des Bed and Breakfast tout près d'ici et même un hôtel.*

Mais la seule réponse qu'elle obtint fut :

– *No, no thank you, no.*

Hilda insista, expliqua qu'il y avait un *fish and chips* tout proche, indiqua même où se trouvait la *police station*.

No, no, thank you, répétait l'homme, tandis que les enfants et la femme ne disaient rien et tournaient leur visage vers le bas comme s'ils regardaient leurs pieds.

Le car de son fils a fini par arriver et lorsque Hilda G. est repartie avec lui de *Perceval Square*, les quatre touristes étaient toujours sur leur fichu banc à attendre Dieu sait qui Dieu sait quoi.

Le témoignage d'Hilda G. sera recueilli sur procès-verbal dans les bureaux de la *police station* de Stornoway, par le *detective G. H. Malkenna*. Il se terminera ainsi :

– *On me montre à présent une photo du dénommé Yves Godard et je puis affirmer qu'il s'agit bien de l'homme à qui j'ai parlé.*

Décidément, l'enquête a le vent en poupe. Dès leur première matinée sur place, les gendarmes français reçoivent un briefing complet de leurs collègues écossais, il y a de quoi être optimiste. Le détective Murray, de retour du port, leur annonce qu'ils pourront voir dans la journée mister M., le vendeur de tickets qu'il vient d'interroger. Murray détaille ensuite les mesures prises et les vérifications déjà faites ; port et aéroport sont mis sous surveillance, aucun Français n'a reçu de mandat postal, aucun Français n'est descendu dans les hôtels de Stornoway, le voilier *NICK* n'a jamais fait mouvement ici. Reste à sonder les agences de location de voiture et les concessionnaires Renault, qui devront dire s'ils connaissent la *Clio bleue* cinq portes aperçue sur l'île de Man.

Les *news* affluent, un collègue de Murray, le détective Doherty, surgit en annonçant qu'un chauffeur de taxi a convoyé la semaine précédente un Français avec deux enfants dans un gîte à dix kilomètres de Stornoway. Allons-y !

En effet, une famille bretonne a bien séjourné sur l'île le 17 octobre, les Garcette – c'est le nom qu'ils ont laissé sur le registre – ont même signé en français le livre d'or de leurs hôtes :

« Merci beaucoup, c'est un endroit charmant, very nice. »

Vérification faite, aucun rapport avec Godard, c'est une fausse piste.

Pour autant les recherches continuent, d'autres témoins ont vu le *French fugitive* avec ses enfants, dit le détective Murray. Bref, l'excitation gagne les enquêteurs lorsque soudain, à onze heures trente du matin, ce vendredi 22 octobre 1999, tout s'arrête brutalement. Leur travail sur l'île de Lewis a commencé depuis quelques heures seulement, il s'annonce fructueux, or il leur faut immédiatement renoncer. Ordre vient d'être donné à la police écossaise de stopper toute collaboration et de consigner les gendarmes dans un hôtel en attendant leur expulsion. Mais que se passe-t-il ?

Il se passe que les Français sont allés un peu vite en besogne en quittant toutes affaires cessantes l'île de Man pour l'Écosse. Certes il n'y avait pas de temps à perdre, mais les autorités judiciaires écossaises, elles, n'ont pas encore reçu de demande officielle d'assistance, la commission rogatoire internationale du juge d'instruction de Saint-Malo s'est perdue en cours de route. Et si à Édimbourg, soudain, on en prend ombrage, c'est en raison d'un immense malentendu, oui, un fâcheux télescopage de dossiers, qui mérite un mot d'explication.

Nous l'avons dit, le hasard a voulu qu'outre cette affaire Godard, le juge d'instruction de Saint-Malo, Gérard Zaug, a eu en charge, auparavant, un autre dossier hypermédiatisé, l'affaire Caroline Dickinson. Lorsque le juge Van Ruymbeke l'a remplacé dans ce dossier, il a envoyé plusieurs commissions rogatoires aux Écossais pour des demandes de vérifications auxquelles ceux-ci n'ont pas répondu, ce qui a provoqué quelques frictions transmanche.

Voilà pourquoi l'arrivée d'enquêteurs français sur le sol écossais, envoyés par un magistrat ayant travaillé sur ce dossier Dickinson, sème la confusion. Ils n'ont pas obtenu de feu vert formel, la démarche est perçue comme un passage en force, une arrogance française, une de plus. Les autorités écossaises se demandent si ce brusque envoi de gendarmes aux trousses d'un prétendu fugitif ne serait pas qu'un prétexte perfide pour enquêter chez eux et à leur place sur l'autre dossier, l'affaire Dickinson. Car un autre hasard veut que les recherches de l'assassin de la jeune Dickinson se soient concentrées à un moment sur un type aperçu lui aussi en fourgon blanc, comme Godard, donc. Cette soi-disant enquête sur ce médecin fuyard cacherait-elle autre chose ?

Bien sûr, il n'en est rien, mais le mal est fait.

Et voilà comment, dès la fin de cette première matinée qui s'annonçait si prometteuse, ordre vient d'être donné au détective Murray et ses hommes de mettre les gendarmes français aux arrêts dans un hôtel avec confiscation de leurs passeports et interdiction de sortir. Dorénavant, jusqu'à la fin de leur séjour ici, les gendarmes français n'auront d'autre occupation, pour tuer le temps, que de guetter les ferries qui appareillent dans le port et qu'ils aperçoivent par leur fenêtre. *So sorry*, annonce Murray, contraint de devenir geôlier après avoir été collègue.

Bien sûr, dans cette affaire Godard si médiatisée, cet épisode navrant demeurera à jamais – tout au moins jusqu'à la révélation que nous en faisons ici – un secret bien gardé. Il est entendu que personne ne devra jamais savoir pour quelles raisons la traque de Godard au Royaume-Uni, pourtant relayée par la presse, n'aura aucune suite et tombera à l'eau sans explications. Toutes les vérités ne sont pas bonnes à dire.

Pas de quoi se vanter, en effet.

Car c'est une certitude, ces susceptibilités judiciaires franco-écossaises vont bel et bien faire capoter l'interpellation, pourtant imminente, d'Yves Godard sur l'île de Lewis.

Pour avoir une idée du gâchis, il suffit de poursuivre l'énoncé des témoignages recueillis par la police écossaise.

Le lundi 25 octobre 1999, tandis que les gendarmes français sont encore consignés dans leur hôtel à quelques mètres de là, Camille et Marius Godard jouent sur une place du village. Est-ce même une place ? Tout juste une *placette*, n'empêche que c'est finalement le seul endroit du petit port de Stornoway fait pour des enfants ; ce minuscule square dispose d'une maisonnette miniature construite en pierre par les employés municipaux pour agrémenter les jeux de poupées des mioches du coin ; il y a là aussi un parterre central autour duquel courir pour jouer à *« chat »* et même trois bancs pour reposer le postérieur des parents. Camille et Marius courent sur cette placette en tournant autour du parterre central, puis sont attirés par ce qui brille dans la vitrine du *This n' that*, petite boutique de bijoux, babioles et cadeaux sur *Point Street*. La propriétaire de ce commerce, Anne-Lise E., a ouvert cette boutique, qui vivote tant bien que mal, voilà dix ans. Ce lundi matin-là, il n'y a strictement personne dans sa boutique si ce n'est son amie Barbara, venue lui raconter les tenants et les aboutissants d'un rencart prévu le soir même. Les deux femmes papotent lorsque entrent les deux enfants qui jouaient sur la place en compagnie de ceux qui doivent être leurs parents, pense alors Anne-Lise, un homme en veste kaki et une femme aux cheveux blonds.

Anne-Lise poursuit son bavardage avec sa copine Barbara tout en jetant un œil de temps à autre à ces touristes qui furètent autour des présentoirs. L'homme demande le prix d'un petit mouton en peluche, il parle bien anglais mais il a manifestement un accent étranger. La commerçante lui demande :

– *D'où êtes-vous ?*

L'homme répond, sans s'étendre davantage :

– *Nous sommes français.*

Plus tard, le témoignage de la propriétaire du « Ci et ça » *(This n' that)* décrivant cette rencontre sera en tous points identique au récit qu'en fera séparément son amie Barbara. Toutes deux confirmeront donc la présence du médecin normand et de ses enfants, accompagnés cette fois encore d'une mystérieuse femme blonde, dans les petites rues piétonnes du petit centre de Stornoway, le 25 octobre 1999, alors même que les gendarmes français s'y trouvent eux aussi.

Douze ans plus tard, tandis que nous parcourons à notre tour ces ruelles dans les pas d'Yves Godard, il nous est donné de visualiser concrètement cet impensable rendez-vous manqué de l'île de Lewis. Et de soupirer à la pensée de cet incroyable concours de circonstances.

De nos jours, le *This n' that* a fait faillite, la petite vitrine verte est close, mais Anne-Lise E., que tout le monde ici surnomme *Enggie*, vit toujours sur l'île.

Alors nous marchons depuis son ancienne boutique, sur cette placette où jouaient Camille et Marius et nous comptons le nombre de pas qui la séparent du *County hotel* voisin où les gendarmes français étaient alors consignés depuis trois jours.

En quelques minutes, c'est fait : 125 pas seulement les séparent, oui, le 25 octobre 1999, 125 enjambées, soit environ une centaine de mètres, séparent Yves, Camille et Marius Godard des trois gendarmes français qui leur couraient après et qui étaient en passe de les interpeller, avant d'être enfermés *in extremis* par leurs collègues écossais dans ce *County hotel.*

La faute à un formulaire administratif qui manquait, la faute à la négligence d'un rond-de-cuir des services judiciaires français ou au zèle de son correspondant écossais, peu importe. Si l'issue de cette triste affaire n'était pas aussi tragique pour deux enfants de quatre et six ans, ces mésaventures policières dignes de vrais pieds nickelés feraient hurler de rire.

5.

L'infortune écossaise des envoyés spéciaux du juge de Saint-Malo est un coup du sort, mais c'est loin d'être un coup d'arrêt. Au moins, en ce début novembre 1999, deux mois après le début de l'affaire, une partie du mystère semble vouloir enfin se dissiper, comme un brouillard qui se lève ; pour la première fois, ce docteur Godard a cessé d'être un fantôme pour devenir un vrai fugitif, en chair et en os. La certitude de son passage à Man puis à Lewis oblige à tout reconsidérer. Il est vivant, ses enfants sont vivants. Certes demeure l'incompréhension au sujet du voilier, toujours introuvable, qui s'accompagne du même questionnement sur l'itinéraire du suspect – pour un fuyard, passer d'île en île est le meilleur moyen de se faire repérer –, mais comment continuer désormais à parler de disparition en mer ?

Reste le mystère de Marie. À supposer bien sûr que la mystérieuse femme blonde aperçue à Man ne soit pas une Marie-France Godard qui se serait grimée, la tâche obsessionnelle du juge est de trouver un cadavre. Un cadavre, ça parle. Du moins les médecins légistes se chargent-ils de le faire. Or, les nombreuses prospections menées autour du domicile des Godard, dans les étangs alentour, les décharges publiques et même jusque dans la fosse septique de leur maison du hameau de Juvigny, demeurent infructueuses. Au total, dans un rayon de vingt kilomètres, cinquante-six points différents vont être répertoriés et trente-quatre d'entre eux sondés en un mois seulement, travail titanesque. Plus tard, les enquêteurs iront jusqu'à questionner le directeur régional de l'Équipement sur l'état d'avancement, au soir du 31 août 1999, du chantier de l'A84 dans ce secteur de Tilly-sur-Seulles. Ils envisagent même de faire casser le revêtement de l'autoroute à la recherche du cadavre de l'épouse du docteur Godard.

Car désormais, les apparences sont celles d'une tragédie simple et vieille comme le monde, l'histoire d'un mari en fuite soupçonné d'avoir tué sa femme et d'avoir fait disparaître son cadavre. Un bon vieux crime passionnel, en somme, contexte criminel bien balisé. Pour ceux dont le métier consiste à comprendre pourquoi et comment une telle chose aurait pu se produire, la tâche, certes fastidieuse mais ordinaire, sera maintenant de poser sur la table du juge d'instruction la vie tout entière de ce couple. Tout mettre à nu. L'autopsie d'une vie.

Or, c'est une chose étrange et cruelle à dire, mais les pièces du puzzle familial qui vont s'étaler sur le bureau du magistrat le conduiront à s'interroger tout autant sur la personnalité de la victime présumée que sur celle de son meurtrier putatif. Car si le docteur Godard est un médecin hors norme, son épouse, elle non plus, n'est pas une *femme de médecin* ordinaire. Marie est un être, disons, spécial.

*

Marie-France Legraverend est née le 2 mai 1956 à Granville, dans le département de la Manche. Elle est issue d'un milieu modeste et a toujours dit qu'elle avait vécu une enfance pas très heureuse. *Nos parents ont commis des erreurs avec elle*, diront pudiquement ses sœurs aux gendarmes. Il se trouve justement que l'une de ses sœurs, gravement malade dans la petite enfance, a été particulièrement choyée par les parents. Marie-France s'est-elle sentie délaissée ? C'est en tout cas ainsi qu'elle l'a ressenti et a expliqué qu'elle recevait moins de cadeaux à Noël que ses sœurs.

Marie-France aura une adolescence difficile, avec un caractère entier et des épisodes d'anorexie, disent les membres de la famille ; la jeune fille qu'elle est alors, tout comme la femme qu'elle deviendra, exprime ses pensées sans ambages, avec beaucoup de franchise, elle est *cash*, diraient les jeunes aujourd'hui. À l'âge adulte, elle connaîtra des difficultés relationnelles et affectives, il lui arrivera même de commettre ce que les psychologues nomment des actes d'automutilation sur les avant-bras, comme autant d'appels à l'aide. Tardivement, Marie-France exprimera une certaine rancœur à l'égard de ses parents et se fâchera avec eux. Sa meilleure amie, sa seule vraie amie de toujours, Élisabeth, expliquera avec justesse et bienveillance les difficultés existentielles de Marie-France.

Sa vie de femme, c'est d'abord son premier mariage. François V. était infirmier au CHU de Caen, un type sans histoire avec lequel Marie-France va faire deux enfants, une fille et un garçon, Fanny et Léo. Ce premier mari, François, est décrit comme un homme probablement un peu trop effacé devant la personnalité tourmentée de Marie-France.

Comment Marie a-t-elle rencontré Yves Godard ? Tout simplement parce que leurs conjoints réciproques étaient alors collègues et amis, infirmiers tous les deux au CHU de Caen. C'était au tournant des années 1990, les deux couples ont dîné plusieurs fois ensemble, ont commencé à se fréquenter, et puis un jour Marie a appelé Yves, voilà.

C'était à l'époque où Yves Godard, manifestement perturbé par ses découvertes sur la vie de son propre père, commençait à prendre des distances avec sa vie d'avant et son charme ténébreux de médecin *cool* et aventureux était manifeste. Au cours de plusieurs rendez-vous houleux dans un bar du port de Caen, le mari a bien tenté de convaincre Yves Godard de lui laisser sa femme, mais bien sûr c'est Marie elle-même qui décidait de vivre sa vie, de la poursuivre ainsi, auprès d'un nouveau compagnon. *Ce n'est pas de ma faute si ta femme m'a attrapé dans ses filets*, dira (un peu trop facilement) Yves Godard.

Répétons-le, cette rencontre envoûtante fut un tournant dans la vie d'Yves Godard. Elle cristallisa et accéléra sa métamorphose vers une existence de plus en plus marginale. Dès le début de l'idylle, le couple s'est replié sur lui-même. Tous les témoignages recueillis par les gendarmes racontent à peu près la même histoire, celle d'un coup de foudre réciproque évoluant vers une relation fusionnelle et parfois douloureuse. La passion, en quelque sorte. Yves Godard semble avoir pris Marie sous son aile, en retour il semble être devenu pour Marie l'unique carburant de ses jours. Le problème de ce genre de situation amoureuse est qu'elle conduit bien souvent à la dépendance affective et à la régression. Ce n'est pas faire offense à la mémoire de cette femme disparue que de mentionner ici une certaine propension de Marie-France Godard à se montrer possessive et jalouse.

Voici ce qu'en disent les témoignages recueillis :

Si Yves arrête la pratique du théâtre, c'est parce que Marie ne veut plus qu'il monte sur les planches.

Si Yves va même jusqu'à ne plus mettre les pieds sur un bateau, c'est parce que Marie déteste la voile.

Si Yves quitte ses associés, rue Basse à Caen, pour monter son propre cabinet en solitaire boulevard Maréchal-Lyautey, c'est parce que Marie le pousse à le faire, dit l'épouse de son confrère.

Pourtant, Yves Godard a bien essayé d'associer sa nouvelle compagne à ses passions antérieures. Pourtant, il a bien tenté de faire monter Marie sur les planches. *Elle est douée*, disait-il à la troupe d'Ostrelande et pendant plusieurs mois, il l'a imposée aux autres comédiens, visant pour elle un premier rôle dans une prochaine pièce de Pinter, avant qu'elle ne renonce brutalement et lui avec. Il faut dire qu'elle était enceinte, mais cette circonstance atténuante ne lui sera nullement accordée.

Pourtant, il a bien tenté aussi de la faire monter sur un voilier. Ses trois fils aînés peuvent en témoigner, notamment lors d'un week-end à Granville vers les îles Anglo-Normandes, qui fut une catastrophe, Marie lui fit jurer qu'elle ne remettrait plus jamais les pieds sur un bateau. Une autre fois, lors d'un week-end prolongé à Cancale, auprès de son père, Yves avait loué un simple dériveur pour tenter d'initier Marie aux plaisirs de la glisse. En vain. Les promeneurs pouvaient quasiment du rivage l'entendre crier sa trouille à la face de son pourtant très expérimenté moniteur en le suppliant de la ramener au sec.

Les grands garçons d'Yves Godard eux aussi décriront une situation où ils ne se sentent plus les bienvenus dans la nouvelle vie de leur père, ils ont bien du mal à nouer une relation convenable avec leur nouvelle belle-mère. Un été, alors qu'ils n'ont encore qu'une quinzaine d'années, leur père les installera dans une tente au fond du jardin et leur donnera cinq cents francs pour les courses du mois. Ils devront se débrouiller seuls.

Oui, ce que racontent les témoignages recueillis sur la vie de ce couple, c'est une envie déchirante pour Marie d'une page blanche, le désir touchant et respectable d'inventer une vie nouvelle avec son bien-aimé, quitte à lui faire renoncer à tout ce qu'était pour lui la vie avant elle.

Et puis Camille est arrivée. C'était le 18 mai 1993, la naissance s'est déroulée à la maternité d'Aunay-sur-Odon, un établissement réputé dans la région pour ses accouchements *new age* au sein d'une maison de naissance offrant la possibilité d'accoucher dans l'eau, à l'opposé de la surmédicalisation ambiante et loin de l'usine à bébés du CHU de Caen.

Les jeunes parents vont alors, comme on dit, régulariser la situation. Yves et Marie se marient à la mairie de Tilly-sur-Seulles le samedi 23 juillet 1994. Yves Godard a alors trente-neuf ans. Marie-France Legraverend devient Marie-France Godard, Marie pour les intimes. Ce n'est pas un grand mariage, une petite dizaine d'invités seulement, un couple de patients du docteur Godard, les époux C., font office de témoins.

Le couple de jeunes mariés s'installe pour de bon, Yves Godard achète la maison du pont de Juvigny et bientôt la famille va s'agrandir encore, Camille va avoir un petit frère. Marius naît le 9 mai 1995, dans cette même maternité certes réputée pour son approche humaniste, mais aussi décriée pour les risques qu'y prennent les femmes en accouchant à la marge des canons médicaux ultrasécurisés.

Mais pourquoi diable le ciel ne semble-t-il jamais vouloir être clément pour cette femme-là ? Alors que Marie est décrite comme une mère proche de ses deux aînés, incapable de s'en séparer, elle sera perçue comme une maman presque négligente avec ses deux puînés. Janine C., une voisine recrutée pour garder Camille et Marius dans leur prime enfance du temps où le couple vivait encore à

Saint-Georges-d'Aunay, avant de s'installer à Juvigny, évoquera clairement aux gendarmes un foyer à la dérive et des enfants fréquemment livrés à eux-mêmes. Mais pourquoi accabler davantage Marie plutôt qu'Yves Godard lui-même de cet état de fait ? N'est-il pas médecin ?

C'est décidément l'une des caractéristiques de cette enquête de personnalité et c'est là une posture judiciaire inhabituelle. La victime supposée ne semble pas sortir grandie de l'enquête menée pour lui rendre justice, un comble ! D'ordinaire, c'est plutôt l'inverse, les assassins présumés sont comme condamnés d'avance, l'instruction à charge les accable tandis que la victime suscite compassion naturelle et bienveillance infinie. Bizarrement, rien de tout cela ici. C'est même l'inverse. Au fil des semaines d'enquête, c'est comme si la machine judiciaire était en train de tomber sous le charme d'Yves Godard, allant presque jusqu'à lui fournir de bonnes raisons d'avoir *pété les plombs face à une telle bonne femme.* Voilà une instruction qui semble, à son insu, recenser les qualités du meurtrier présumé et souligner les défauts de sa victime, comme si rien ne semblait devoir jamais accabler ce personnage mystérieux qui n'a décidément pas la tête d'un assassin. Peut-être qu'au fond les enquêteurs ont l'intuition que le scénario simple du mari meurtrier en fuite, *ça ne colle pas.*

De fait, la stature du docteur Godard occupe toute la place tandis que la frêle silhouette de Marie, l'épouse disparue, s'efface.

Néanmoins, un juge d'instruction ça veut comprendre. Si ce bonhomme, décrit comme un être obstiné mais calme, a bel et bien tué sa bonne femme, alors il y a bien un élément déclencheur du passage à l'acte ! Dans l'entourage, les gendarmes vont recueillir toutes sortes de rumeurs, contradictoires.

Il l'a tuée parce qu'il était jaloux, elle voulait le quitter.

Ou bien :

Il voulait tout plaquer pour s'installer à l'étranger, mais elle ne voulait pas le suivre en abandonnant ses deux grands enfants, alors ils se sont violemment disputés.

Au sein de la « cellule Godard », tandis que se profilent déjà la période de Noël et la fin de l'année 1999, cette question de la vraie nature des relations intimes du couple Godard reste en suspens. La flamme de leur amour ne semblait pas s'être éteinte, loin de là. Parmi les effets personnels, les enquêteurs vont retrouver une lettre de trois pages, écrite par Marie à Yves peu de temps avant les événements et conservée précieusement par celui-ci. Une lettre d'amoureux qui commence par ces mots :

« *Mon ange, mon amour, quoi te dire si ce n'est que je t'aime chaque jour davantage.* »

Cette longue lettre fait le point sur leur histoire de couple, déjà ancienne et donc forcément tumultueuse. L'écriture de Marie est certes un peu torturée, mais ses propos sont bienveillants, comme ceux d'une femme en voie d'apaisement. Dans une sorte de questionnement existentiel sur l'amour et la vie qui passe, elle exprime la souffrance qu'elle a pu éprouver face au côté séducteur d'Yves Godard, elle évoque aussi les difficultés professionnelles de son mari. Et Marie conclut sa lettre, non sans une certaine sagesse, par cette dernière phrase qui sonne comme un étrange présage :

« *La vie est courte, on n'en a jamais assez conscience, on n'a pas de temps à perdre, pas de temps pour ce qui est faux. Mais du temps pour le juste.* »

6.

Le siècle s'achève. Dans les pages de *Ouest-France* comme dans les conversations de bistro des faubourgs de Caen, le nouveau millénaire qui approche à grands pas fait frissonner, un soi-disant terrible bug informatique est redouté, on annonce même de possibles suicides collectifs en évoquant un précédent moyenâgeux, la fameuse peur de l'an mil. Cette année 1999 aura décidément été particulière, l'été avait apporté la nuit en plein jour dans les clos en herbe et voilà maintenant que le ciel apocalyptique d'un soir d'hiver continue à donner raison aux prophètes du malheur. En cette toute fin d'année, une tempête mémorable balaie la France et dévaste l'Ouest, la Normandie est durement touchée et les esprits des gens du coin durablement marqués par le caractère singulier de ce tournant du millénaire.

L'an 2000 finit tout de même par arriver, sans nouveau bruit. En Bretagne, après la trêve des confiseurs, l'enquête reprend. La *cellule Godard*, toujours forte d'une quarantaine d'enquêteurs, poursuit ses investigations tous azimuts sur le passé de la famille disparue. Depuis le rendez-vous manqué de Stornoway, sur l'île de Lewis, plus aucun signe, plus aucune trace des fugitifs, si ce n'est les sempiternels appels d'hurluberlus de tous poils qui se manifestent toujours en pareil cas. Pour les gendarmes, c'est autant de fausses pistes qu'il faut tout de même vérifier. À Miami, en Afrique du Sud, en Thaïlande. Pour rien.

Cependant, en ce début d'année 2000, quatre mois après le départ du *NICK* du port de Saint-Malo, un nouvel événement maritime va s'inviter et venir compléter une nouvelle fois, ou compliquer on ne saurait dire, la donne que les enquêteurs ont dans la main.

Les travailleurs de la mer ne connaissent pas de dimanche, c'est le calendrier des marées qu'ils suivent. Au soir du dimanche 16 janvier 2000, dans les eaux hiémales de la Côte d'Émeraude, un chalutier des armements Porcher à Erquy, le *Mellissandre*, racle d'un trait de chalut nocturne le fond sablonneux au large de l'île de Batz. À vingt et une heures, tandis qu'il fait nuit noire, le patron pêcheur, Mathias R., fait remonter le filet pour décharger sa pêche sur le pont illuminé par les projecteurs du bord. Parmi les raies et les grondins qui se débattent, les marins découvrent alors un sac de sport de grosse toile verte. Il est lourd. L'ouvrant, les pêcheurs en sortent tout le contenu d'un sac de voyage, des vêtements d'enfants, sous-pull, coupe-vent, bottes, tennis de petite fille et sous-vêtements de petit garçon. Les marins retournent le col d'un pull-over bleu, une petite étiquette au nom de l'enfant est cousue sur son envers, *Camille Godard*.

Dans le sac, il y a aussi divers objets, une paire de jumelles, des clés de voiture avec les cartes grises des deux véhicules de la famille Godard, le Volkswagen blanc du médecin et la Peugeot rouge de son épouse. Et puis un chéquier, celui du compte professionnel, avec son nom et l'adresse du cabinet. Le trait commun de ce contenu disparate est d'offrir, en excellent état de conservation pour un séjour supposé si long en mer, des moyens évidents d'identification. Le nom Godard est partout, les marins découvrent même les deux permis de conduire du couple disparu, intacts.

Vraiment, l'inventaire complet de ce bagage est à lui seul un condensé de toute leur vie. Surtout celle de Marie, dont la plupart des effets personnels sont rassemblés ici. Oui, un dimanche soir de janvier sous les yeux écarquillés des marins en ciré, s'étale sur le pont de ce bateau de pêche le contenu entier d'un sac à main de femme, celui-là même que la fille aînée de Marie avait retrouvé vide à Juvigny, posé sur son lit. Sa trousse à maquillage, avec fards à paupières, rouge à lèvres, pinceaux et fond de teint, son agenda avec ces grandes lettres B cerclées de rouge, dégoulinantes mais encore parfaitement visibles – les rendez-vous chez le psy. Deux pochettes de type banane contiennent l'entièreté du fourbi intime que toute femme rassemble dans son sac, les photos de ses enfants, d'anciens petits mots doux, *mon ange mon amour*, écrits par Yves et pieusement conservés, sa carte de mutuelle et celle de volontaire pour le don d'organes, ses cartes de fidélité au magasin *Champion* et au salon de coiffure, son abonnement à un régime minceur, des tickets de caisse, tout. Toute la vie d'une femme rentre tout entière dans son sac à main.

Douze ans plus tard, parcourir visuellement ces objets délavés surgis des abysses revêt un caractère profondément lugubre, presque malsain. Au fond de la mer reposait la mémoire de cette famille et l'on ressent soudain une grande gêne à oser regarder dans les yeux les photos des enfants retrouvées au fond de l'eau, le même trouble nous saisit au moment d'affronter le regard figé de Marie, toute jeune sur son permis de conduire ; c'est le genre de photos que personne n'aime montrer parce qu'en temps normal elles font rire. Nous avons fini par détourner les yeux.

En revanche, il faut encore préciser que le passeport et la carte d'identité du docteur Godard ne figurent pas dans le bagage retrouvé ce 16 janvier 2000 au large de l'île de Batz. Ni son diplôme de médecin.

Il faut enfin dire que le sac contenait par ailleurs un objet incongru, qui tranche sur le reste.

Un marteau.

Oui, un marteau de charpentier était enfoui dans ce bagage parmi les vêtements des enfants, le genre d'objet qui ne figure aucunement dans l'équipement de bord du *NICK*. Ce marteau, la jeune Fanny le reconnaîtra immédiatement comme étant celui dont Yves s'était servi pour assembler le bureau tout neuf acheté pour la rentrée des classes, le week-end précédent le grand départ. Il était donc nécessaire que ce marteau disparaisse au fond de la mer, lui aussi ?

Bien que les marins-pêcheurs n'aiment guère montrer leurs itinéraires de pêche, le commandant du *Mellisandre* n'a visiblement rien à cacher. Il va fournir, grâce aux disquettes de bord qui enregistrent la position des traits de filet successifs, la position exacte où le sac a été repêché. Il précise qu'à aucun moment le chalut n'a subi de *croche* anormale, signe qu'aucune épave ne se trouvait en dessous. Toutefois, les grands moyens vont être déployés pour détecter l'éventuelle présence des restes du *NICK* dans le secteur. Toute la journée du 20 janvier 2000, un chasseur de mines de la Marine nationale, *Le Sagittaire*, explore les fonds marins. En vain.

*

Bien sûr, au sein de la *cellule Godard*, plus personne ne croit à un naufrage ou à un sabordage suicidaire. Le sentiment qui l'emporte est l'incrédulité. Si dans la plupart des enquêtes criminelles, le puzzle de la réalité d'une victime ou d'un meurtrier se reconstitue peu à peu au fil des investigations, là c'est l'inverse, rien ne colle avec rien, aucun élément ne s'emboîte dans l'élément précédent. La majorité des gendarmes de la *cellule*, tout comme les magistrats du parquet et de l'instruction, sont bien obligés d'admettre, comme ils disent, *qu'on les balade à droite à gauche.*

Résumons. D'abord l'annexe du *NICK*, retrouvée en pleine mer, très au large de Roscoff *(position 46° 16' N et 4° 07' W).* Puis la brassière de sécurité, qui flottait bien plus à l'Est entre Guernesey et le cap de la Hague *(position 49° 50' 96" N et 2° 48' 56" W).* Le radeau de survie, lui, s'est échoué de l'autre côté de la Manche sur les rives anglaises *(position 50° 42' 5" N et 2° 45' 5" W).* Quant à ce sac, c'est au large de l'île de Batz qu'il a été repêché, en parfait état après un séjour supposé de quatre mois au fond de l'eau. Pendant ce temps, où courent le docteur Godard et ses enfants ? Après l'île de Lewis, quelle autre mystérieuse destination ont-ils prise ?

La seule conclusion qui s'impose alors est que le fuyard, voulant faire croire à un naufrage fatal, a semé derrière lui des écrans de fumée pour accréditer cette mascarade. Désormais, même les plus enclins à croire à son innocence doutent. Bientôt, d'autres nouveaux éléments montreront de façon troublante que le docteur Godard, fuyard tout sauf solitaire, a été aidé dans sa tâche d'éparpillement de ces faux indices en mer par des tierces personnes, agissant dans l'ombre.

Quel diable d'homme faut-il être pour organiser une telle mystification ? Qui est réellement ce médecin, marin, comédien voire illusionniste ? Après le contexte familial, la sphère professionnelle d'Yves Godard va être passée au crible. Sauf que, là encore…

*

Dans ce contexte tragique, osons un petit jeu de rôle, au risque qu'il paraisse déplacé, tentons une métaphore, au risque qu'elle semble simpliste.

Mettons-nous un instant dans la peau d'un juge d'instruction lançant aux basques d'un suspect qui les nargue une meute d'OPJ – officiers de police judiciaire – remontés comme des pendules. Demandons-leur de déterminer de quelle manière le suspect traversait la rue. À l'aune du code pénal, traverser la rue, c'est binaire. Soit le citoyen traverse dans les clous, soit il est en dehors.

Mais si l'élan de nos sbires soudain est stoppé net parce qu'ils découvrent, penauds, que tout l'intérêt du personnage est justement qu'il traverse toujours *à la limite* des clous, un pied au-dedans un pied au-dehors, parfois en zigzag ou à cloche-pied, voire à reculons, alors dans ce cas, que penser des outils habituels du code pénal pour juger de la manière dont le docteur Godard traverse sa vie professionnelle ?

Médecin génial ou charlatan irresponsable, comment savoir ? À propos, c'est quoi, au juste, un bon médecin ? Celui qui délivre sans réfléchir toujours la même ordonnance ou celui qui prend tous les risques dans l'espoir de prolonger la vie de patients condamnés par des maladies incurables ?

C'est à peu près le genre d'interrogations qui attend les pauvres gendarmes chargés d'exécuter la commission rogatoire du juge de Saint-Malo au sujet de la pratique médicale du docteur Godard.

Il y a d'abord les confrères. Rares sont ceux qui en disent du bien.

Et puis il y a les patients. Au contraire des médecins, les enquêteurs auront beau chercher, ils n'en trouveront pas un seul pour dire du mal de leur médecin. Tous louent sa compétence, son sens de l'écoute, sa capacité à les comprendre et bien sûr à les soigner. La patientèle du docteur Godard est nombreuse et variée, aussi bien des jeunes couples à l'esprit ouvert que des bonnes sœurs enfermées dans leur couvent et dans leurs prières. Se montrant très avenant, le docteur ne rechigne jamais ni à se déplacer ni à passer beaucoup de temps avec chacun d'entre eux. Il est sympathique et très calme. Il donne volontiers des nouvelles de sa famille et de ses enfants, il aime les discussions sur la région et commente avec eux les nouvelles locales. Parmi les plus fidèles, il y a madame Lecauchois, une patiente de longue date, vieille dame qui devient presque une seconde mère pour Yves Godard. Le midi, il vient souvent déjeuner chez elle, cette bonne personne lui repasse ses chemises en haussant gentiment les épaules au sujet de ces épouses modernes qui décidément ne prennent pas suffisamment soin de leur mari. Elle lui offre même de lui réserver une chambre d'amis au sous-sol de sa maison, si le médecin éprouve le besoin de décompresser ou s'il a des soucis avec son épouse.

Nombre des patients du docteur sont en fait des patientes, à la grande irritation de Marie d'ailleurs, qui voit là le symptôme d'un homme pathologiquement ancré dans le jeu de la séduction ; elle voudrait bien qu'il masculinise sa patientèle ; certaines patientes racontent que parfois, Marie va même jusqu'à tenter une apparition surprise au beau milieu d'une consultation, comme si elle surveillait son mari.

Pour les ordonnances de prise de sang, le docteur Godard a la réputation de demander aux laboratoires des analyses très poussées, sur des terrains hématologiques que ses confrères négligent. Lui n'est pas dans le *main stream*, il explore. Certes il est titulaire d'un diplôme d'État de docteur en médecine, certes il connaît bien les protocoles habituels de toute la communauté médicale, mais c'est comme s'il voulait à tout prix faire sa propre sauce, inventer sa médecine à lui.

Il a débuté, avec son associé rue Basse, avec une étiquette d'acupuncteur, puis avec celle d'homéopathe. Au fil des ans, il est allé beaucoup plus loin dans son flirt avec les médecines alternatives. Il s'est renseigné sur la luminothérapie à Toulouse, s'est perfectionné en homéopathie à Lyon, par le biais d'un stage de quatre jours, deux années de suite, auprès du docteur Roudier, concepteur controversé de dilutions d'immunoglobuline à base de plasma humain pour soigner des maladies sans issue comme la spondylarthrite ankylosante. Par ailleurs, nous l'avons dit, le docteur Godard s'intéresse depuis ses débuts à la sophrologie. Avec une patiente qu'il suit régulièrement depuis son installation, Annette C., devenue une amie, il a fondé en 1989 le *Centre régional d'éveil à la sophrologie*, association loi 1901 dont il sera président jusqu'en 1995.

C'est un monde en soi que cet univers des médecines douces. Un monde avec sa culture, ses codes, ses réseaux, un monde très décrié par la majorité du corps médical, les purs et durs de la médecine occidentale allopathique se moquent volontiers de tout ce qui n'est pas académique, ces toubibs-là ne pouvant être à leurs yeux que d'illusoires gourous irresponsables et leurs patients des babas cool membres d'une secte.

Les généralistes de ce coin de Normandie, notamment les médecins de campagne aux confins des départements du Calvados et de l'Orne, région de grande tradition de sorcellerie, savent bien pourtant que leur science entre encore parfois en concurrence avec les remèdes de bonne femme et la présence ancestrale des guérisseurs et rebouteux. Si la plupart des praticiens leur tournent le dos, le docteur Godard, lui, part à leur rencontre. Il veut comprendre. Il s'inspire de la médecine chinoise et de son approche globale et plutôt que d'ignorer ces traditions que tout oppose à sa formation initiale, il tente de les marier. Il développe des relations de confiance avec un magnétiseur de Saint-Georges-d'Aunay, des relations d'amitié avec une astrologue de Feuguerolles-Bully et associe même une cartomancienne de Caen à sa pratique médicale. Il lui arrive de se déplacer avec cette voyante numérologue au chevet d'un malade condamné, en phase terminale d'un cancer; tandis que lui rédige son ordonnance, la *médium* tire les cartes en faisant brûler des herbes dans un encensoir. Une fois sortie du domicile du patient, elle donne son estimation du temps qui lui reste à vivre. Évidemment, allez discuter de l'intérêt thérapeutique de ces pratiques avec un généraliste pur jus…

Et que penser des sortes de *rosaces de personnalité* que le docteur Godard dessine pour mieux cerner le profil de ses patients ? C'est un schéma qui ressemble à une boussole, deux axes perpendiculaires avec un cercle autour. Au sud, les idées issues de l'enfance, le jeu, l'innocence et la peur. Au nord, les *idées carrées*, l'être adulte. L'ouest, c'est le corps et la maladie, enfin à l'est se situe la dimension spirituelle. Des mots définissant le patient sont placés sous différentes latitudes de cette cartographie de l'Être, avec, au centre, une problématique qui résume l'ensemble ; *actes parfois tragiques* est-il écrit sur l'exemple que nous avons entre les mains.

N'importe quel médecin s'inquiétera fortement de découvrir de tels outils de diagnostic chez l'un de ses confrères. En revanche, les psychologues les plus savants confirmeront que ce genre de boussole psychologique, à condition qu'elle résulte de tests menés avec sérieux et méthodologie scientifique, peut revêtir un intérêt.

Quant au conseil de l'ordre, gendarme des médecins, le docteur Godard sait depuis le premier jour de sa pratique médicale qu'il tape durement sur les doigts dès que la moindre incartade est débusquée.

Yves Godard avait déjà, en tout début de carrière, subi une sanction suite à l'article de presse consacré à sa thèse sur l'acupuncture. Cette fois, c'est pour ses prescriptions de dilutions d'immunoglobuline que les médecins-conseils des caisses d'assurance maladie se fâchent, ne voulant pas rembourser les frais liés à ces traitements non reconnus. Exercice illégal de la pharmacie, c'est le reproche que lui fait en 1992 le conseil de l'ordre régional, en lui interdisant de délivrer des médicaments pendant deux mois. Le docteur Godard se défend, un collectif national de quarante-quatre médecins vole à son secours par une pétition, tout comme vingt-huit de ses patients qui expriment, par lettre de soutien, leur satisfaction envers ces traitements. Yves Godard n'entend pas se laisser sanctionner sans réagir, il porte l'affaire devant le conseil national de l'ordre des médecins, à Paris. Le 8 juillet 1993, la décision est rendue, elle lui est défavorable, mais il n'entend pas en rester là et va contester cette décision à un niveau supérieur, celui de la justice.

Ces dilutions ne sont pas, loin de là, les seuls produits non reconnus que prescrit le docteur Godard et il nous faut à présent évoquer l'affaire Beljanski.

C'est une controverse scientifique bien connue du monde médical, utilisée par les légalistes pour dénoncer les charlatans de la santé et citée au contraire par les contempteurs des grands labos pharmaceutiques pour dénoncer leur influence occulte et leur capacité à dénigrer les recherches indépendantes.

Au milieu des années 1980, le professeur Mirkos Beljanski, ancien biologiste de l'Institut Pasteur ayant mis au point des traitements anticancéreux donnant des résultats remarquables sur le virus du sida, n'obtient toutefois pas d'autorisation de mise sur le marché de ses préparations. Déjà, il avait auparavant développé un produit présenté comme miracle pour soigner certaines leucémies. Au final, ce biologiste controversé se mettra lui-même au banc de la communauté médicale en refusant de fournir la composition exacte de ses préparations, préférant les faire produire dans des laboratoires à l'étranger. Depuis les années 1990, les *produits Beljanski* sont distribués sous le manteau en France. La polémique a même connu un épisode politiquement sensible lorsqu'on apprit que le président François Mitterrand lui-même aurait eu recours à ces énigmatiques remèdes pour soigner son cancer, qui était alors un secret d'État. Ce serait même sa ministre de la Santé en personne qui aurait mis les médecins du président en relation avec les « réseaux Beljanski » via un groupe religieux, la secte IVI, dont elle était, dit-on, proche. Par parenthèse, précisons que mentionner la secte IVI à ce stade de notre récit, au risque d'égarer le lecteur, n'est pas fortuit. Nous y reviendrons.

Le docteur Godard, selon des témoignages concordants, était un prescripteur de ces fameux produits Beljanski non reconnus, notamment la préparation intitulée *PB 100.* Les enquêteurs vont identifier ses filières d'approvisionnement, un laboratoire en Belgique, un autre au Luxembourg.

Aucun parent d'enfant atteint de leucémie ne peut être blâmé d'avoir tout essayé pour sauver son petit, y compris ces produits Beljanski. Mais alors, comment juger le médecin qui accepte de leur fournir ces traitements qui ne figurent pas dans les listes validées par le ministère ? Faut-il le blâmer ou au contraire le louer pour son courage, celui de « tout essayer » ?

Bref, le docteur Godard traverse bien sa vie professionnelle comme un semi-clandestin, un pied dans les clous, un pied en dehors. En examinant honnêtement sa pratique, bien malin serait celui qui pourrait en tirer des conclusions définitives.

7.

Encore un chalutier, un de plus, encore une nuit de pêche. Avec encore dans les filets un nouvel indice, un de plus. Si en janvier la mer avait rendu, dans le sac de voyage, la vie tout entière d'une famille, cette fois, au mois de juin, c'est la mort qui va surgir des flots.

Dans la nuit du 5 au 6 juin 2000, trois marins partent à bord du chalutier *L'Indomptable* pour une pêche en baie de Saint-Brieuc. Cette petite coque en bois longue de douze mètres, aux flancs peints en rouge et gris métal, utilise une drague qui s'enfonce légèrement dans les fonds plats de la baie pour déterrer les coquilles Saint-Jacques. Jérôme C. est le patron du bord. Vers une heure et demie du matin, l'équipage ratisse une zone poissonneuse bien connue des professionnels de la pêche, entre le Petit-Léjon et Rohein, où se trouvent les principaux gisements de saint-jacques, de la vraie belle coquille. Ils remontent leur nasse. Sur un pont de chalutier, sitôt le filet ouvert, la tâche des marins consiste à trier le tas de poissons à l'agonie qui grouille sous leurs gants. Les soles dans la caisse des soles, les coquilles avec les coquilles. Et là, soudain, dans la main du marin, un morceau de calotte crânienne, avec le haut des orbites.

Le pêcheur lance à la cantonade :

– Regardez ce que j'ai trouvé.

L'autre pêcheur dit :

– *Qu'est-ce qu'on en fait ?*

Le patron, lui, se penche par la passerelle, il regarde.

Puis il dit :

– *Foutez-moi ça à l'eau.*

Plouf.

Il n'est pas rare que les pêcheurs du coin remontent dans leur filets des restes humains ; sous ces flots autrefois troublés, la Seconde Guerre mondiale a fait dormir pour l'éternité de nombreux pilotes alliés abattus par la défense nazie ainsi que les équipages des navires envoyés par le fond par les U-boot. Les marins-pêcheurs en ont plus qu'assez des tracasseries administratives que ces trouvailles leur font subir, ils sont contraints notamment de fournir leur itinéraire. Bien sûr ils affirment respecter leurs zones de pêche, mais ça les fait bien rigoler ensuite lorsqu'ils se retrouvent entre eux, autour d'une bière, à quai. Et puis la campagne de coquille se termine le 15 mai, la tolérance peut aller jusqu'au début juin, mais bon. Nous comprenons qu'il n'est pas illogique pour un marin-pêcheur de rejeter à la mer tout *objet encombrant* qu'il y trouve.

Quatre heures plus tard, tandis que le jour se lève sur la baie de Saint-Brieuc, le chalutier *L'Indomptable* remonte de nouveau sa drague dont la cargaison grouille de nouveau sur le pont et les hommes du bord, de nouveau, la trient. Et là, de nouveau dans la main du même marin, blanc comme un os de seiche, un autre petit crâne humain. Entier, celui-ci.

Le pêcheur dit :

– *Regardez, encore un.*

Depuis son poste, le patron dit :

– *Vas-y, balance-moi ça à l'eau, je te dis !*

Mais cette fois le marin ne le jette pas et répond :

– *Quand même, c'est un tout petit crâne, c'est un enfant, ça. Je vais pas jeter ça, non ? Dis donc, t'as des enfants toi, non ?*

Le patron penche la tête une nouvelle fois en dehors de la passerelle. Il regarde, se mord la lèvre. Et finit par dire :

– *Bon, d'accord. Tu le gardes.*

Alors le marin jette le petit crâne déjà en partie rongé par des concrétions dans une grande caisse de polystyrène blanc, dans un coin, sur le pont. Nous sommes le 6 juin 2000, il est 6 h 30 du matin, le chalutier *SB 402846 - L'Indomptable* rentre au port. L'affaire Godard vient de connaître l'un de ses épisodes les plus importants.

Ce crâne est celui de la petite Camille. Le premier, rejeté à l'eau, était probablement celui de son petit frère, Marius.

Des spécialistes en biologie moléculaire parmi les plus incontestables sont mandatés par le juge. L'ADN de ce crâne retrouvé en juin 2000 en baie de Saint-Brieuc est bien le même que celui prélevé début septembre 1999 sur la brosse à dents de la petite Camille Godard, dans la salle de bains de la maison du vieux pont de pierre à Juvigny-sur-Seulles. Pour que ce fait soit incontestable, une deuxième expertise génétique est confiée à un autre laboratoire, qui confirme, ainsi qu'à un expert judiciaire en odontologie, spécialiste en identification à partir de restes humains.

La petite fille est morte, personne ne pourra jamais venir dire le contraire de façon crédible.

Les spécialistes *ès* fonds marins de l'*Ifremer* examinent le crâne, dont il manque la mandibule inférieure. Manifestement il reposait sur un fond sablonneux, une partie était à demi enfoncée dans la vase. Sur l'autre face sont venus s'incruster des petits coquillages et des végétaux. En les analysant, les experts concluent que ce crâne reposait au fond de l'eau depuis le mois de février 2000, ce qui donne une précieuse indication pour une date approximative de la mort de l'enfant.

Ils n'excluent pas qu'il puisse avoir été pêché une première fois plus au large puis rejeté à l'eau, avant donc d'être dragué de nouveau par les marins de *L'Indomptable*.

Les enquêteurs ont perdu la partie. Ils espéraient vraiment pouvoir retrouver les enfants Godard vivants. Ainsi, tout le monde se trompait depuis le début ? Ainsi, la présence des enfants à l'île de Man puis à Lewis n'était qu'un mirage ? La thèse initiale était donc la bonne ? Une disparition en mer, le médecin ayant tué sa femme, puis ses enfants avant de se suicider en mer, sabordant le *NICK* en ouvrant la vanne de fond ?

À quoi bon continuer à enquêter puisque toute la famille, probablement, est morte. Désormais le juge s'attend à ce qu'un autre chalutier remonte tôt ou tard la dépouille d'Yves Godard lui-même et que l'on finisse bien un jour par détecter l'épave du voilier. D'ores et déjà cette première découverte macabre sonne comme un coup d'arrêt pour la *cellule Godard*, qui est en grande partie démantelée. Le juge d'instruction, lui, rend son tablier. Il est muté au parquet de Lons-le-Saunier, les montagnes du Jura, ça le changera de l'air marin. L'affaire Godard, croit-on, est terminée.

8.

Le nouveau juge, monsieur Laurent, est un homme jovial et rond, avec un air bonhomme. Ce célibataire endurci, bon vivant, s'exprime peu et ponctue les explications de ses interlocuteurs par des *hum, hum* répétés. Il prend ses fonctions en septembre 2000 et semble manifester une écoute polie, guère plus, à tout ce qu'on lui raconte sur cette affaire dont il a vaguement suivi le feuilleton dans la presse. *Hum-hum, c'est cela, oui.* Ce dossier, visiblement, n'est pas le sien, il appartient au passé. Les gendarmes veulent poursuivre l'enquête et attendent des directives. *Hum-hum, attendez je réfléchis, je vous rappellerai.* Les semaines passent, l'hiver approche. Les gendarmes font le pied de grue devant son bureau, ils insistent.

Et puis le nouveau juge va finir par lire le dossier. Et puis s'en emparer, et puis se passionner au point de finir par s'y jeter tout entier, découvrant, stupéfait, que cette énigme ne ressemble à rien de ce qu'un magistrat peut connaître dans toute une carrière.

On reprend tout à zéro, c'est le nouveau mot d'ordre. La maison du hameau de Juvigny va de nouveau être fouillée, de fond en comble cette fois, de grosses taches de sang qui avaient échappé aux premières équipes (!) sont découvertes sous les coussins des sofas. Le cabinet médical à Caen est de nouveau perquisitionné, les documents saisis offrent de nouvelles pistes. La section financière, elle, épluche les comptes bancaires du médecin, la première analyse financière n'avait rien déniché d'autre que le train de vie plus que modeste du toubib. Quant aux témoignages des premiers jours, ils sont repris un à un. Le père d'Yves Godard est mis sur écoute téléphonique, son courrier est surveillé, sait-on jamais. Et puis il faudra retourner en Écosse, hein ? Le coup de pied aux fesses reçu lors de la première visite a laissé un goût amer. Et puis tout le reste, tout, les témoins qui appellent affirmant avoir vu le docteur Godard à Miami, en Crète, en Afrique du Sud, en Thaïlande, il faudra aller partout.

C'est une nouvelle enquête qui commence. La gendarmerie maritime est mise sur la touche, la direction d'enquête est confiée aux vrais pros de la section de recherches. Le magistrat ne semblait guère avoir envie de se pencher dans un dossier à l'issue si compromise et le voilà qui s'y plonge nuit et jour, corps et âme. *Hum, hum.*

En vadrouille du côté de Lorient, le nouveau juge s'invite dans les ateliers de la société *Plastimo*, le fabricant du radeau de survie du *NICK* retrouvé en Angleterre par la vieille dame aux chats. Plus d'un an après sa découverte sur une plage du Dorset, le magistrat a décidé de faire rouvrir le carton qui traînait depuis lors sous un bureau des maritimes à Brest. Pourtant, il a déjà été expertisé, sans résultat. Celui qui a mené cette première expertise est un ancien capitaine au long cours, pas un ingénieur spécialiste de la sécurité en mer. Il faut donc montrer ce fichu radeau à ceux qui l'ont conçu et fabriqué. Le terme officiel adéquat, c'est *transport de justice*, le terme officieux c'est *que ça change tout*.

Les personnels de l'atelier lorientais s'en souviennent encore, ils ont vu le juge d'instruction débarquer un beau matin dans les ateliers, flanqué de sa greffière qui prenait des notes et d'une meute piaffante d'OPJ de la section de recherches de Rennes radieux comme des chiens de chasse qu'on sort du chenil. Tous prient pour que l'expertise approfondie qui commence soit plus probante que le premier examen du radeau, au moment de sa découverte, qui n'avait guère apporté d'éléments intéressants.

Les techniciens consultent leurs archives, elles indiquent que ce radeau-là avait subi ses vérifications périodiques, ainsi que l'exige la réglementation, au sein même de leurs ateliers ; la dernière c'était en juin 1999, soit deux mois seulement avant la croisière du docteur Godard, le radeau venait donc tout juste de passer entre leurs mains quand le *NICK* a disparu ; le coffre de conditionnement et son contenu avaient alors été totalement démontés, les archives du fabricant montrent que rien d'anormal n'avait été décelé.

Direction l'atelier. Assisté d'une technicienne en blouse bleue, l'ingénieur qui a conçu ce *Transocéan 6 Classe 2* se met au travail autour de la masse informe du radeau dégonflé, grosse crêpe sombre étalée sur le sol. D'abord, regonfler les différents compartiments d'air. Progressivement, l'élastomère noir reprend vie, les deux boudins superposés se redressent, sous les yeux du magistrat, qui attend le verdict bras croisés.

Bizarre, ce radeau est bizarre, l'ingénieur grimace et dit :

– *C'est quoi votre machin, là ?*

Le juge lève un sourcil.

L'embarcation est à présent totalement regonflée mais, de fait, sa silhouette n'est pas conforme. Ce radeau a perdu son toit, il est comme décapoté, l'auvent rouge fluo destiné à abriter les naufragés du bord a disparu. L'ingénieur semble plus qu'interloqué, car cette tente est théoriquement solidaire de la structure, elle n'est pas amovible.

– *Qu'est-ce qu'il lui est arrivé à votre machin, là ?*

Le juge lève un deuxième sourcil.

Non seulement la tente qui coiffait le radeau a été arrachée puis découpée, semble-t-il avec une lame de gros cutter, mais le technicien vient par ailleurs de découvrir que la bonbonne de CO_2 destinée au gonflage automatique du radeau, elle aussi, a disparu.

– *Mais c'est pas possible, ça, mais c'est pas possible, ça.*

L'ingénieur n'a jamais vu l'un de ses radeaux dans un pareil état, même après un naufrage. Il est formel, si le réservoir de CO_2, relié par une conduite rigide en alliage inoxydable semblable à celle d'une robinetterie de compteur à gaz, est absent, c'est qu'il a été démonté.

Et alors ? Et alors ce n'est pas un matelas de plage, un tel radeau peut accueillir six personnes et pour démonter son système de gonflage automatique, qui supporte une pression de plusieurs bars, il faut utiliser deux gros outils :

– *Une clé de 32 pour maintenir l'écrou et une autre en même temps de 22 pour dévisser le boulon.*

Du gros diamètre, donc.

Et des outils d'un genre qui ne figure pas dans la trousse de bord d'un voilier.

Hum.

Ce n'est pas tout, l'étui de toile qui enserrait cette bonbonne d'air a été décousu d'un seul côté. Décousu et non pas découpé, l'ingénieur est catégorique, ce qui représente un travail long et fastidieux dont le résultat n'est pas anodin ; ainsi décousu d'un seul côté, l'envers de cette bande de gros plastique désormais libre et flottante offre aux regards le nom et l'immatriculation du bateau auquel le radeau se rattache, la plaque est maintenant parfaitement visible. Comme si l'on avait fait en sorte que le nom du bateau soit visible au premier coup d'œil.

Les techniciens relèvent encore d'autres transformations sur le radeau de survie du *NICK*; les quatre stabilisateurs, sortes de grosses poches qui se gonflent d'eau et flottent à demi pour jouer le rôle d'une quille, sont tous déchirés. Enfin, dans les plis du fond, entre les boudins, la technicienne sort des varechs, des plumes d'oiseau ainsi qu'une sorte de charbon de bois, des petits résidus de bois brûlé.

Verdict de l'ingénieur qui sait de quoi il parle, lui qui en voit passer entre ses mains du matin au soir toute l'année : ce radeau de secours n'a pas été gonflé par sa bonbonne de déclenchement, qui a été démontée. Le canot a été préalablement retiré de son caisson de conditionnement puis gonflé ailleurs, probablement sur une plage, comme semble l'attester les éléments piégés entre ses plis. Par ailleurs, l'ingénieur se dit certain que les stabilisateurs et le toit arrachés sont la signature d'une mise hors d'eau ultérieure par traction verticale, ce radeau dit-il a été gruté par un levier ou un palan, c'est pourquoi les poches flottantes gonflées d'eau ont rompu et l'arceau central du toit aussi. Il montre les stigmates d'arrachement sur la toile.

Hum-hum, gendarmes et juge s'envoient des regards complices, ils ne sont pas venus pour rien; la greffière, elle, noircit des pages et des pages de notes.

Pour visualiser la différence avec un pneumatique « non trafiqué », la technicienne est alors priée de faire une démonstration de déclenchement d'urgence sur un dispositif similaire. Un gros caisson blanc est déposé à côté du radeau « décapoté » du *NICK*. Les enquêteurs assistent alors au déploiement automatique, dont le chuintement puissant résonne dans le grand hangar sous lequel cette assemblée hétéroclite a pris place. Une fois la poignée tirée, les deux capots se sont ouverts, le radeau dégoupillé s'est gonflé de CO_2 en quelques minutes. La dissemblance entre les deux canots de secours saute aux yeux, éloquente ; le premier est comme scalpé tandis que le second exhibe un beau toit rouge vif où figurent des réflecteurs radars. Au flanc du radeau *NICK,* privé de son dispositif de gonflage, pendouille la grande étiquette avec le nom du bateau, difficilement visible sur le matériel flambant neuf puisqu'elle enchâsse la bonbonne de gaz. Bref, l'un semble dévasté et nu quand l'autre, intact, offre des trousses de secours avec médicaments, fusées, pagaies et vivres pour plusieurs jours.

Une dernière question est alors posée à l'ingénieur nautique par les enquêteurs, qui se souviennent que la vieille dame anglaise avait retrouvé le canot échoué contre les rochers de Lyme Bay encore à demi gonflé, *not completly flat,* selon ses propres termes. Lorsqu'il est privé de sa bonbonne d'air, combien de temps un tel radeau peut-il rester à flots avant de se dégonfler, du fait de son étanchéité imparfaite ? C'est une problématique que l'ingénieur connaît bien, il répond sans hésiter :

– *Sans sa bonbonne embarquée, ce type de radeau n'assure que soixante-douze heures de gonflage.*

Les conclusions qui s'imposent après ce transport de justice à Lorient vont de nouveau semer le trouble, car elles contredisent les déductions précédentes, formulées hâtivement après la découverte du crâne de la petite Camille ; ce que montre ce radeau trafiqué, c'est que le docteur Godard a très vraisemblablement été assisté dans son entreprise, cette mise en scène machiavélique, il ne peut l'avoir effectuée seul en mer. Surtout, étant donné la « durée de vie » limitée du radeau une fois privé de sa bonbonne embarquée, on peut aisément estimer la date de son dépôt dans l'eau.

Soixante-douze heures de longévité, a dit l'ingénieur ? Accordons une large marge et disons une centaine. Puisqu'il a été découvert le 23 septembre 1999, cela situe, en remontant « le temps de vie » du canot avant qu'il se dégonfle, sa mise à l'eau définitive vers le 19 septembre, soit dix-neuf jours après le départ du port de Saint-Malo et quinze jours après la première découverte en mer, l'annexe du *NICK*.

Précisons que les spécialistes en courants marins du SHOM de Brest estimeront que ce radeau a probablement été déposé en mer au nord de Guernesey, puis a vraisemblablement dérivé jusqu'aux côtes britanniques.

Ainsi donc, le voilier du docteur Godard avait déjà complètement disparu depuis quinze jours quand son radeau de survie a été jeté à l'eau par une main inconnue ! Celui ou ceux qui ont effectué cette mise en scène tardive voulaient manifestement qu'il puisse être facilement identifié (la plaque avec le nom), mais pas trop rapidement (réflecteur radars et bandes rouge fluo du toit découpés).

Voilà ce qui s'appelle savoir faire parler des indices. Les portes des ateliers du fabricant lorientais d'accessoires nautiques peuvent se refermer sur ce transport de justice fructueux. Ce jour-là, le nouveau juge d'instruction est reparti, non pas comme il était venu, c'est même tout le contraire ; lui qui se montrait, les premiers temps, peu disert et renfermé est reparti dans un état d'excitation manifeste, emprunt d'une grande jubilation et s'exclamant sans fin sur cette incroyable énigme.

Pour autant, le travail sur le radeau de survie n'était pas terminé. Parmi les résidus retrouvés entre les boudins de plastique figuraient aussi des petits morceaux d'amarre de couleur bleue, des *bouts*, selon la terminologie marine, issus apparemment d'un filet de chalutier. Ces cordages étaient-ils issus du bateau ayant gruté le pneumatique ? Un limier à la patience reconnue va pendant un temps infini faire le tour des ports, ces bribes de *bout* en main, à la recherche du bateau qui utiliserait ce type de cordage, identifiable par la particularité de son tressage interne multicolore, filaments vert et rouge entremêlés à la fibre bleue. Comme une signature. De patron pêcheur en patron pêcheur, l'enquêteur opiniâtre réussira à remonter la piste de ces infimes morceaux d'amarre, déterminer le fabricant, portugais, de ce type de cordelette destinée à un type particulier de chalut, puis rencontrer l'importateur pour la France. Un incroyable jeu de piste. Toutefois, malgré ce travail de bénédictin et l'identification patiente des utilisateurs de ces filets pélagiques, il ne parviendra pas à retrouver l'éventuel chalutier qui aurait servi à convoyer le radeau de survie du *NICK* jusqu'à son lieu d'abandon en mer. Des semaines de travail sans aucun résultat. Ainsi va la vie d'une enquête judiciaire.

*

Bon, puisqu'il faut tout reprendre de zéro, alors reprenons. Après le radeau de survie, les enquêteurs vont réexaminer, cartes d'état-major et cartes marines étalées devant eux, l'itinéraire du voilier lui-même, dans l'espoir de repérer le moment précis de sa mystérieuse volatilisation.

Et puis non, les cartes ça ne suffit pas, un nouveau transport de justice s'impose, cette fois ça ne sera pas sous un hangar à Lorient mais directement en mer sur un bateau afin de visualiser le trajet du voilier barré par le docteur Godard depuis Saint-Malo. Et voilà juge, greffière, gendarmes, embarquant de bon matin sur un voilier similaire au *NICK* pour un transport de justice en milieu marin, croisière qui restera, admettons-le, comme un cas de figure assez rare dans les annales de la justice.

Lorsqu'il a quitté Saint-Malo le 1er septembre, nous savons que le *NICK* a longé la côte vers l'ouest, le lendemain 2 septembre il a été contrôlé en mer ici par la vedette des douanes à la hauteur des Sables-d'Or. Le 3 septembre, souvenons-nous que les enfants et le papa ont été vus débarquant avec leur minuscule canot, l'annexe, dans le petit port de Bréhec, pour y acheter des gaufres au chocolat. Tout cela montre que le docteur Godard a donc depuis son départ longé la côte vers l'ouest à bonne vitesse. Poursuivons, que s'est-il passé les jours suivants, les 4 et 5 septembre, a-t-il continué sa marche en avant plein ouest ? Existe-t-il des traces de son passage quelque part ?

Les gendarmes relèvent une bizarrerie. Il y a certes d'autres témoins les jours suivants, mais tous se situent exactement au même endroit, le secteur de Bréhec, comme si le bateau n'avançait plus. Ils se souviennent notamment du témoignage de leur ancien collègue, le gentil retraité accompagnant belle-maman au marché de Paimpol le samedi 4 septembre. Son épouse avait remarqué ce voilier au mouillage en bas de la falaise, sans personne à son bord ; le nom *NICK* sonnait comme le prénom de son mari Dominique. À l'époque, le retraité et son épouse avaient été gentiment remerciés, mais leur témoignage fut, somme toute, négligé.

Le juge exhume les autres déclarations recueillies dans ce secteur dans les tout débuts de l'enquête. Oui, c'est bien cela, plusieurs pêcheurs amateurs faisaient état eux aussi de la présence du voilier autour de cette anse de Bréhec. Recueillis par les fameux *flics mar'* en chemisette qui parcouraient le littoral à moto, ces autres témoignages avaient été pris en compte avec une certaine légèreté. Il faut désormais les approfondir.

Replongeons-nous dans ces tout premiers jours de septembre 1999.

Le port de l'anse de Bréhec, là où s'installe la marchande de gaufres, est un tout petit abri protégé d'une simple digue, il découvre entièrement à marée basse. Ne le peuplent guère que les barques des riverains, amateurs de pêche au casier ou au filet qui sortent dès que la marée montante remet leur esquif à flots. La plupart sont d'inlassables passionnés, souvent des retraités qui font des sorties quotidiennes vers leur coin de pêche favori, chacun le sien. La présence d'un bateau « étranger » à proximité de ce port délaissé par les plaisanciers ne passe pas inaperçue. Et de fait, ils sont nombreux à l'avoir remarqué.

En sortant avec son *pêche-promenade*, monsieur Louis Le H. est passé à vingt mètres d'un voilier au mouillage à trois cents mètres du port, il a lu son nom, *NICK*, à la poupe. Il a vu deux enfants à bord, il a aperçu une planche à voile posée sur le pont avant et une annexe rouge amarrée derrière le voilier. C'était au mouillage de Min-Rouz-Bihen, sur une bouée portant l'inscription *Mouette*. Nous le disions, les pêcheurs connaissent leur coin par cœur.

En sortant lui aussi du port de Bréhec comme il le fait tous les jours, un autre pêcheur, monsieur Jean Le B., a été intrigué lui aussi par la présence de deux enfants en bas âge sur le pont d'un voilier au mouillage, le *NICK*, lui aussi a lu le nom à l'arrière.

Tout comme madame Marie-Marguerite C. et son mari, qui louent un anneau à l'année à Bréhec. Ils ont remarqué que les deux enfants sur le pont portaient des gilets de sauvetage, un homme s'affairait à leurs côtés, comme s'il s'apprêtait à appareiller. Marie-Marguerite C. se souvient s'être dit à ce moment-là, *tiens, ces enfants n'ont pas de maman…*

Et monsieur Jean-Michel Le C., qui pêche depuis vingt-deux ans à la pointe de Minard, il a lui aussi vu le voilier. Et encore monsieur Yves L., qui a remarqué l'annexe accrochée à l'arrière et la planche à voile sur le pont puis a vu surgir les deux enfants de la cabine, une fillette et un petit garçon ; Yves L. est même précis, il a lu *NICK* à l'arrière et *Sun Odissey* à l'avant.

Ce n'est pas fini, il y a encore monsieur Philippe D., pêcheur ici depuis 1965, qui a vu le voilier plusieurs nuits de suite au mouillage dans ce même coin, au moins deux nuits si ce n'est trois, ce qui l'a fortement étonné parce qu'aucun plaisancier ne séjourne jamais ici, ce secteur n'est pas abrité de la houle.

Enfin, il y a messieurs Claude D. et Jean D., qui ont vu le voilier dans le secteur de l'île Mauve ainsi que messieurs Georges B. et Jean-Pierre B., qui l'ont vu en sortant sur leur petit *Niakor*, pêche promenade de six mètres ; ces derniers ont vu plusieurs fois le voilier, ils l'ont même vu tirer son annexe avec deux enfants sans gilet de sauvetage embarqués sur le petit canot, ils se sont étonnés que le skipper se livre à ce jeu dangereux.

Au total, ils sont donc très nombreux à avoir vu et revu le *NICK* entre le 2 et le 5 septembre 1999 dans ce tout petit périmètre autour de l'anse de Bréhec. Et si nous prenons soin de les énumérer, c'est parce que tous ces témoignages s'avèrent précieux pour reconstituer avec précision les brefs mouvements du docteur Godard autour de ce point particulier.

Un constat s'en dégage : en quittant Saint-Malo, le docteur Godard a longé la côte vers l'ouest pour rallier sans escale dès le 2 septembre ce petit coin de la côte du Goëlo, où soudain il s'arrête. Bréhec est situé à environ quatre-vingts kilomètres à l'ouest de Saint-Malo.

Une fois à Bréhec, il n'avance plus, il ne fait pendant trois jours que de brefs mouvements autour de son mouillage dans cette anse, de petites sorties comme pour se divertir ou bien pour ne pas attirer l'attention sur lui.

C'est ainsi qu'à peine arrivé, le 2 septembre, il repart vers l'est – il sera contrôlé par le douanier à la hauteur des Sables-d'Or – et revient le soir même se repositionner à Bréhec. Il fera de même les jours suivants, revenant après une courte promenade au même mouillage ou à une bouée voisine, comme s'il voulait impérativement séjourner là, entre le port et la pointe de Minard. N'est-ce pas étrange, pour qui est censé être aux abois et pressé de s'enfuir au large ?

La vérité est plutôt qu'il attend. Le docteur Godard attend quelque chose, ou quelqu'un, comme s'il avait rendez-vous à cet endroit précis et qu'il meublait son temps d'attente à faire des ronds dans l'eau, faisant jouer les enfants qui probablement s'impatientaient et les emmenant à quai acheter des gaufres.

Trois jours de présence à Bréhec, c'est long. Tous les pêcheurs du coin le croisent et le recroisent. Et puis, soudain, plus personne. Le docteur Godard disparaît avec ses enfants.

Allons plus loin, car en confrontant encore tous ces témoignages, le scénario s'affine. À partir du samedi 4 septembre, les témoins ne voient plus l'homme et les deux enfants sur le pont, en revanche le voilier, lui, est encore là, les pêcheurs l'aperçoivent au mouillage tout le week-end à la pointe de Minard, voiles affalées, habitacle clos. C'est ainsi que le gendarme retraité et sa femme l'ont vu le samedi, comme abandonné, avec personne à son bord. C'est ainsi que d'autres témoins l'ont vu aussi, confirmant que le voilier était vide pendant le week-end.

Plus tard encore, un autre témoin a vu le *NICK* repartir vers le large, barré par un homme seul. Peut-être alors n'était-ce plus le même skipper mais une tierce personne venue « prendre en compte » le voilier abandonné. Dans ce cas, qui était ce nouveau skipper et où a-t-il convoyé le bateau que le docteur Godard venait de laisser derrière lui ?

Les enquêteurs vont de nouveau interroger tous les pêcheurs de l'anse de Bréhec, recouper leurs témoignages et constater qu'ils sont cohérents. Voilà pour les faits, place maintenant aux déductions.

Un scénario cohérent semble se dessiner, enfin. Le prétendu lointain périple en mer n'aurait donc été qu'un simple cabotage le long de la côte, avec terminus ici, entre l'anse de Bréhec et la pointe de Minard, sur la côte du Goëlo.

En parcourant à notre tour, le nez au vent, cette côte rocheuse, depuis ce splendide circuit des falaises qui surplombe la mer, on ne peut qu'être frappé par le caractère isolé du lieu. Pas une habitation, peu de passage hormis les randonneurs l'été – assez peu nombreux – et les cyclotouristes l'hiver, les gars du vélo-club de Paimpol – encore moins nombreux. C'est une bande de terre côtière que la nature garde jalousement pour elle-même, de toute éternité les hommes ont préféré s'abriter ailleurs plutôt que de défier le large depuis le sommet de ces falaises, l'abandonnant aux lapins de garenne qui courent sur la lande entre bruyères, genêts et ajoncs. La mer en contrebas joue autour des rochers, il y a là un banc pour s'asseoir et l'admirer et c'est tout.

C'est donc ainsi que ça se serait passé. Personne ne peut en avoir la preuve absolue, bien sûr, mais tout l'indique. La vraie fausse disparition au large s'est nouée à quelques brasses seulement de la terre ferme, la croisière du docteur Godard s'est arrêtée dans le pays de Paimpol au pied de ces falaises et il a pris la poudre d'escampette par un autre moyen.

À supposer que ces déductions formulées par les enquêteurs soient conformes à la réalité, une question demeure : bien qu'il soit au mouillage au plus près de la côte, difficile d'imaginer une échappée à la nage puis à pied, sur les rochers, avec deux enfants de quatre et six ans et des bagages ; alors, comment le médecin en fuite a-t-il accosté ?

La réponse probable est toute proche de cette pointe de Minard, c'est Pors-Pin, petite crique sauvage et déserte située précisément à quelques coups de rame du lieu de mouillage du *NICK*. La crique de Pors-Pin est un lieu étonnant, presque caché, à l'embouchure d'un petit cours d'eau ayant creusé un vallon dans la falaise pour se jeter dans cette minuscule anse de gros galets que fait rouler le ressac. Cet endroit isolé est une parfaite plage secrète de pirates, telles que les racontent les livres d'aventure pour enfants. C'est quasiment le seul endroit où l'on peut débarquer discrètement avec une annexe ; des criques de ce genre, bordées de part et d'autre par la roche, il n'y en a que deux sur toute cette portion de côte. Baignade dangereuse, est-il écrit sur un panneau du Conservatoire du littoral à l'entrée de la crique. Depuis les terres, son accès n'est pas facile à trouver, mais un discret chemin vicinal serpentant dans ce repli boisé et incongru de la côte relie

Pors-Pin à la grand-route. La grand-route, elle, mène partout.

Dans cette enquête, chaque réponse à chaque question apporte son lot de nouvelles questions. Relevons d'ailleurs que ce nouveau scénario de fuite ne permet toujours pas d'expliquer la découverte du crâne de la petite Camille en baie de Saint-Brieuc. Pour trouver une explication, il faudra encore patienter.

Autre question posée : s'il a abandonné le *NICK* à Bréhec, quel a été l'itinéraire d'Yves Godard par la suite, comment a-t-il traversé la Manche pour arriver sur l'île de Man, sa prochaine étape ? Nous les avons déjà évoqués, d'autres témoignages, certes assez imprécis, font état de la présence d'un homme seul avec deux enfants en bas âge ce week-end-là à Roscoff, aux abords de l'embarcadère des ferries pour l'Irlande.

Les nouveaux éléments s'accumulent, ils sont convaincants. Que se passe-t-il dans la tête d'un juge d'instruction qui spécule sur de telles découvertes ? L'envie d'en savoir plus doit être une démangeaison obsédante et la suite logique du raisonnement, c'est de rechercher si Yves Godard s'est appuyé sur un réseau local, si des « complices » l'ont réceptionné ici à Bréhec pour le convoyer ailleurs.

L'année 2002, les grands moyens vont être employés pour tenter de résoudre ces interrogations sur l'anse de Bréhec ; pourquoi le docteur Godard a-t-il séjourné ici et pas ailleurs, connaît-il quelqu'un dans ce village ?

Bréhec est un hameau tranquille ancré dans un vallon qui s'évase de part et d'autre de cette anse lumineuse creusée par les eaux dans les noires falaises de schiste et de granit. Le gros du village surplombe directement le port, dont le quai s'agrémente l'été de la présence sympathique de la petite marchande de gaufres. Une minutieuse enquête de terrain est lancée, les gendarmes, avec des effectifs renforcés, frappent à de nombreuses portes, à commencer par celles des petits restaurants de fruits de mer du quai, ils cherchent dans les hôtels des environs, les gîtes ruraux et chambres d'hôtes, interrogent aussi les compagnies de taxis et ambulances de la région. En vain.

Et puis, un jour, ce travail de fourmi finit par déboucher sur ce qu'il est convenu d'appeler une piste.

Parmi les maisons qui surplombent le petit port, il en est une, ni luxueuse ni misérable, ni belle ni laide, une simple maison bretonne de construction récente avec des volets bleus comme il en existe beaucoup ici. Les gendarmes apprennent que dans cette habitation vit depuis des années une femme dont le nom a déjà résonné à leurs oreilles, en Normandie, à propos de la pratique médicale du docteur Godard. Cette femme qui a élu résidence ici, à Bréhec, c'est Yvonne Trubert, fondatrice d'un groupe de prière qu'elle nomme *Invitation à la Vie Intense* mais que le grand public et les médias connaissent plutôt sous le nom de secte IVI. Yvonne Trubert, «gourou» de la secte IVI, demeure dans l'anse de Bréhec. Tiens, donc…

Pourquoi faire le lien avec le docteur Godard ? Parce que, nous l'avons dit, certains adeptes de la secte IVI étaient, notoirement, des relais du réseau des fameux produits Beljanski, du nom de ce biologiste franc-tireur ayant conçu des produits anticancéreux, non autorisés mais connus pour avoir été administrés au président Mitterrand lui-même. Le docteur Godard prescrivait à ses patients ces médicaments non reconnus officiellement.

Et puis un autre souvenir fait tilt, comme on dit, dans l'esprit des enquêteurs. Ils se souviennent qu'un radiesthésiste normand, proche d'Yves Godard, leur avait expliqué que le médecin se rendait parfois en Bretagne pour des réunions de sympathisants d'IVI et ce magnétiseur avait alors lancé cette boutade qui sonnait comme un défi :

– *Vous cherchez Godard en mer ? Allez plutôt voir s'il n'est pas en réunion en forêt de Brocéliande ou ailleurs avec les gens de la secte IVI !*

Le mouvement fondé par Yvonne Trubert au début des années 1980 a compté jusqu'à sept mille membres. D'inspiration catholique traditionaliste, sa doctrine mêle des spiritualités orientales, vibrations, énergies, harmonisations, chakras. C'est un mouvement syncrétiste, pour employer un terme bienveillant, ou fourre-tout pour l'être moins. Typiquement *new age*, le groupe de prière *Invitation à la Vie* promeut une certaine hygiène de vie et la régénération du corps par l'âme ; la maladie est la conséquence des blessures de la mémoire, des traumatismes affectifs et du manque d'amour, professe Yvonne Trubert. C'est pourquoi son groupe a été étiqueté comme une secte dite guérisseuse ; les études indépendantes sur ses adeptes ont montré que 95 % d'entre eux sont favorables aux médecines alternatives, sans rejeter pour autant le recours, quand il n'y a pas d'autre choix, à la médecine allopathique et aux médicaments. Bref, ce mouvement né en Bretagne ressemble assez au parcours du docteur Godard, la tradition mêlée au *new age* et l'attrait pour les mystérieux pouvoirs du spirituel sur le corporel.

Godard protégé par la secte IVI ? On imagine les gros titres de la presse si, par une quelconque indiscrétion, ces développements inattendus avaient été connus des journalistes, ce genre d'information les aurait tenus en haleine pendant de longues semaines ; mais ces accointances supposées entre Godard et ce groupe religieux marginal demeureront pendant plus de dix ans et jusqu'à aujourd'hui un secret bien gardé de l'instruction en cours.

Le juge d'instruction veut en savoir plus, les gendarmes, sur commission rogatoire, sont priés d'explorer méthodiquement cette piste IVI. Des semaines de travail en perspective : collecte d'informations sur la secte, notamment auprès des RG et du service interne de renseignements de la gendarmerie, audition d'Yvonne Trubert et perquisition dans sa maison de Bréhec, enquête sur ses enfants, ses proches, visite aux bureaux parisiens d'IVI, nulle part n'apparaît la moindre trace du docteur Godard, si ce n'est qu'il fréquente quelques membres normands du groupe IVI, notamment Danièle K., sophrologue à Caen.

Pourtant, au bout du compte, il faut se rendre à l'évidence, ce minutieux travail mené sur «*la piste d'une secte*» ne donne strictement aucun résultat. D'ailleurs, nous pouvons d'ores et déjà le mentionner ici, quand bien même le docteur Godard aurait bénéficié d'un soutien logistique dans l'anse de Bréhec, nous verrons plus loin que ces éventuelles accointances avec la secte IVI, au final, sont une fausse piste.

La clé de l'énigme n'est pas là. La vérité de cette affaire est ailleurs.

*

Donc une impasse, une de plus. Après tout, pourquoi s'obstiner ? Pourquoi ne pas renoncer, se contenter d'une histoire simple, celle du type qui s'enfuit avec ses enfants après avoir tué sa femme et qui finit par se saborder en pleine mer en tuant toute la famille ? Certes, ni le cadavre de l'épouse ni la trace du fugitif n'ont été retrouvés, mais à quoi bon chercher d'autres hypothèses, n'a-t-on pas déjà repêché un crâne d'enfant en mer ? L'affaire Godard, hypermédiatisée, est une enquête qui s'éternise ; les mois passent, puis les années. Ce dossier n'avance pas, il s'enlise.

Et pourtant. C'est étrange comme malgré ces échecs répétés, la petite flamme de l'intuition ne s'éteint pas, elle vacille oui, mais ne s'éteint pas ; chaque fois, un petit quelque chose, tantôt fait objectif tantôt perception indicible, motive un gendarme pour continuer d'enquêter, un juge pour continuer d'instruire, un procureur pour continuer à le suivre et même un parquet général à Rennes pour continuer à dire on continue. Dans le code pénal français, il est écrit quelque part que l'objectif d'une enquête est la manifestation de la vérité. Et de fait, le dossier Godard ne se refermera jamais, personne n'osera dire *stop* malgré son coût exorbitant, comme si chacun, à tour de rôle, se sentait dépositaire d'une mission à poursuivre coûte que coûte, avec l'intime conviction que derrière cette affaire, il y a, oui, *autre chose*. Un monde derrière le monde des apparences du docteur Godard.

*

L'argent. Le fric. Son rapport au pognon. La richesse ou la pauvreté du docteur Godard, en voilà une incompréhension de plus, en voilà encore un domaine où « il y a quelque chose qui cloche ». Parce que là encore, les apparences sont parfaitement ambivalentes, c'est-à-dire qu'elles montrent une chose et aussi son contraire. Tout laisse à penser que le docteur Godard est fauché, tout démontre à l'inverse qu'il devrait être « plein aux as ».

Marie, son épouse, se plaint sans cesse auprès de ses amies du manque d'argent de son couple, des difficultés du ménage à boucler les fins de mois. Elle aimerait bien pouvoir «*s'offrir plus souvent des nouvelles fringues*», elle aimerait bien «*s'offrir plus souvent une soirée au resto*», elle aimerait bien «*qu'Yves gagne plus de fric*». En avril 1997, lorsque Yves lui a acheté sa voiture, la Peugeot 306 rouge, elle l'a utilisée pendant six mois puis son mari lui a suggéré d'annuler la vente, ils n'avaient pas les moyens. À sa demande, Marie est donc allée voir le garagiste pour tenter de lui faire reprendre le véhicule, lui en fournir un plus modeste et lui restituer la différence en argent liquide. Le garagiste a refusé.

Yves Godard, lui, vit chichement. Jamais il n'apparaît avec des vêtements luxueux, jamais il ne semble s'offrir d'extras, aucune dépense somptuaire. Son train de vie est à l'image de son *Combi* Volkswagen d'occasion, ancien fourgon utilitaire acheté une bouchée de pain qu'il a fait *customiser* à moindres frais en camping-car par un spécialiste de la zone industrielle de Carpiquet.

Pourtant, ce manque apparent de moyens financiers, dont les proches du couple l'entendent sempiternellement se plaindre, ne correspond nullement à la réalité. Car si les dépenses et les charges sont effectivement minimales, les rentrées d'argent, elles, sont plus que confortables, surtout si on ajoute les sommes issues des divers emprunts contractés par Yves Godard.

Le docteur Godard a touché une part d'héritage de 300 000 francs après la disparition de sa mère, décédée en 1996. En 1997, il a emprunté 50 000 francs à son père pour des travaux dans sa maison de Juvigny. Par ailleurs, il possède un appartement à Lyon dans lequel est installé un locataire, un fonctionnaire de la gendarmerie, l'État verse un loyer chaque mois. Il a aussi contracté plusieurs emprunts bancaires, dont des crédits à la consommation qui n'ont été suivis d'aucun achat pour lequel les crédits avaient été ouverts. Les mois précédents son départ, il a aussi ouvert plusieurs crédits *revolving*, pour des montants importants, ce dispositif de réserve d'argent lui permet d'obtenir de nouvelles sommes dès qu'une petite partie du capital emprunté est remboursé. Ce qu'il a fait.

Et puis il y a ses revenus. À cette époque, le montant théorique des honoraires pour une consultation de généraliste est de 115 francs. Or, les tarifs pratiqués par le docteur Godard sont bien au-delà de ce montant remboursé par la Sécurité sociale. Prenons ses relevés quotidiens d'honoraires pour les deux mois précédents sa disparition, juillet et août 1999. Ces relevés, Yves Godard les tenait à jour lui-même, discrètement. Les chiffres s'alignent, ce sont des sommes importantes. Exemple, le 1er juillet, Yves Godard reçoit seize patients auxquels il applique, comme à tous, des tarifs variables. Ce jour-là, deux patients seulement déboursent moins de 150 francs, les autres versent bien davantage ; la plupart paient 230 francs, certaines consultations sont à 345 francs (*M. Lavegne*) et le dernier rendez-vous de la journée, intitulé *Luc et Liliane* dans le registre, monte à 585 francs ; recette totale de cette journée du 1er juillet : 3 435 francs de l'époque, équivalents à 630 euros d'aujourd'hui (calculés en « francs constants » intégrant l'évolution du coût de la vie).

Le lendemain 2 juillet, 11 autres patients pour une recette de 2 365 francs ; et ainsi de suite chaque jour ; au total, sur les vingt jours ouvrés, la recette de juillet avoisine les 60 000 francs, valant aujourd'hui 11 000 euros. Il en va de même pour le mois d'août.

Bien entendu, ces sommes ne sont que des recettes brutes, les médecins, comme toutes les professions libérales, doivent s'acquitter de toutes sortes de charges et cotisations. Or, les gendarmes découvrent que le docteur Godard, lui, ne paie pas ses charges, jamais. Il est même en guerre avec les caisses, qui lui réclament des arriérés depuis l'année 1996. Les recettes importantes que lui procure son cabinet sont donc des revenus nets, non amputés de quelque retenue que ce soit. Pourquoi Marie se plaint-elle sans cesse ?

Pour quelqu'un qui ne dépense rien, les besoins d'argent du docteur Godard semblent insatiables, les enquêteurs vont découvrir qu'il emprunte même de l'argent à ses patients ! Ainsi, le 30 août 1996, le docteur Godard se plaint de ses finances à sec auprès de madame Lecauchois, sa fidèle patiente, la vieille dame qui l'a pris en affection au point de lui repasser ses chemises et de lui préparer un bon repas à l'heure du déjeuner. *J'ai besoin d'argent pour payer mes impôts*, dit-il. La vieille dame lui prête alors cinquante mille francs, somme importante à l'époque. Seulement, les mois passent et le remboursement ne vient pas. Finalement, dix-huit mois plus tard, en janvier 1998, Yves Godard lui signe une reconnaissance de dette, manuscrite et ainsi libellée :

« *Je soussigné, Dr Yves Godard, doit la somme de cinquante mille francs à madame Lecauchois qu'elle m'a prêtée le 30.08.96 en espèces. Je m'engage à lui restituer cette somme en mars 1998 au plus tard.* » Soit deux mois plus tard.

Ce jour-là, devant l'insistance de sa patiente pour être remboursée, il lui verse un acompte de cinq mille francs, qui ne sera suivi d'aucun autre paiement. La vieille dame aura l'amertume de constater que son médecin bien-aimé ne s'acquittera jamais de sa dette, les quarante-cinq mille francs restants. Bien plus tard, lorsque toute l'affaire éclatera – et seulement parce que ses enfants la pousseront à le faire –, elle écrira au procureur de la République de Caen pour faire état de cette promesse non tenue.

L'analyse complète de la situation financière du docteur Godard laisse songeur. Voilà donc un homme qui amasse beaucoup d'argent qu'il ne dépense pas. Il ne paie pas ses impôts, il ne paie même pas les factures de la cantine de ses enfants à l'école de Tilly-sur-Seulles, les relances de la caisse des écoles restent lettre morte.

Les gendarmes spécialisés en investigations financières, après examen approfondi de ses comptes, de ses charges et de ses dépenses, chiffrent les sommes ainsi accumulées à environ trois millions de francs. À l'époque, c'est une somme considérable. Où est passé tout cet argent ?

Les comptes du docteur Godard montrent des virements réguliers effectués pour lui-même et des chèques qu'il s'adresse également à lui-même pour les endosser sur d'autres comptes qu'il détient ailleurs, probablement à l'étranger ; il faut donc maintenant remonter la piste de ses circuits financiers. Des demandes de photocopies des chèques et des bordereaux de virements sont officiellement transmises à la banque, mais le siège régional fait savoir qu'il ne dispose plus des copies. Cette fin de non-recevoir a le pouvoir de déclencher une grosse colère du juge d'instruction, qui n'apprécie guère que l'on se moque de lui de cette manière, *hum hum, on va voir ce qu'on va voir.*

Alors, après les perquisitions à la maison de Juvigny et au cabinet médical à Caen, après les ateliers *Plastimo* de Lorient, après la croisière en mer jusqu'à Bréhec, un nouveau transport de justice est organisé, cette fois au siège régional de la BNP, à Caen. Les responsables de la banque sont abasourdis, ils n'imaginaient pas voir ainsi débarquer la justice dans les couloirs feutrés de leur établissement respectable pour ce qui ressemble presque à une perquisition. Le juge veut absolument, dit-il, mettre la main sur les archives bancaires de Godard. Première déconvenue, l'informatique, visiblement encore balbutiante, ne dit rien. Heureusement qu'il reste le bon vieux papier rempli d'encre, l'examen des bordereaux de virements archivés devrait permettre d'identifier facilement le ou les comptes destinataires, non ? Le responsable des archives fait savoir qu'ils ne sont pas conservés tels quels mais photographiés pour être conservés sur des microfilms ; dans un sourire gêné, il répète qu'il aimerait bien aider mais se montre sceptique, malheureusement, dit-il, les grosses inondations qu'a subies la ville de Caen en 2000 ont sérieusement endommagé les sous-sols de la banque, située non loin de l'Orne. C'est à la cave que se trouvaient les archives et la plupart des documents stockés ont été détruits, y compris les microfilms. Qu'importe, on descend, il faut aller voir. Voilà donc juge, greffière et gendarmes en file indienne dans les coursives des caves de la banque à la recherche du précieux dossier archivé sur microfilms. Las ! Malgré la meilleure volonté du monde, l'archiviste ne trouve rien, il s'avère comme il le pressentait que ce dossier microfilmé a, comme tant d'autres, été emporté par les crues. Ô, rage, ô, guignon, décidément, la malchance accompagne ce dossier, sera-t-il donc impossible de déterminer où le médecin caennais a fait « évader » son pactole ?

*

Autre mystère des premiers temps de l'enquête, qu'il faut tenter d'éclaircir, les deux lettres anonymes adressées successivement à la gendarmerie de Falaise et qui avaient démontré tout leur crédit en envoyant les gendarmes chaque fois sur une bonne piste, d'abord à l'île de Man puis sur l'île de Lewis, dans les Hébrides. Il faut absolument découvrir qui est cette personne si bien informée.

Les résidus de salive prélevés sous les timbres avaient permis d'obtenir une empreinte génétique féminine et l'expert en écritures mandaté pour analyser les deux lettres avait conclu qu'une femme d'environ soixante ans en était l'auteur. Les relations féminines du docteur Godard vont donc être priées d'accepter un test génétique ainsi qu'une petite dictée reprenant mot pour mot le contenu des deux lettres, à fins de comparaison. Au total, vingt-deux femmes, parmi lesquelles son ancienne associée, sa première épouse, deux amies très proches, une militante syndicale, la cofondatrice de son association de sophrologie ainsi que plusieurs patientes, y compris la bonne madame Lecauchois, vont être testées. Mais c'est surtout Jeannine T., magnétiseuse voyante demeurant à Falaise, patiente devenue animatrice à ses côtés de conférences sur les médecines alternatives, qui est suspectée d'être l'auteur des lettres. Or, l'expertise va démontrer que son ADN ne correspond pas à celui du timbre et en dépit de tous les efforts déployés, le « corbeau » n'est toujours pas identifié.

La poursuite acharnée de cette recherche va donner lieu à des situations cocasses.

En perquisitionnant au cabinet médical, boulevard Lyautey à Caen, le juge d'instruction tombe sur plusieurs fax manuscrits envoyés par une patiente dont l'écriture ressemble étrangement à celle du fameux corbeau. La manière particulière de former les jambages, le style classique de l'écriture, son inclinaison et surtout la façon de souligner certains mots importants, tout ressemble aux lettres anonymes reçues en octobre 1999.

Une recherche rapide auprès de France Télécom permet d'identifier le lieu d'émission de cette lettre manuscrite transmise par fax au docteur Godard. C'est un couvent. Plus précisément l'ancien ordre de la Visitation, des religieuses qui vivent quasiment aussi cloîtrées que les carmélites.

Des bonnes sœurs ? Le juge décide *illico* d'envoyer sur place deux gendarmes armés d'écouvillons, petits Coton-Tige pour prélèvements buccaux aux fins d'expertise ADN. Il se fera raconter ensuite cette expédition.

Deux gendarmes en uniforme frappent donc le heurtoir sur la lourde porte du monastère des Visitandines, dans le centre de Caen. Aucune réponse. Ils soulèvent de nouveau le marteau de porte et frappent encore. Finalement, dans un claquement sec s'ouvre un judas derrière lequel les fixe un œil interrogateur. *Gendarmerie nationale.* Les deux pandores expliquent le but de leur visite – *clac,* le judas se referme.

Malgré l'insistance des visiteurs, malgré le caractère très officiel de la commission rogatoire qui les mène ici, les Visitandines ne veulent rien savoir, pas question de faire entrer des gendarmes dans leur couvent.

Vexés, les enquêteurs n'entendent pas en rester là. Aussi sec, ils demandent audience à l'évêque du diocèse. Impossible d'admettre que sur ses terres, aussi saintes soient-elles, force ne puisse rester à la loi.

Et voilà les deux pandores se présentant dans leur plus belle tenue devant deux ecclésiastiques se drapant dans la leur, l'évêque et son vicaire général, l'un assis à son bureau, l'autre debout à ses côtés valise à la main, tous deux ne sachant pas le but de la visite des gendarmes et les attendant manifestement avec une certaine appréhension.

On imagine la scène, la rencontre du sabre et du goupillon : le parquet ciré craquant sous les pieds des deux représentants de l'ordre lorsqu'ils s'avancent à pas menus vers les deux représentants de Dieu, pétrifiés derrière le majestueux bureau de l'évêché et craignant probablement une nouvelle mise en cause pour quelque sombre affaire de mœurs au sein de l'Église.

Les envoyés du juge de Saint-Malo expliquent alors benoîtement qu'ils souhaitent simplement faire faire une dictée à des bonnes sœurs.

L'évêque plisse encore un peu plus les yeux.

Ainsi qu'un petit test ADN de rien du tout, ajoutent les gendarmes en sourdine.

Monseigneur l'évêque respire, visiblement soulagé du caractère anodin de la demande, tandis que son bras droit, rassuré, s'éclipse discrètement avec sa valise. Mais à quoi s'attendaient-ils donc pour être ainsi sur leurs gardes, valise en main, ils craignaient de terminer en garde à vue ou quoi ?

Ravi d'intercéder pour les militaires dans leur labeur judiciaire, monseigneur l'évêque décroche alors son téléphone pour prier fermement la mère supérieure du couvent des Visitandines d'accepter exceptionnellement la présence de deux hommes dans son institution. Affaire réglée.

Voilà donc nos deux gendarmes de retour à Caen. Toc-toc du heurtoir, glissement du judas, même œil interrogateur mais porte enfin qui s'ouvre pour les laisser entrer.

Sœur Léonie, la mère supérieure, confirme que trois religieuses parmi ses sœurs sont patientes du docteur Godard. Les gendarmes demandent à les rencontrer et à visiter leurs cellules. Dès qu'ils entrent dans la première chambre, ils sont stupéfaits de découvrir, sur la table de chevet de sœur Marie-Louise, un petit cadre avec une belle photo du docteur Godard et de ses enfants.

– *Et alors ? C'était mon médecin, je l'aimais beaucoup, je prie pour lui,* explique benoîtement sœur Marie-Louise, d'origine bretonne et frappée par le passé dans sa propre famille par un drame maritime qui eut en son temps des conséquences judiciaires. Une affaire de dériveurs qui avaient coulé en Bretagne avec des enfants à bord. Tout cela finit par faire tout de même beaucoup de coïncidences.

Revenus perplexes de cette inspection, les gendarmes expliquent ensuite aux trois religieuses, toutes patientes du docteur Godard, qu'une dictée va leur être demandée. Chacune s'installe, crayon en main. Les gendarmes sortent aussi de leur mallette trois bâtonnets de coton à long manche, des écouvillons, en expliquant qu'ils vont procéder à un prélèvement pour test génétique.

– *Oh, mon Dieu!* s'est alors exclamée l'une des religieuses dans un grand sourire en levant les yeux au ciel, n'ayant pas compris que c'est dans la bouche que sont effectués les prélèvements à fins d'expertise génétique.

L'anecdote a fait le tour de la caserne de gendarmerie et du palais de justice.

Pour autant, aussi étonnante soit cette proximité entre le docteur Godard et les religieuses de la Visitation, les résultats seront tous négatifs. Non, l'ADN du timbre ne correspond nullement à celui des bonnes sœurs, mises totalement hors de cause.

À ce jour, nul ne sait qui est le mystérieux informateur qui avait écrit ces deux lettres anonymes si précieuses pour l'enquête.

9.

Et puis il faudra retourner «là-haut» s'étaient juré les enquêteurs. Le 24 juin 2003, près de quatre ans après la première expédition calamiteuse sur l'île de Lewis, dans les Hébrides extérieures, deux gendarmes quittent de nouveau Rennes pour aller *là-haut,* en Écosse. Cette fois, une demande en bonne et due forme a été transmise, tout va bien, la commission rogatoire internationale est acceptée, *les inspecteurs Clouseau*, comme s'amusent à les nommer les Écossais, ne devraient pas une nouvelle fois terminer au piquet.

Aujourd'hui encore, bien des années plus tard, les policiers du *Northern Constabulary* de Stornoway se souviennent parfaitement de l'arrivée de leurs collègues français, *ugh, what a day!* C'était en milieu d'après-midi et ils étaient dans leurs petits souliers tous autant qu'ils étaient, les Frenchies se demandant visiblement s'ils seraient accueillis avec des chardons, les Écossais ne sachant trop si les *French detectives* seraient soit un peu fâchés, soit très fâchés contre eux.

– *Welcome to Stornoway*, sir.

Pas moins de trois policiers, dont l'enquêteur en chef sur l'île de Lewis, le *detective* Georges L. Murray, accueillent les deux gendarmes français à leur descente d'avion. Les sourires sont crispés et la gêne plus épaisse qu'un brouillard des Highlands. Chacun a en mémoire le précédent voyage et au fond, les policiers écossais savent bien que, l'année 1999, l'intervention malencontreuse d'une chargée de mission au cabinet du ministre de la Justice à Édimbourg, Mrs Fram, pour interrompre le travail en cours, avait vraiment fait capoter l'interpellation d'Yves Godard, imminente. Ils le savent d'autant mieux que depuis lors, leur enquête s'est considérablement enrichie. À présent, quel discours vont-ils tenir ? Montrer tardivement les fruits de leurs investigations deviendrait une sorte d'aveu de leur impéritie passée, ce serait faire la démonstration qu'ils auraient dû en communiquer les résultats depuis belle lurette. Or, ils n'ont jamais rien envoyé aux Français depuis le fiasco d'octobre 1999.

La première discussion, quatre ans après le rendez-vous manqué dans les ruelles autour du port avec le *French fugitive*, s'annonce cruciale. Dans ce *police office* de Stornoway, situé à deux pas de la petite place où Yves Godard et ses enfants avaient été vus assis sur un banc, chacun se racle la gorge et boit un verre d'eau. Enfin, la réunion finit par commencer. Plutôt que de se protéger en cachant la vérité, les Écossais ont décidé de jouer cartes sur table. Et même quitte ou double. Ils veulent sincèrement aider les Français et rattraper le temps perdu, alors, face à des gendarmes aux yeux écarquillés, le *detective* Murray étale devant lui les procès-verbaux de tous les témoignages recueillis après le départ des gendarmes. Ils attestent de la présence d'Yves Godard et des enfants sur l'île en octobre 1999. Ces documents, les policiers écossais les gardaient précieusement dans leurs tiroirs depuis quatre longues années. Certains sont dactylographiés, d'autres manuscrits, trois pages d'un témoignage très détaillé pour monsieur M., le vendeur de tickets de ferry, deux pages pour Hilda, la mère de famille qui attendait son fils à l'arrêt de bus, il y a aussi le témoignage d'Enggie, la propriétaire du magasin *This n' that*, devant lequel les deux gamins couraient en jouant à chat, et d'autres encore. Le déroulé complet, en quelque sorte, des allées et venues du docteur Godard dans les ruelles du petit port. Les policiers écossais remarquent que leur élan de franchise est bien perçu, les collègues français soupirent non pas de colère mais de soulagement, visiblement satisfaits de pouvoir étayer définitivement la présence du docteur Godard sur l'île de Lewis à la fin octobre 1999.

Le détective Murray annonce la suite du programme. D'abord organiser une conférence de presse le soir même, afin de mobiliser d'éventuels nouveaux témoignages. Surtout, la possibilité est offerte aux Français de rencontrer dès le lendemain matin un à un tous ces témoins de l'époque, en commençant par monsieur M. au terminal des ferries. D'ici là, enquêteurs français et écossais auront eu le temps d'aller boire quelques bières ensemble et de trinquer à l'amitié franco-écossaise retrouvée, en causant rugby. Les jours suivants, toutes les personnes du petit port de Stornoway ayant déjà témoigné en 1999 rassembleront leurs souvenirs pour raconter de nouveau devant les *French policemen* leur rencontre avec Yves Godard et ses enfants.

Les policiers écossais racontent aujourd'hui qu'ils liront alors une grande émotion sur les visages des gendarmes français, manifestement touchés par ce qu'ils entendront et buvant les paroles des témoins ; enfin des informations concrètes, quoique anciennes, sur l'homme après qui ils couraient *for such a long time* !

En cette fin juin 2003, de nouveaux procès-verbaux seront donc établis. En posant aujourd'hui ces feuillets à côté des déclarations d'octobre 1999, il est frappant de constater que ces souvenirs ne diffèrent en rien. Oh, bien sûr, le temps a effacé quelques détails dans la mémoire de monsieur M., mais l'essentiel est là. C'est bien Yves Godard, Camille et Marius qui ont séjourné quelques jours sur l'île de Lewis en octobre 1999, c'est bien eux qui ont acheté ces tickets de ferry, qui sont rentrés dans une boutique et c'est bien eux qui étaient assis sur un banc dans le froid, un samedi soir, à attendre Dieu sait quoi. En compagnie d'une dame blonde.

Ce n'est pas tout. Au cours de ce même premier briefing du 24 juin 2003, les policiers du *Northern Constabulary* en poste à Stornoway ont d'autres pépites à offrir à leurs deux invités venus de France. Ils leur annoncent que l'automne 1999, à la suite de la médiatisation du premier voyage des gendarmes, les journaux locaux et même la télévision écossaise avaient lancé un appel à témoin, à la suite duquel d'autres personnes ayant vu le docteur Godard s'étaient alors manifestées. Ailleurs.

Les gendarmes semblent abasourdis.

– *Ailleurs ?*

Le détective Murray précise ce qu'il entend par ailleurs ; ailleurs que sur l'île de Lewis, c'est-à-dire sur le continent.

– *Témoins fiables ?*

– *Témoins fiables.*

Avec un petit sourire, le détective Murray saisit alors une carte du nord de l'Écosse et l'étale devant des gendarmes ouvrant yeux et oreilles encore plus grands. Le doigt du *detective* quitte le port de Stornoway et l'île de Lewis, parcourt les cinquante kilomètres qui les séparent du continent, passe au-dessus d'Ullapool pour franchir les montagnes et fait un premier arrêt sur la ville d'Inverness, au pied des Highlands.

– *At first, here.*

Puis son doigt remonte pour traverser complètement le bouclier des Highlands vers le nord, il parcourt cent cinquante miles jusqu'à l'extrémité de la péninsule écossaise pour finir sur le point le plus haut sur la carte.

– *And there.*

Le *detective* Georges L. Murray désigne là le bout du bout de l'Écosse, au-delà duquel il n'y a que le bleu de la mer, hormis quelques autres îles et le blanc sur la carte qui veut dire très froid, à moins que cela ne soit juste le bord du plan.

Les gendarmes français disent :

– *Where ?*

Le policier écossais répète :

– *Here.*

Les gendarmes français se penchent sur la géographie écossaise et ne disent plus rien.

Alors le policier écossais dit :

– *Thurso.*

*

Thurso ? D'abord le ferry depuis Stornoway jusqu'à Ullapool, côte ouest des Highlands. Les gaillards en ciré jaune fluo qui s'affairent sur le pont lorsque le *Isle of Lewis* appareille campent solidement leurs jambes sur la tôle pour affronter le vent. À l'arrivée trois heures plus tard, pour qui a osé pendant la traversée se pencher pour jeter un œil que le vent faisait pleurer vers le sillage glacial du rafiot, l'incroyable calme de la baie d'Ullapool semble alors, malgré ses eaux sombres, aussi doux qu'une mer du Sud.

Après le petit quai d'Ullapool et un fish and chips rapide au *Seaforth Bar*, s'ouvre un long voyage pour atteindre la côte nord de l'Écosse ; d'abord une route étroite et tortueuse qui traverse d'autres montagnes, boisées celles-ci, dont les sommets enneigés malgré leur altitude modeste et la proximité de la mer laissent augurer de sinistres hivers. Belle balade en vérité, il faut contourner des *Loch* et franchir un col vers l'est puis bifurquer vers le nord. Là, c'est encore un autre paysage qui apparaît, une sorte de Finisterre. C'est une région où personne ne va jamais, disent les Écossais.

Quatre heures plus tard, à l'approche de Thurso sur la route A9, le paysage devient plat et quasiment désertique, pas d'arbre tellement le vent souffle, seulement ces sempiternelles étendues de tourbe, une terre comme brûlée, tolérée seulement par cette fichue sorte d'herbe jaune. Un mot vient à l'esprit de quiconque s'aventure ici, désolation.

Nous voilà donc à l'extrémité de la Grande-Bretagne, à son cap nord ; au-delà, rien d'autre que le tumulte des flots.

Dans cette région, les hommes ont construit une centrale nucléaire et une usine secrète de sous-marins, nucléaires eux aussi, des éoliennes par centaines et seulement une maison par ci par là, autour de laquelle des moutons en *wild range* tiennent compagnie à des vaches aux longs poils qui ressemblent à des buffles, le tout sous un ciel qui change chaque minute en déversant des tombereaux de pluie tous les jours à toute saison. La route qui s'approche de ce Finisterre longe la côte ; au large, aussi loin que se porte le regard vers l'est au-delà des falaises, l'œil devine la silhouette sombre, surmontée de torchères, de plateformes pétrolières offshore, par dizaines. C'est dans ce coin que fut tourné le terrifiant *Breaking the Waves* du cinéaste Lars von Trier.

Les policiers écossais qui ont conduit les gendarmes français, début juillet 2003, depuis l'île de Lewis jusqu'à cette région de Thurso, se souviennent que ceux-ci, en découvrant ces paysages, répétaient la même question :

– *Why here, why here ?*

Le docteur Godard a été vu ici à la fin du mois d'octobre, à cette saison les journées sont mornes, novembre devient invivable et en décembre, le froid domine, la neige succède à la pluie et les journées sont si courtes qu'on dirait que le soleil a décidé de ne pas se lever.

Les policiers écossais ont émis une hypothèse :

– *Il y a un autre ferry là-haut.*

– *Pour aller où ?*

– *Sur les îles Orcades. Ou bien plus loin il y a encore les îles Shetland, l'été il y a quelques touristes.*

Faire du tourisme aux Shetland en novembre alors qu'on vient de tuer sa femme ? S'enfuir, mais pour aller où ? Plus au nord encore, il y a certes au loin les îles Féroé, dernière terre avant l'immensité de l'océan jusqu'au cercle polaire arctique. En théorie, il n'est pas totalement impossible d'imaginer trouver un cargo pour rallier le Canada via l'Islande ou le Groenland. Le jeu de piste devient compliqué.

Le voyageur qui pénètre dans le bourg de Thurso à la tombée de la nuit par la rue principale tombe sur une église lugubre où nichent des corbeaux. Douze ans plus tard, dans les pas du docteur Godard, nous faisons à notre tour étape sur cette petite place de l'église, à peine éclairée, *Saint John Square*. Le soir, les rues du bourg sont quasi désertes, seules les vitrines de deux modestes restaurants où la clientèle est rare donnent un semblant d'animation. Comment ne pas s'interroger sur les raisons qui ont poussé Yves Godard à venir jusqu'ici en cette fin du mois d'octobre 1999 ? Un étranger ne peut venir à Thurso que pour de bonnes raisons ; soit il est vraiment passionné par les îles nordiques, soit l'étranger a rendez-vous ici pour une raison bien précise.

*

La vieille dame se penche sur sa gazinière. Une bonne odeur sucrée envahit la pièce ; Sandy, l'épagneul qui jappait à notre entrée, s'est recouché dans son panier.

– *Vous voulez du beurre sur vos pancakes ?*

Madame M., avec son regard malicieux et sa voix de jeunette, ne fait pas son âge et les délicieuses crêpes qu'elle nous offre sur un coin de table confortent cette impression de grand-mère idéale. Par la baie vitrée de la cuisine, on voit la mer virer du vert au noir puis dans la seconde à un bleu des plus éclatants.

– *Milk and sugar in your coffee ?*

Merci madame, merci de nous recevoir chez vous, dans votre petite maison où vous vivez seule depuis la mort de votre mari, à quelques kilomètres du bourg de Thurso. Merci d'accepter de nous raconter cette brève rencontre déjà si ancienne pour vous et si particulière pour nous. Car dans toute cette histoire qui nous a menés de si loin jusqu'à vous, vous occupez une place ô combien symbolique, vous êtes la dernière personne identifiée à avoir vu vivants le docteur Godard et ses enfants. C'était le 27 octobre 1999, en milieu de matinée.

– *Je vais vous raconter,* dit-elle en resservant une tasse de café. Par la fenêtre, la mer qui moutonne a déjà repris un air sombre dans les gris vert. Mrs Ann M. rassemble ses souvenirs et nous raconte alors ce qu'elle a déjà dit aux policiers écossais en octobre 1999, puis répété aux gendarmes français venus l'interroger ici en juin 2003.

Mrs Ann M. est employée comme vendeuse depuis vingt-quatre ans dans la boutique de cartes postales de *Saint-John Square*, dans le centre de Thurso. *Cards' n' things*, c'est le nom de la boutique, bien connue des gens du coin pour offrir un large choix de cartes de toutes sortes, fantaisie ou faire-part, anniversaires, mariages et deuils. Une boutique typique, les habitants de Thurso ont tous au moins une fois dans leur existence acheté une carte chez Mrs and Mr McPherson, les discrets propriétaires qui ont su développer leur commerce malgré tout ce qu'on raconte sur la fin de l'écrit. L'entrée principale est située sur la place de l'église et le magasin est relié par l'arrière-boutique à un *coffee shop* de Saint-Clair Street, le *Clashan*, ce qui incite les consommateurs de passage à venir jeter un œil aux présentoirs de cartes postales.

C'était donc en milieu de matinée, après l'heure de la *tea pause*, Mrs Ann M. était derrière le comptoir et tenait la caisse lorsqu'une petite fille est entrée dans la boutique par le passage relié au coffee shop, suivie d'un homme d'une quarantaine d'années. La petite fille s'est attardée entre les rayonnages, puis a choisi une carte sur un tourniquet près de l'entrée. Lorsqu'elle s'est approchée du comptoir pour payer, madame M. lui a souri en la félicitant pour son choix ; c'était une carte de remerciements sur laquelle figurait un *Teddy Bear*, un nounours tenant dans sa main un billet de cinq livres. THANKS, était-il imprimé sur la carte. Mrs M. se souvient avoir dit :

– *C'est une très belle carte que tu as choisie là.*

Mais la petite fille n'a rien répondu. Cette fillette d'environ six ans, brune, dit-elle, la peau claire, les cheveux assez longs, ne ressemblait pas aux enfants du coin. Ann M. aime les enfants, ses deux fils lui ont donné trois petits-enfants dont les photos de classe figurent comme il se doit sur le buffet de sa cuisine. Ce jour-là, la toute douce vendeuse de cartes s'est étonnée que cette enfant ne lui réponde pas, *vous savez les enfants avec moi sont à l'aise, je sais comment les faire parler*, dit aujourd'hui madame M. en préparant une nouvelle fournée de pancakes. Elle a alors tenté de la faire parler de son école, sans plus de succès, aucune réponse, comme si la gamine ne comprenait pas, ce qui la conforta dans son intuition que cette fillette était étrangère.

Alors l'homme – son père probablement – s'est approché et a clos l'échange en écartant l'air de rien la petite fille du comptoir, puis il a payé la carte sans acheter de timbre.

C'est tout. Et c'est peu. Madame M. se souvient que l'homme et la fillette ont échangé quelques mots dans une langue qui lui a semblé être du français, sans qu'elle puisse l'affirmer. Elle n'a pas remarqué d'autre enfant, elle ne se souvient nullement de la présence d'un petit garçon.

Vers dix-sept heures, une fois sa journée de travail terminée, la vendeuse de cartes est rentrée chez elle, dans cette maison aux murs peints en gris et percés de larges baies vitrées où elle nous reçoit aujourd'hui. À cette époque, son défunt mari était encore de ce monde, retraité après une carrière à la centrale nucléaire voisine. Mrs et Mr M. se sont assis sur le sofa devant la télévision pour regarder les news de dix-huit heures comme d'habitude. À un moment le présentateur a évoqué la présence d'enquêteurs français en Écosse, venus sur l'île de Lewis aux trousses d'un médecin ayant fui avec ses enfants. Les Hébrides, c'est très loin de Thurso, mais lorsqu'elle a vu sur l'écran les photos du docteur Godard et de ses enfants, madame M a posé la main sur le bras de son mari en s'exclamant :

– *They were in the shop today!*

Elle venait de reconnaître ses clients du matin. Elle en était absolument certaine, *je le jurerais sur la Bible*, dit-elle encore aujourd'hui. Alors son mari a décroché le téléphone et les policiers sont venus, ils ont recueilli sa déposition le soir même et quelque temps plus tard sont revenus pour lui montrer différentes photos ; elle a désigné immédiatement Yves Godard et sa fille Camille. Enfin, bien plus tard, en 2003, elle a dû raconter une nouvelle fois sa brève rencontre, la carte postale avec le nounours, devant les *French inspectors Clouseau*, comme elle les nomme elle aussi avec un sourire moqueur.

Au moment de quitter Mrs Ann M., tandis qu'elle nous raccompagne au seuil de sa porte, une averse brutale nous oblige à patienter. Des seaux d'eau, que nous contemplons ensemble par la grande baie vitrée du salon. Madame M. dit alors :

– *C'est étrange, voyez-vous, il y a seulement deux jours, je ne sais pourquoi mais j'ai repensé à cette petite fille alors que cela ne m'arrive pratiquement jamais. J'ai pensé à elle et voilà que dès le surlendemain quelqu'un vient de loin pour me voir et me reparler de cette histoire. Il y a déjà si longtemps, pourtant.*

Ann M. a le regard dans le vague. Puis elle demande :

– *Savez-vous ce que ces gens sont devenus ? Où est cette petite fille maintenant ?*

Nous avons alors dû répondre que ces gens étaient tous morts. Les parents et les enfants. Madame M. l'ignorait, elle a réagi par une mimique de déception et secoué la tête d'un air désolé. Nous avons très maladroitement conclu en lui précisant qu'elle était la dernière à les avoir vus vivants.

– *Oh, my god, c'est une chose lourde à porter pour une vieille dame comme moi.*

L'averse avait diminué d'intensité, nous avons pris congé. Madame M. est restée un moment sur le seuil de sa maison à nous accompagner du regard, lorsque nous nous sommes retournés la vieille dame a fait un petit signe de la main. *Good bye.* En retournant vers le bourg de Thurso et son embarcadère, il n'était pas si évident de réussir à chasser de notre esprit la vision du petit crâne retrouvé en mer, si loin d'ici, à l'approche des côtes bretonnes.

*

Sur le quai de Thurso une coque blanche et bleue de la *Northlink* fait une manœuvre arrière pour accoster, un petit nombre de passagers débarquent tandis qu'un autre petit nombre qui patientait dans le minuscule terminal passagers enfumé de relents de *fish and ships* s'apprêtent à embarquer. Départ imminent pour les Shetland, avec escale sur les Orkney, les îles Orcades.

L'archipel des Shetland est assez lointain, au moins deux cent cinquante kilomètres depuis Thurso, ces îles Britanniques sont plus septentrionales qu'Oslo, Stockholm et Helsinki; elles sont situées sur le soixantième parallèle, soixante degrés de latitude nord. Dire que le climat y est rigoureux en novembre est une litote.

Début juillet 2003, le chemin du petit groupe d'enquêteurs franco-écossais, qui auront travaillé une dizaine de jours ensemble, s'est arrêté là, sur ce quai de Thurso. Une fois sur place, ils ont demandé à consulter les registres, mais à l'époque il n'était pas demandé aux passagers d'inscrire leur nom pour obtenir un ticket. Ils ont demandé les bandes de surveillance vidéo, mais à l'époque les caméras de surveillance n'avaient pas encore été installées. Impossible d'aller plus loin dans l'enquête, alors les enquêteurs ont renoncé à embarquer pour les Shetland et ils sont repartis, les uns vers leur *police station* de Stornoway sur l'île de Lewis, les autres vers leur caserne de gendarmerie à Rennes.

Le témoignage de Mrs Ann M., la petite vendeuse de cartes postales aux délicieux pancakes, demeurera donc l'ultime borne identifiée du périple nordique du docteur Godard. Son témoignage vient clore quelques autres rencontres faites sur la route jusqu'à Thurso, notamment un couple ayant vu le jour précédent sur un parking de supermarché à Inverness un homme d'une quarantaine d'années, un Français, avec deux enfants.

Après ses étapes sur les îles de Man et Lewis, que diable venait faire le docteur Godard à Thurso, avait-il rendez-vous, attendait-il quelque chose qu'il n'avait pu obtenir lors des étapes précédentes ? Quelle a été la suite de son odyssée ? Comment s'est achevée sa mortelle randonnée ?

Ce quai de Thurso, nu et désert une fois le ferry pour les Shetland disparu au coin de la jetée, n'a pas livré tous ses mystères.

10.

Depuis Juvigny-sur-Seulles et la maison maculée de sang, cette énigme nous a conduits à frapper à bien des portes. Toutefois, reconnaissons qu'à ce stade, le mystère reste entier. La thèse du suicide en mer est certes largement remise en question, mais n'est encore remplacée par aucun autre scénario. La découverte, en juin 2000 en baie de Saint-Brieuc, du crâne formellement identifié comme étant celui de la petite Camille demeure inexplicable mais bien réelle, tandis que la présence du docteur Godard et de ses enfants sur l'île de Man, puis en Écosse, est avérée mais incompréhensible.

Nous avons décrit comment Yves Godard a abandonné très tôt son voilier derrière lui dans l'anse de Bréhec, de multiples autres recherches ont montré que jamais personne dans aucun port, au cours de ses différentes étapes britanniques ou même sur les îles Anglo-Normandes, ne l'a vu accoster. Ce n'est pas avec le *NICK* qu'il s'est rendu en Grande-Bretagne.

Rappelons par ailleurs les conclusions des experts au sujet du crâne : il gisait au fond de l'eau près des côtes françaises à partir du mois de février 2000, trois longs mois après le passage à Thurso de la petite Camille Godard. Que s'est-il passé entre le moment de l'achat de cette carte de remerciements au nord de l'Écosse à la fin du mois d'octobre 1999 et le moment de la mort du docteur Godard et de ses enfants, au moins deux mois plus tard ? Difficile de concevoir qu'ils se soient sabordés à l'approche des côtes françaises au terme d'un hypothétique long voyage retour.

Mais ce n'est pas tout. Comme si cet imbroglio ne suffisait pas, magistrats et gendarmes vont être confrontés à des découvertes bien plus troublantes encore. Parmi celles-ci, il nous faut à présent aborder ce que nous appellerons le mystère du promeneur fantôme des Ébihens. Un mystère qui semble tout droit sorti d'un roman d'Agatha Christie et que nous devons décrire dans le détail.

Le mystère commence au début de l'année 2001. À cette époque, rappelons-le, l'enquête est au point mort, le nouveau juge d'instruction commence tout juste à se plonger dans le dossier, depuis plusieurs mois rien de nouveau n'est « sorti », ni de la procédure, ni dans les médias. À l'affût du moindre rebondissement, la presse fait toutefois ses gros titres avec « *une nouvelle piste en Crète dans l'affaire Godard* ». En effet, à ce moment-là, des gendarmes rentrent tout juste de Crète, bredouilles une fois de plus ; là-bas, des touristes français croyaient à tort avoir vu dans un hôtel un type avec des enfants qui ressemblait au médecin en fuite – encore une fausse piste.

C'est là que notre histoire mystérieuse commence ; tandis que la presse française « tartine » sur la fausse piste en Crète et que les gendarmes qui en reviennent défont leurs valises, un événement va les remettre dans une direction plus locale, vers un lieu éminemment symbolique même, tout près de Saint-Briac-sur-Mer, le village breton où a grandi Yves Godard.

Le 11 février 2001, c'est une marée à fort coefficient sur la Côte d'Émeraude. Dès le début d'après-midi, les plages se découvrent et en ce dimanche, malgré le froid de février, quelques promeneurs passent du continent au petit îlot des Ébihens, à la pointe de Saint-Jacut-de-la-Mer. Parmi eux, madame P., dame d'un certain âge venue de la commune voisine de Lancieux. Les Ébihens sont un lieu de promenade et de pêche à pied très prisé des habitants des environs. À 16 h 30, c'est la basse mer, et tandis que la promeneuse du dimanche longe le rivage sur la petite plage de la Chapelle, son regard est attiré par une carte en plastique, format carte de crédit, posée sur le sable, sur laquelle est inscrit en grosses lettres rouges :

Ordre national des médecins,
CARTE PROFESSIONNELLE.

En retournant la carte que sa curiosité l'a poussée à ramasser, la dame découvre au dos le nom du titulaire :

Docteur Yves Godard.

Le médecin caennais a alors disparu depuis près de dix-huit mois, mais la carte que madame P. tient dans la main est en parfait état, étonnant pour un supposé si long séjour dans l'eau; *validité pour 1996* est-il tamponné, les lettres imprimées sur le plastique ne sont nullement effacées. Il sera établi que cette carte, renouvelée alors annuellement, est authentiquement celle du médecin disparu. La promeneuse comprend immédiatement l'importance de sa trouvaille et s'empresse d'alerter les autorités de sa curieuse découverte en ce dimanche de promenade aux Ébihens, découverte qui sera dûment consignée dans la procédure judiciaire.

Une carte d'identité du docteur Godard retrouvée sur une plage de Bretagne, et alors? Les lois secrètes de la mer, ses courants subtils et ses marées facétieuses, sont alors incriminés.

Quelques jours plus tard, jeudi 22 février 2001, le jeune Loïc, neveu du maire de Saint-Jacut-de-la-Mer, se promène lui aussi sur les plages des Ébihens à marée basse. À quatorze heures, tandis que la mer est au plus bas, il traverse lui aussi la petite plage de la Chapelle. Une autre carte de couleur verte, type « carte de crédit », brille sur le sable, il la ramasse. Il lit :

Carte présence – alloBNP,

En dessous sont inscrits les noms des titulaires du compte :

Monsieur Yves Godard ou Madame Marie-France Godard.

Le jeune homme racontera par la suite s'être immédiatement parlé à lui-même en ces termes : *Godard, mais c'est le médecin !*

De nouveau, comme après la première découverte, un ratissage complet de la plage est ordonné, de nouveau il ne donne rien. Dix jours après la première, cette deuxième carte ayant appartenu au médecin apparaissant soudain sur cette même plage des Ébihens, c'est troublant, mais nul n'imagine, parmi les enquêteurs, qu'il puisse s'agir d'autre chose que les fameux mystères des courants de Bretagne. Que les abysses finissent par rendre les objets ou les corps qu'ils ont engloutis, que les marées les rejettent toujours sur la même grève, voilà une légende volontiers entretenue par les gens de mer eux-mêmes. Après tout, il n'y a rien d'anormal à découvrir sur une même plage des objets issus d'un seul et même naufrage, fût-il survenu au large.

Mais dès la troisième découverte d'une nouvelle carte, du même type et rigoureusement au même endroit, plus personne parmi les enquêteurs, même les plus fervents admirateurs du génie incommensurable des flots marins, ne pourra raisonnablement continuer à incriminer le seul fait de la nature ou du hasard.

Cette troisième carte est découverte trois mois plus tard, le jeudi 24 mai 2001 à seize heures. Deux jeunes gens des environs, en balade à marée basse sur les Ébihens, ramassent une carte plastifiée exactement au même endroit que les deux précédentes. Cette fois, c'est une carte de crédit revolving *Profimel* au nom de *M. Yves Godard*, dont la validité a expiré en février 2001.

Cette fois c'en est trop, il faut percer ce mystère qui doit bien avoir une explication. Allez savoir si au fond de cette baie…

Des plongeurs de la gendarmerie passent le littoral au crible, un dragueur de mines de la Marine nationale est même appelé en renfort pour patrouiller en baie de Lancieux. *Si votre voilier se trouvait dans le coin, on l'aurait retrouvé*, rapportent les militaires après avoir minutieusement scruté les fonds.

À Brest le SHOM, service hydrographique et océanique de la marine, est appelé une fois de plus à la rescousse, les spécialistes des courants maritimes se penchent sur le cas des Ébihens, des simulations sont effectuées. Leur verdict tombe, il est rigoureusement impossible que ces cartes proviennent du large. La plage de la Chapelle, où ces cartes ont été retrouvées, ne « regarde pas le large », elle est située sur la façade abritée de l'îlot des Ébihens, directement face à la baie de Lancieux. Si ces cartes avaient été charriées par les marées, ce n'est pas là qu'elles se seraient échouées, disent les spécialistes, mais sur l'autre façade de l'îlot, celle qui « regarde le large ».

Conclusion, si ce n'est pas les marées et les courants, alors ces cartes ne tombent pas du ciel. *Quelqu'un* dépose sur cette plage ces documents ayant appartenu au médecin disparu. L'un après l'autre.

Hum, le juge d'instruction s'arrache les cheveux, il ordonne une surveillance discrète et permanente du site. Les plaques des véhicules des promeneurs sont relevées, les habitants de la pointe du Chevet répertoriés et surveillés ; sur l'îlot, des gendarmes en civil vont passer des nuits et des nuits dans une cabane de douanier à s'user les yeux dans leurs jumelles infrarouges pour épier les allées et venues nocturnes aux Ébihens. De longues semaines d'attention acharnée. En vain. Le promeneur fantôme n'est pas repéré.

Approchons-nous à notre tour.

Il suffit de se rendre une seule fois sur cet îlot pour tomber sous son charme. Distant du continent d'à peine deux cents mètres, les Ébihens sont accessibles seulement en bateau à marée haute mais très facilement à pied à marée basse, à condition de ne pas oublier les horaires des marées ; les promeneurs piégés au retour par les eaux montantes doivent attendre la marée suivante. Relever ses bas de pantalon à la pointe du Chevet pour marcher pieds nus sur le banc de sable découvert par la marée jusqu'à ce joyau est un moment de joie. Car si l'archipel des Ébihens est microscopique, sa beauté est grandiose, le plus grand îlot fait à peine vingt hectares mais dissimule près de vingt criques. Les Ébihens recèlent en leur sein de petites baies de sable d'or entre les pointes rocheuses, riches en mica, qui renvoient des reflets brillants. Une tour construite au XVIIe siècle sur ordre de Vauban s'y dresse au milieu d'un hameau – peut-on même parler de hameau pour ces quelques maisonnettes en pierre occupées essentiellement l'été ?

Les Ébihens sont un vrai paradis breton. Surtout, il nous faut rappeler maintenant un point essentiel, que nous avions déjà évoqué dans les premiers temps de notre récit :

cet îlot des Ébihens, situé en face de Saint-Briac, était le site breton fétiche d'Yves Godard dans sa jeunesse, c'est là qu'il venait si souvent lorsqu'il était moniteur de voile à Saint-Lunaire. C'est là aussi qu'il venait parfois passer la journée au mouillage avec le *Quetzal*, le bateau familial, précisément sur cette plage de la Chapelle. Cette plage, où apparaissent comme par magie des cartes lui ayant appartenu, était sa préférée.

Le dimanche 3 juin 2001, une quatrième carte est découverte aux Ébihens. Cette fois c'est un plongeur amateur qui traquait le poulpe sur les rochers Jumeliots qui la découvre, à quelques mètres du rivage, à marée montante. Il dira :

– *J'ai vu un truc qui brillait sur le varech.*

Même format carte de crédit, en plastique bleuté, *carte d'adhérent contrat maladie* est-il écrit sous le nom d'une compagnie, *PWASL*, sorte d'assurance maladie privée souscrite par le docteur Godard, assurance apparemment d'origine étrangère et inconnue au bataillon.

Le juge d'instruction et ses gendarmes ont alors la fâcheuse impression *d'être tournés en bourrique*. Quatre fois de suite, c'est beaucoup. Ordre est donné de fouiller encore, cette fois la DDE est mobilisée pour mettre la plage à nu. Des engins de chantier de trente tonnes sont convoyés à marée basse, ils franchissent le petit détroit sur un porte-chars ; grue, pelleteuse, trieuse, détecteur de métaux, les gendarmes font aussi venir leurs chiens renifleurs du centre de Gramat, dans le Lot. Rien. Nul autre objet enfoui sur cette fichue plage.

Pourtant, le mardi 31 juillet 2001 à quatorze heures, une cinquième carte apparaît sur la même plage de la Chapelle. Un plaisancier, monsieur Stanislas Ch. du G., ayant quitté sa belle villa de Dinard le temps d'une promenade en bateau jusqu'aux Ébihens, la ramasse au même endroit que les quatre autres. Cette cinquième carte, trouvée donc plus de six mois après la première, est encore une carte de crédit ayant appartenu au *Dr Godard Yves*. Un autre crédit revolving, *Crédit permanent entreprise UFB Locabail*.

Dans l'ombre, quelqu'un s'amuse. Il voit s'affairer les pelleteuses puis s'ingénie à lancer de nouveaux hameçons dès que les gendarmes ont le dos tourné. S'agit-il de la même personne que le « corbeau » qui avait envoyé les deux lettres anonymes en Normandie, plus de deux ans auparavant, ou bien s'agit-il d'un deuxième informateur ? Pourquoi les cartes que ce discret piéton laisse tomber de sa poche ciblent-elles le paysage bancaire du docteur Godard, cherche-t-il à mettre la justice sur une piste financière ? Toutes les cartes, hormis la première, évoquent en effet des crédits, ou bien des sortes d'assurances, hors du circuit familier des mutuelles françaises.

Comment être certain de la durée d'immersion de ces cartes ? Comment être certain qu'elles viennent tout juste d'être jetées à l'eau, l'une après l'autre ? Un laboratoire spécialisé, situé en vallée de Chevreuse, est sollicité. Les cartes sont passées au microscope à balayage électronique par des chercheurs spécialisés dans l'étude des matériaux et dans l'analyse de leurs défauts physico-chimiques. Ces gens-là savent « lire » la moindre rayure, même invisible à l'œil nu, pour lui donner un sens.

Le résultat de leurs analyses est formel : ces cartes n'ont séjourné dans l'eau qu'un très court laps de temps, elles viennent d'y être plongées. Aucun doute possible, ces cartes n'ont pas été jetées à l'eau au moment de la disparition du *NICK*, dix-huit mois auparavant.

Quant au profil du promeneur anonyme, tout semble montrer que c'est une personne de l'entourage proche. Il faut être sacrément informé pour déposer des documents aussi personnels sur cette plage dont seuls les intimes du docteur Godard peuvent savoir qu'elle était son lieu fétiche. À moins que cette personne n'ait été mise dans la confidence par Yves Godard lui-même, qui aurait confié tardivement ses effets personnels à ce légataire avec des révélations qu'un pacte secret entre eux interdit de dévoiler par la suite, mais que l'envie désespérée d'aider la justice conduit à distiller sous forme d'indices. Comme un secret de confesse, en somme.

Forts de ces interrogations, les enquêteurs scrutent à la loupe les abords immédiats de l'îlot des Ébihens, la « géographie humaine » locale a peut-être quelque chose à dire. Guidés par le souvenir fructueux d'avoir fureté autour de l'anse de Bréhec et d'y avoir découvert la résidence de la fondatrice de la secte IVI, le même raisonnement peut s'appliquer à la pointe de Saint-Jacut-de-la-Mer, face aux Ébihens.

Un couvent.

Là, à la pointe du Chevet qui mène au gué pour les Ébihens, il y a un couvent.

Plus précisément, cet ancien cloître est devenu, de nos jours, une maison de repos pour religieuses en villégiature ou en convalescence. L'établissement accueille aussi moines et prêtres. Et alors ? Et alors il se trouve que les pensionnaires occasionnels viennent notamment de Normandie, parfois même les Visitandines le fréquentent. Les Visitandines sont ces nonnes que le docteur Godard avait pour patientes.

Alors comme ça, après la piste des sectes, celle des bonnes sœurs ?

Comment aller plus loin ? Les registres du couvent de la pointe du Chevet ne sont pas exhaustifs, parfois les religieux qui y séjournent ne restent qu'une soirée en prévenant la veille, sans qu'aucune trace écrite de leur passage ne subsiste. Ces recherches et ces interrogations sur l'identité du promeneur fantôme des Ébihens, comme nous l'appelons, ne déboucheront sur rien. Cela ne signifie pas pour autant que cette piste n'est pas la bonne.

11.

Le crématorium, construction basse sans autre ornement que la noblesse du matériau de sa façade, en pierre de Caen, est situé en bordure du périphérique et les cérémonies qui s'y déroulent sont à son image, mornes et rapides. En cette triste matinée de février 2007, sous un ciel normand fidèle à lui-même, seules quatre ou cinq voitures sont garées sur le parking extérieur, bien que la cérémonie d'incinération qui débute soit fort singulière.

Lorsqu'ils ont découvert ce tout petit groupe venu rendre un dernier hommage à leur proche, les employés du funérarium de Caen n'ont guère été surpris, il est fréquent de nos jours que les obsèques se déroulent dans l'indifférence familiale. En revanche, la grande tension qui s'est immédiatement installée ne ressemblait en rien à l'émotion que les employés des pompes funèbres lisent habituellement sur les visages des familles endeuillées. Un sentiment de malaise très inhabituel glaçait l'air de la grande salle, une gêne palpable, ponctuée ici et là de sortes de rires nerveux fort dérangeants, même pour les oreilles blasées des employés des pompes funèbres.

Ce jour-là, posée devant la porte métallique coulissante du foyer de crémation, la bière elle aussi est incongrue; ce n'est pas un cercueil qui va être englouti. D'ordinaire, même pour les funérailles les moins fastueuses, même pour les dépouilles les plus disloquées, la dernière demeure se pare des apparences de la pompe ; cercueil en contreplaqué spécial crémation, au minimum. Mais aujourd'hui non, même pas de cercueil, une simple boîte en carton couleur sable, soixante sur quarante, un banal carton de type « déménagement » posé sur le tapis roulant, devant la dizaine de paires d'yeux qui le regardent fixement.

Ni fleurs, ni couronnes, ni même de cercueil donc, voilà d'étranges funérailles, avec de surcroît un détail qui saute aux yeux, le carton est ceint d'un ruban adhésif rouge :

Scellé – ne pas ouvrir – Gendarmerie nationale.

Ce carton est de ceux dont se servent les techniciens de police scientifique pour leurs prélèvements sur les scènes de crime.

Un peu plus tôt, c'est un gendarme en civil qui a accueilli les membres de la famille du défunt. Ce fut un moment étrange. Lorsqu'elle a aperçu l'enquêteur, une femme s'est avancée à la tête du petit groupe familial en s'appuyant sur une canne, une femme au visage marqué, comme vieilli prématurément ; elle n'a pas salué le gendarme, au contraire, elle l'a immédiatement apostrophé :

– *Que faites-vous là, pourquoi êtes-vous venu jusqu'ici ? Vous ne pouvez donc pas nous laisser seuls !*

Le gendarme a semblé accuser le coup, visiblement surpris par cette attaque et probablement touché par ces mots qui avaient résonné fort dans le silence recueilli du crematorium.

Plus tôt dans la matinée, le même officier de police judiciaire avait reçu la famille dans les locaux de la gendarmerie de Caen pour procéder à la remise officielle des ossements, comme le lui stipulait la commission rogatoire particulière signée à cet effet par la juge d'instruction de Saint-Malo. Ce moment-là, déjà, fut étrange. Le gendarme a posé le carton sur le bureau et, après avoir brisé les scellés, il a ouvert le couvercle pour montrer son contenu aux trois fils aînés du défunt. Les trois jeunes hommes ont plongé leur regard vers les restes de leur père.

Un tibia, un fémur.

Que diable ressent-on lorsqu'un gendarme ouvre un carton comme ça devant soi ? Un tibia et un fémur dans une boîte, c'est peu.

De nos jours cela suffit pour clore des enquêtes en établissant des certitudes sur l'identité d'un cadavre.

Dans ce crématorium de Caen en cette matinée d'hiver, à présent la courte cérémonie s'achève, le carton soixante sur quarante est toujours posé sur le tapis roulant, le maître de cérémonie s'apprête à actionner l'ouverture de la porte de la chambre de combustion lorsque soudain, l'un des fils, prénommé Kevin, s'y oppose. Il crie au gendarme :

– *Je veux revoir les os, ouvrez le carton !*

Le gendarme roule de grands yeux, son regard parcourt l'assistance à la recherche de points d'appui, mais il est bien seul.

L'autre frère, Erwan, renchérit :

– *Qu'est-ce qui nous prouve que c'est bien notre père ?*

Leur mère – la femme aux béquilles qui avait interpellé le gendarme – acquiesce. La maigre assistance se tait. Les employés des pompes funèbres regardent le sol, les mains dans le dos. Le gendarme, lui, semble hésiter. La tension est vive.

Dans cette interminable procédure, il y a déjà bien longtemps que la confiance est rompue entre la famille et les autorités judiciaires, comme si chacun était persuadé qu'un pouvoir maléfique, tapi dans l'ombre, avait eu la faculté de brouiller toutes les cartes depuis le début.

Que faire ? Rouvrir le carton, maintenant ? Une discussion, inédite de mémoire d'employés des pompes funèbres, s'engage alors, elle va durer une bonne demi-heure. On négocie au pied de la dépouille l'opportunité de cette crémation ou au contraire la nécessité de conserver les os intacts.

– *Et si ce n'était pas lui ?*

Les trois fils du défunt ne veulent pas croire que tout puisse s'achever ainsi, ils voudraient que tout finisse dans une explosion et ne recueillent que murmure.

Quelques semaines plus tôt, la magistrate de Saint-Malo, troisième juge d'instruction de ce dossier, a ordonné l'expertise génétique de ces ossements, remontés comme les autres reliques dans les filets d'un pêcheur breton, un de plus. Après le sac de Marie, après le petit crâne de Camille, un fileyeur, l'*AT FYL*, a remonté ces restes humains qui gisaient en bordure de la profonde fosse des Casquets, très loin au large, en plein milieu de la Manche. C'est le marin du bord qui a emporté chez lui le tibia et le fémur et les a balancés provisoirement au fond de son garage. Trois semaines plus tard, faisant du rangement, il s'est enfin décidé à les déposer à la gendarmerie maritime, non sans avoir hésité à les jeter à la décharge.

Les spécialistes en empreinte génétique du laboratoire de Nantes ont formellement établi l'identité du défunt, qu'une contre-expertise confiée à un deuxième labo tout aussi réputé à Bordeaux a confirmée. Les analyses sont donc incontestables, ces restes humains sont bien ceux de l'homme disparu depuis sept longues années, aucun doute possible. L'avocate de la famille a avalisé ces conclusions, il devient inutile de conserver plus longtemps cette boîte macabre sur une étagère du bureau de l'instruction. Et ne sont-ce pas les fils du défunt eux-mêmes qui ont demandé qu'une cérémonie de crémation soit organisée ?

En cette fin de matinée de février 2007, tandis que le temps s'est arrêté autour de cette boîte en carton, le gendarme finit par se résoudre à la rouvrir. Frantz, Kevin et Erwan y plongent de nouveau leur regard.

Un tibia, un fémur.

Tronçonnés pour les besoins de l'analyse. Ils ne savent plus que dire. Ce sont bien les mêmes ossements qu'ils ont vus deux heures auparavant dans les bureaux de la caserne. Le gendarme tente de les rassurer, il explique de nouveau les doubles analyses ADN, les scellés qu'il avait ouverts devant eux. Votre père est décédé, dit-il, ce sont bien ses ossements. Les trois fils aînés finissent par se calmer.

Oui, ces restes humains sont bien ceux du docteur Yves Godard, repêchés sept ans après sa disparition par le fileyeur *AT FYL*, soixante-dix kilomètres au large, en lisière de la fosse des Casquets, en Manche.

Dans le crématorium de Caen, la femme appuyée sur sa canne qui regarde fixement le carton partir, c'est Régine, la première épouse dont avait divorcé Yves Godard. Frantz, Kevin et Erwan sont ses trois fils issus de ce premier mariage. Autour d'eux, il y a là quelques rares amis, ceux d'autrefois, ainsi que l'avocate de la famille. Et puis c'est tout. Le père et les deux sœurs d'Yves Godard, eux, ont préféré ne pas venir. La crémation se déroule en catimini, presque à la sauvette.

L'agent funéraire peut enfin actionner le tapis roulant, la porte métallique coulisse, la boîte en carton disparaît définitivement dans les flammes.

*

Ce jour-là, quand tout fut fini, tandis que le gendarme s'apprêtait à quitter la grande salle du funérarium, les fils aînés du docteur Godard sont revenus à la charge, cette fois pour lui demander un dernier point sur l'enquête. Tout était donc terminé, tout s'arrêtait comme ça ? Ils se souviendront sans doute toute leur vie de l'embarras qu'ils ont lu sur le visage du gendarme lorsque celui-ci a dû expliquer, gêné, qu'il faudrait certes quelques mois encore pour clore toutes les investigations en cours, mais oui, on pouvait dire à présent que l'affaire était close. Avec la confirmation de la mort de leur père, mis en examen sept ans plus tôt pour enlèvement et homicide volontaire sur la personne de son épouse et des deux jeunes enfants du couple – leurs demi-frère et demi-sœur –, oui l'action publique, *de facto*, allait s'éteindre.

Les fils aînés du docteur Godard sont repartis les yeux las avec en tête mille questions sans réponse.

12.

Le promeneur fantôme de l'île des Ébihens n'a pas terminé son œuvre.

Certes, la dépouille du docteur Godard a été retrouvée en mer. Certes, ses ossements ont été incinérés. Certes, il n'y a plus aucune place pour l'espoir ; plus aucun espoir pour le salut d'aucun des membres de la famille, plus aucun espoir de faire progresser cette enquête maudite.

Mais le promeneur des Ébihens est tenace. L'échec ne lui convient pas, il (ou elle) ne semble pas vouloir se contenter d'une impasse judiciaire, c'est pourquoi il (elle) a décidé de ne pas en rester aux cinq premières cartes déposées sur la plage de la Chapelle l'année 2001, entre les mois de janvier et juin.

Le scénario des Ébihens va se reproduire pour la sixième fois au mois de décembre 2008, plus de neuf ans après la disparition du *NICK*.

*

Dimanche 14 décembre 2008.

Monsieur P. est un retraité qui aime la pêche à pied, il se rend aux Ébihens presque tous les jours. Ce dimanche, il veut profiter de la plus forte marée du mois pour tenter de dénicher quelques crabes et placer des casiers à homard dans les rochers. Basse mer à quinze heures, monsieur P. se dépêche de passer en coupant au plus rapide par la plage de la Chapelle.

La carte lui a immédiatement sauté aux yeux sur le sable mouillé. Une carte blanche plastifiée, format carte de crédit, posée là comme si elle venait de tomber de la poche d'un promeneur. Les noms de la famille Godard tout entière y figurent et c'est encore une carte d'adhésion à une mutuelle privée inconnue.

Carte tiers payant Hospitalisation, MELAVA,
votre gestionnaire santé
ADHÉRENT N° 24314

Au verso de la carte, parfaitement lisible, sur quatre lignes, les quatre ayants droit, les deux parents et les deux enfants, avec chacun leur date de naissance.

Après avoir rincé la carte, le pêcheur à pied la met dans sa poche. Il ne veut pas rater sa pêche. Monsieur P. l'apportera à la gendarmerie le lendemain. Après avoir retiré ses casiers à homards.

*

En ce début d'année 2009, dans une des salles du grand palais de justice de Rennes, place du Parlement, gendarmes, juge d'instruction et parquet soupirent, l'air perplexe. Le procureur général est sollicité.

Tous s'interrogent longuement sur le sens à donner à ce nouveau *cadeau* déposé par le promeneur anonyme de la plage de la chapelle aux Ébihens.

Pourquoi si longtemps après, pourquoi maintenant? Quel événement peut bien avoir incité l'informateur anonyme à se manifester de nouveau, neuf années après la disparition de la famille Godard ?

La réponse est vite trouvée. Le procureur de la République a participé, à peine deux semaines plus tôt, à une émission de télévision consacrée à l'affaire Godard. *Thalassa*, dans le cadre d'une série sur les « crimes de mer », a diffusé un point complet sur l'affaire et le reportage s'est conclu par une interview du procureur qui tenait les propos suivants :

« Oui, c'est un dossier qu'on va classer. »

Dès la première grande marée qui a suivi, il y avait une nouvelle carte sur le sable des Ébihens.

À ce jour, six cartes ont donc été retrouvées exactement au même endroit, sur cette plage de la Chapelle ; toutes en excellent état, toutes portant clairement le nom d'Yves Godard et de sa famille, toutes liées à des aspects financiers de la vie du médecin disparu, si ce n'est la première, destinée à l'identifier.

La dernière découverte est incroyablement récente. Bien sûr, les enquêteurs se sont bien gardés de faire la moindre fuite dans la presse à son sujet. Nul ne sait dans l'opinion que l'affaire Godard fait encore des remous. Pour le grand public, l'affaire Godard est une vieille affaire, classée.

En fait, la découverte de cette sixième carte en décembre 2008 est un des éléments qui va conduire le procureur général de Rennes à donner son feu vert, l'année 2009, pour que ce dossier ne soit finalement pas refermé, malgré la certitude du décès de tous les membres de la famille.

L'enquête dure encore. Elle a débuté il y a douze ans.

Troisième partie

L'Organisation

Au milieu du chemin de notre vie, je me trouvai dans une forêt obscure, car j'avais perdu la bonne voie.
Ah ! Qu'elle est difficile à peindre avec des mots, cette forêt sauvage et âpre et épaisse, dont le seul souvenir renouvelle mon effroi !
Elle est si amère, que la mort l'est à peine davantage ; mais pour dire le bien que j'y ai trouvé, il me faut raconter les autres choses que j'y ai vues.

DANTE
« Enfer », chant 1
La Divine Comédie

1.

Au sein de l'Organisation c'est une vraie star, il sillonne le pays tantôt au volant de sa chevrolet *Corvette* d'une belle couleur bleu nuit, tantôt en avion privé. Aujourd'hui c'est l'avion, l'Embraer loué à l'année vient d'atterrir à Caen-Carpiquet. Accueilli comme un ministre à l'aérodrome par les responsables locaux du mouvement, il est conduit en trombe dans le centre-ville, le programme est serré. Certes, le chef n'est pas aussi connu du grand public que les grands leaders politiques ou syndicaux du pays, mais les meetings s'enchaînent, dès le lendemain une réunion publique est prévue à Cherbourg.

Nous sommes le 27 février 1995. Le show va se tenir au Palais des congrès de Caen, devant lequel une banderole a été tendue :

Élections présidentielles, Christian Poucet.

Voilà un nom qui ne dira rien à la plupart des salariés ou fonctionnaires, en revanche dans l'univers des travailleurs indépendants, Poucet est vraiment, ces années-là, le type qui monte. Sa Confédération de défense des commerçants et artisans compte des dizaines de milliers d'adhérents – et même deux cent mille, selon le syndicat – dont les membres les plus actifs sont recrutés dans la moitié sud du pays ainsi qu'en Bretagne, berceau historique du mouvement. Ailleurs, la CDCA est moins fortement implantée, mais certaines villes de la moitié nord de la France sont prometteuses et Caen est très bien considérée par le chef. Christian Poucet le dit lui-même, les militants normands travaillent bien, ils se structurent et sont actifs. Caen est en passe de devenir une tête de pont pour le développement du mouvement dans tout le Nord de la France. Ici le nombre d'adhésions s'accroît, grâce au travail remarquable d'un *noyau dur* – comme ils se décrivent eux-mêmes – d'une dizaine d'activistes déterminés et efficaces.

En cette fraîche soirée d'hiver, la salle n'est ni immense ni comble, mais qu'importe, la télé régionale est présente, le message sera relayé. Et les fidèles sont là, militants de la première heure assis à la tribune de chaque côté du chef ou bien aux premiers rangs. Derrière eux ont pris place des sympathisants de plus fraîche date auxquels se joignent de simples curieux, attirés par le discours de cette organisation professionnelle hors normes qui se lance en politique en promettant la fin des cotisations sociales obligatoires et l'abolition des charges patronales.

Christian Poucet est en forme, il tape dur sur le gouvernement, l'emblématique leader à la crinière poivre et sel va confirmer devant les militants bas-normands son intention de se présenter à l'élection présidentielle de mai 1995, en martelant un discours bien rodé, révolutionnaire disent les militants, aux accents populistes, corrige la presse.

Les fidèles sont au premier rang, disions-nous. Or, ce soir-là au Palais des congrès de Caen, l'un des pionniers du mouvement dans la région, membre du bureau, préfère manifestement rester discret. Pourtant, lorsque Christian

Poucet rend visite à ses troupes, ce militant-là ne se prive pas d'habitude pour intervenir et pour poser des questions fort appréciées. C'est notoire, il apprécie tout particulièrement les discours de Christian Poucet.

Mais ce soir, non, pas d'intervention publique, certainement pas avec cette caméra qui traîne. Pour ceux qui le connaissent bien, cette réserve n'est pas surprenante, depuis qu'il a adhéré il y a plus de deux ans, il n'aime guère faire étalage de son appartenance à ce syndicat *des petits commerçants en colère* – terminologie habituelle des médias.

Ce militant, engagé mais discret, de la *Confédération de défense des commerçants et artisans*, se nomme Yves Godard, médecin généraliste à Caen.

Oui, ce combat est le sien. Le docteur Godard est entré en dissidence, il fait siens les rêves du syndicat et ne paie plus ni cotisations, ni aucune contribution d'aucune sorte, toutes ces charges assommantes qui découragent l'initiative économique, selon le syndicat. Comme toutes les professions libérales, un médecin est pourtant tenu de cotiser à des caisses pour sa propre assurance maladie et vieillesse, ces charges représentent des montants élevés, mais Yves Godard assume le risque de s'en affranchir totalement.

Ce 27 février 1995 à Caen, la salle applaudit les slogans empreints d'ultralibéralisme de Christian Poucet ; il y a là quelques petits commerçants, dont la boutique d'électroménager périclite, étouffée par les grandes surfaces et dont les difficultés sont brandies comme un étendard ; il y a là aussi des gens qui ne sont pas à plaindre, beaucoup d'entre eux, même, ont plutôt réussi, commerçants aisés et artisans fiers d'avoir transformé à la force du poignet le petit atelier de leurs débuts en PME prospère, fortes personnalités ne comptant que sur eux-mêmes pour réussir et rejetant par principe l'État providence et tout ce qui y ressemble. Les adhérents de la CDCA disent volontiers qu'ils incarnent la France qui se bouge, celle qui crée des richesses et fait travailler ceux qui n'ont pas l'étoffe pour devenir entrepreneur; les contempteurs de la CDCA estiment au contraire que ce ramassis de poujadistes offre la caricature effrayante d'une France de patrons de bar moustachus prêts à sortir le nerf de bœuf à la moindre anicroche, à la moindre intrusion de tous ceux «*qui veulent les empêcher de travailler*». Le trait de caractère commun à cette assistance est un individualisme professionnel à tous crins.

Voilà le décor planté. Que diable vient faire un type comme Yves Godard dans cette assemblée, lui le médecin tendance *new age* avec ses cheveux ébouriffés, ses vêtements décontractés et son écharpe façon *cheich* autour du coup, qui roule ses clopes comme un baba cool dans cette ambiance virile de petits commerçants en colère?

Le docteur Godard est en rupture profonde avec le «système». Après tout, explique-t-il à ses camarades du syndicat, pourquoi continuer à contribuer financièrement à une confrérie de médecins qui vient de lui signifier pour la deuxième fois de sa carrière une suspension du droit d'exercer? Puisque le système l'a rejeté, alors lui, désormais, rejette le système.

*

Les anciens militants CDCA n'aiment pas les journaleux, ils se sont sentis trop longtemps méprisés, trop longtemps montrés du doigt, trop longtemps surveillés par les RG, pour faire confiance à quiconque et surtout pas à la presse, *les journaux nous dézinguaient à longueur d'année.* Si en plus, l'un de ces fouineurs veut les faire causer du docteur Godard, *après toutes les conneries qu'ont été écrites sur lui…*

Les travaux d'approche ne s'annoncent pas faciles, mais les années ont passé. En ce début de printemps 2011, rendez-vous est pris avec un ancien responsable de la CDCA Basse-Normandie, il est convenu de le retrouver au *Vélocipède*, grand bistrot de la place Saint-Sauveur, en plein centre de Caen.

L'homme, la cinquantaine bien sonnée, attendait dehors en faisant les cent pas. Puis, assis face à face à une table du troquet, il scrute nos intentions en tripotant son Vittel menthe. Il faudra montrer patte blanche.

Lors de la deuxième rencontre deux mois plus tard, toujours au *Vélocipède*, c'est une bière qui est posée sur notre table et il nous plaît de croire qu'une relation de confiance peut s'instaurer entre nous. Celui qui accepte ainsi de se livrer en dévoilant *l'histoire de ces années-là* est un homme apaisé, cela se voit, il a une bonne tête et tient un discours honnête. Il a cependant l'air un peu las, comme fatigué par d'anciens combats.

La discussion commence. Qui étaient-ils, ces petits commerçants en colère ?

– *N'allez surtout pas croire qu'il n'y avait chez nous que des petits artisans excités proches du Front national. Bien sûr, sur le devant de la scène, vous en trouviez. Mais nous avions aussi toutes sortes d'autres profils de travailleurs indépendants, lassés de donner autant de fric au fisc ou à l'URSSAF. Et parmi les professions libérales, ils étaient nombreux à nous soutenir, architectes ou agents immobiliers ayant pignon sur rue mais ne pouvant se permettre ni d'adhérer ni d'apparaître dans la lumière. Nous avions aussi des médecins et même des avocats.*

L'un d'entre eux a plaidé tous nos dossiers sans réclamer un centime d'honoraires, c'était sa façon à lui de militer.

*

Ce 27 février 1995 au Palais des congrès de Caen, le meeting s'achève. Le docteur Godard n'en a pas raté une miette. À la tribune, avec son curieux look socialement inclassable – cravate, blouson de cuir, brushing –, Christian Poucet cogne sur le Premier ministre de cohabitation, Édouard Balladur, donné alors favori pour l'échéance présidentielle. *Balladur est une valseuse,* martèle le leader de la CDCA, montrant là un sens de la mesure verbale qui n'aura bientôt plus de limites et finira par le conduire en prison.

Mais qui est-il au juste, cet étrange leader corporatiste, qui est-il vraiment, ce sulfureux monsieur Poucet dont le docteur Godard va devenir, pendant de nombreuses années, le disciple, voire l'apôtre ?

2.

Un matin de janvier 2011, à la sortie du village de Baillargues, non loin de Montpellier, nous nous mêlons au groupe de fidèles venu commémorer, sous une pluie battante, le dixième anniversaire de la disparition de Christian Poucet. Étrange cortège en vérité que ces parapluies noirs massés les uns contre les autres en bordure de nationale dans un décor de zone industrielle.

Certains sont venus d'Avignon, d'autres de Carcassonne. Tous ont *bien connu Christian.* Symboliquement, c'est Alexandra Poucet, l'unique fille du défunt, qui s'avance parapluie en main, pour dévoiler la plaque commémorative apposée à l'entrée de la cour entre clôture et poteau électrique. Cérémonie du souvenir improvisée mais qui se veut officielle, mines graves et mimiques de connivence. Une fois la gerbe de glaïeuls ceinte d'un bandeau tricolore solennellement déposée, le cortège entre d'un pas lent dans la cour, devant ces bureaux repris aujourd'hui par un grossiste en vins et un fabricant de piscines, pour se recueillir devant les bureaux du 479 route de Nîmes, à Baillargues, là où *ça s'est passé.*

Moustache fine et regard perçant, un ancien cacique du syndicat prend la parole pour rappeler, sur le ton d'une oraison, le déroulement tragique des faits. Ce fameux jour de janvier 2001, ce maudit lundi matin lorsque la grosse

BMW noire surgit dans la cour *où nous nous trouvons*, lorsque les deux tueurs cagoulés se ruent dans le petit escalier, *celui que vous voyez*, qu'ils menacent les secrétaires, *là, derrière cette baie vitrée*, avant de le tirer comme un lapin sans hésiter une seconde, six ou sept balles de calibre 9 millimètres tandis qu'il se tenait debout, combiné du téléphone dans une main et clés de sa *Corvette* dans l'autre.

– *Voilà comment ça s'est passé l'assassinat de Christian.*

L'orateur vient de conclure gravement son homélie par ces mots simples, doigt pointé, visage ruisselant de pluie et peut-être de larmes tandis que l'averse redouble d'intensité.

Trempés, nous jetons un œil au-delà du rideau de parapluies vers la fenêtre du premier étage. C'est donc là que la vie du flamboyant Christian Poucet s'est arrêtée. Sept balles dans la peau un lundi matin au bureau.

C'était le 29 janvier 2001. C'était il y a longtemps, déjà. Aujourd'hui, à la place des bureaux où il fut assassiné s'étalent sous nos yeux, ineptes, des plaques d'entrepreneurs, ses successeurs, *Ad vinam aeternam* pour le négociant en pinard et *Piscines plein Sud* pour son voisin.

Ce dimanche 30 janvier 2011, dix ans presque jour pour jour après les faits, les fidèles se retrouvent ensuite sous une éclaircie dans un restaurant de campagne, à l'écart du bourg de Lunel, où trône à l'entrée une statue de bronze du défunt. Moulée à partir de son masque mortuaire, en ma présence, nous précise l'auteur de l'oraison funèbre.

Les militants ont la gentillesse d'accepter notre présence. Autour d'une grande table en U le gueuleton commence, il sera chaleureux. Il y a là les pionniers, militants de la première heure, tous dévoués, tous sincères dans leur engagement pour la défense des intérêts des petits commerçants.

Il y a aussi quelques *gros bras*, comme ils se définissent eux-mêmes, qui furent de tous les combats et qui rappellent qu'ils ont payé cher – *oui, oui, plusieurs mois de prison, vous pouvez l'écrire* – leurs exploits passés pour abolir le monopole de la Sécu. Tous se souviennent de la ferveur militante de leur mentor et ne veulent retenir que cela, annonçant l'œil mauvais qu'ils ne supporteraient pas que quiconque salisse la mémoire de Christian Poucet.

Dont acte.

Les uns disent :

– *Il a été tué parce qu'il était trop gentil.*

Les autres disent :

– *Il a été tué parce que notre combat contre le monopole de la Sécu gênait trop, c'est un crime d'État.*

Ceux qui en savent davantage sur ce qui s'est réellement passé ne disent rien.

Après un dernier regard à la statue de feu Christian Poucet, dont le fantôme de bronze a accompagné les agapes commémoratives, c'est empreint d'une certaine perplexité que nous quittons les anciens militants de cette cause perdue. Dans cette grande salle qui ressemblait à un relais de chasse, ils nous ont déroulé avec moult photos, articles et souvenirs personnels, le récit de leurs guerres. En marchant vers Lunel, une évidence nous saute aux yeux : personne ne connaît vraiment cette CDCA. La grande presse, pourtant prompte à relayer la moindre colère de paysans déversant du fumier devant les préfectures, ne s'est jamais réellement intéressée à cette autre révolte tout aussi spectaculaire et autrement plus massive, la leur, celle des petits commerçants et artisans. Ignorée des grands médias, cette rébellion est demeurée quasi inconnue du grand public.

Au retour, nous nous plongeons dans les archives du syndicat. Un constat se dessine : dans le sud de la France, la jacquerie anti-Sécu, anti-charges, anti-État était une lame de fond qui, un temps, a fait vaciller sur son socle l'un des grands principes de la société française depuis l'après-guerre, celui de la Sécurité sociale collective obligatoire. Les articles de presse s'étalent sous nos yeux. Photos de banderoles, fumigènes et bras levés à Avignon, à Bordeaux, à Paris, même. La CDCA a rassemblé des dizaines de milliers de membres, la plupart d'entre eux n'étaient pas de simples militants mais des activistes virulents que Christian Poucet était capable de mobiliser en un tournemain pour des manifestations violentes aux quatre coins du pays, avec au passage la mise à sac des caisses régionales d'assurance maladie. Tel est le mouvement de fond qui, du milieu des années 1980 jusqu'au début des années 2000, a su attirer la sympathie d'une grande partie de ceux qui s'autoproclament aujourd'hui *la première entreprise de France.* Avec pour slogan «*halte aux abus des caisses maladie et vieillesse*», les militants CDCA entendaient, par tous moyens légaux ou «*limites*», abolir cette institution créée au lendemain de la guerre par le Conseil national de la résistance, notre fameuse Sécu.

Les adhérents étaient invités à ne plus payer ni charges ni cotisations d'aucune sorte. «*Les traités européens nous donneront raison, la France est dans l'illégalité*», c'était la justification juridique et les recours devant les tribunaux se multipliaient. Pour ceux qui se trouvaient pourchassés par les caisses, le syndicat venait à la rescousse, au besoin par l'intimidation.

L'histoire de ce syndicat héritier du CID-UNATI et des combats de Pierre Poujade s'est refermée avec la mort de son leader. Refermons ces archives, il n'est pas abusif de conclure que l'organisation de Christian Poucet devenait peu à peu une menace pour le système français de Sécurité sociale, fondement de la République depuis la Libération.

Voilà sommairement résumée l'aventure dont il est question. Une aventure qui connut donc son apogée l'année 1995 lorsque, devant dix mille adhérents réunis à Toulouse, Christian Poucet annonça sa candidature à l'élection présidentielle.

Une aventure à laquelle le docteur Yves Godard, dans sa région, a participé avec foi, zèle et entrain.

*

Les parents de Christian Poucet étaient marchands de chaussures, ils possédaient deux magasins, l'un tout au nord de la France, à Armentières, l'autre tout au sud, à la Grande-Motte. C'est là que Christian Poucet a grandi. Sur une photo d'enfance, on le voit en aube de communiant posant timidement devant la boutique familiale. Ceux qui l'ont bien connu disent que le charismatique leader de la CDCA, tout bateleur d'estrade qu'il sera, a conservé toute sa vie avec ses intimes cet air de gentil garçon doux et dévoué, le cœur sur la main.

En nous recevant dans son appartement d'une modeste cité de la périphérie de Montpellier, sa fille unique, Alexandra, âgée maintenant de vingt-six ans, ne parle que de ce personnage-là, le seul qu'elle connaisse. Un air de premier communiant, en quelque sorte. Assise dans la salle à manger devant un grand aquarium de poissons tropicaux, passion héritée de son père, Alexandra Poucet nous livre sa vérité sur l'assassinat :

– *Papa a été tué parce qu'il était trop gentil, certains se sont servis de lui.*

Sans offenser sa mémoire, autorisons-nous à décrire par ailleurs un autre personnage, celui dont nous ont parlé tous ceux qui ont bien connu l'autre Christian Poucet, c'est-à-dire l'homme d'affaires. Tout gentil garçon qu'il était resté dans l'intimité, il avait développé parallèlement une autre personnalité, à la fois flamboyante et obscure. Poucet menait grand train, il roulait en *Corvette*, était accro au casino où il jouait des fortunes et a rencontré sa deuxième épouse dans un club échangiste, voilà pour le côté flamboyant. Quant au côté obscur, qu'il suffise de rappeler pour l'instant ses comptes bancaires au Luxembourg et à Madère, la nébuleuse de sociétés qu'il y a créées, ses amitiés avec les voyous – les vrais –, sa condamnation pour port d'arme et menaces de mort et pour terminer sa fin tragique, en plein jour dans ses bureaux, ce fameux lundi matin de janvier que commémorent fidèlement, sous la pluie, ses admirateurs.

3.

Fin 1991, lorsqu'il frappe à la porte de ce mouvement soutenu par des idéologues d'extrême droite, Yves Godard vient d'achever son divorce et vit alors en communauté au château de Fresney-le-Puceux avec sa nouvelle compagne, Marie. C'est l'époque où il va acheter la maison de Juvigny, l'époque où il va bientôt tourner le dos au théâtre et à son groupe d'amis issus de sa « première vie » avec Régine, l'époque aussi où il va se séparer de ses associés pour s'installer seul dans un nouveau cabinet. Bientôt Marie sera enceinte de la petite Camille.

Au sein de la section normande de la CDCA, les uns et les autres sont tout d'abord surpris par le look de *ce docteur qui ne s'habille jamais en costard cravate;* mais très vite ils vont être charmés par sa détermination, sa prestance et son calme.

– *Il dégageait une certaine aura.*

Aussi curieux que cela puisse paraître, lui, le médecin acupuncteur féru de chamanisme et de sophrologie, va vite gagner le respect de ces petits commerçants qui mènent une vie autrement plus terre à terre que la sienne.

Nous voilà de nouveau au *Vélocipède*, place Saint-Sauveur à Caen, à questionner l'ancien militant normand. Longtemps, lui et ses camarades ont préféré rester évasifs au sujet d'Yves Godard. Y compris devant les gendarmes.

– *C'est d'accord, maintenant je vais vous dire.*

Une petite gorgée de menthe à l'eau et nous plongeons avec lui dans les années CDCA.

– *Dans toute association, quelle qu'elle soit, vous avez toujours des gens qui viennent par intérêt, pour ce que cela pourra leur rapporter; et puis vous avez un tout petit nombre qui sont de vrais militants, qui vont vraiment s'engager et se dévouer pour tout le groupe. Yves Godard était de ceux-là, il agissait pour les autres, sans jamais rien demander pour lui-même.*

Dès les premiers temps de son adhésion, en ce début des années 1990, Yves Godard va manifester une grande implication, au point d'être intégré rapidement au sein du bureau de la section normande.

– *Très vite, il a été désigné comme trésorier, c'est toujours quelqu'un de sérieux qu'on nomme à cette fonction. Même si cela ne veut rien dire. Sur les statuts d'une association il faut bien désigner un trésorier, voilà. En fait son vrai rôle était de tenir les fichiers des adhérents, c'est lui qui était en relation avec eux.*

Nous comprenons au fil de la conversation que la place du docteur Godard est vite devenue celle d'un cadre local du syndicat. Même s'il restait toujours dans l'ombre.

– *Notre action, Yves y était étroitement associé. Il faisait partie de ce que j'appelle notre noyau dur, de ce petit groupe qui menait les actions. Il a conservé ce rôle important jusqu'au moment de sa disparition.*

Quelques semaines plus tard, nous avons rendez-vous avec une autre ancienne militante, qui fut très active elle aussi dans le Calvados. Chef d'entreprise aujourd'hui retirée dans une belle maison au creux d'un vallon dans le sud du département, elle nous reçoit les mains dans le plâtre, en pleins travaux de rénovation. L'ancien moulin qu'elle et son mari retapent est situé en Suisse normande, pas si loin de Falaise, c'est pourquoi elle fut au nombre de ces femmes auxquelles les gendarmes ont naguère rendu visite pour un test ADN et une dictée. Mais ce n'était pas elle non plus le fameux corbeau bien renseigné.

Yves Godard, elle se souvient très bien de lui, elle l'appréciait beaucoup. C'est même l'un des responsables régionaux qu'elle avait immédiatement remarqués, dès ses propres premiers pas au sein de la CDCA l'année 1993, lorsqu'un tract dans sa boîte aux lettres l'avait poussé à assister à une première réunion, puis à adhérer et même à s'impliquer elle aussi au sein du cercle le plus actif :

– *Je me souviens de la première réunion à laquelle j'ai assisté, en 1993, non seulement il était déjà présent mais il était déjà membre du bureau. À cette époque Yves était en fait l'un des «piliers» du mouvement en Normandie. Oui, on peut même dire qu'il était l'une des trois personnes qui ont vraiment lancé la CDCA dans notre région, qui l'ont structurée.*

*

Au lendemain de sa disparition en septembre 1999, l'adhésion d'Yves Godard à la CDCA sera bien sûr mise au jour par les gendarmes, dès la première perquisition à son cabinet médical, boulevard Lyautey. Des tracts, des fax, des courriers et des exemplaires du journal des militants, *Le légitime,* seront saisis sur place.

Mais pendant les nombreuses années que durera l'instruction, cette facette du médecin sera perçue comme une simple curiosité, sans plus. Un fait anecdotique, pas un axe d'enquête. Le fichier des associations de la préfecture de Caen montrera bien que Godard a été trésorier régional de la CDCA de 1993 à 1997, mais ensuite nulle autre trace officielle, ce qui pourra laisser croire qu'il avait cessé d'y jouer un rôle. De surcroît, aucun document important ne sera trouvé à son cabinet et les militants régionaux, lorsqu'ils seront interrogés, resteront évasifs, n'ayant guère envie qu'on vienne leur chercher des poux dans la tête. Et puis les enquêteurs seront trop occupés par d'autres aspects du personnage, qui les intrigueront bien davantage, les médecines parallèles, *la piste des sectes*…

En fait, le rôle du docteur Godard au sein de la CDCA-Normandie ne fut pas celui d'un militant de seconde zone.

*

En Bourgogne, en Aquitaine, en Bretagne, en Provence et en Languedoc, la CDCA est très implantée. Des « barons » régionaux y règnent en maîtres et vont jusqu'à contester le pouvoir central de Christian Poucet. Les Bretons sont parmi les plus jaloux de leur indépendance, les terres celtiques sont leur pré carré. Après tout, c'est chez eux que le mouvement a vu le jour, avant que les gars du Sud ne les rejoignent.

À mille lieues de ces rivalités, la Basse-Normandie est une petite section, insignifiante aux yeux des dirigeants nationaux. Aucune grande figure historique du mouvement parmi ces cadres normands, le syndicat y est encore embryonnaire et l'ambiance bon enfant, les « petits » chefs normands ne sont pas admis au sein de la « *Collégiale* », le cercle informel de ceux qui comptent au niveau national.

Initialement rattachée à la région Île-de-France, la jeune section bas-normande va changer de main et être rangée sous la coupe de la virulente et puissante région Bretagne.

Là-bas, les « historiques » du mouvement ne sont pas des rigolos, certains d'entre eux sont des autonomistes bretons qui flirtent avec l'ARB, l'Armée révolutionnaire bretonne. Si besoin est, ils savent même où trouver des explosifs pour faire voler en éclats les biens des ennemis de la cause.

Désormais, les interlocuteurs du groupe normand seront donc les voisins bretons, dont les bureaux sont installés à Bégard, un bourg des Côtes-d'Armor situé dans les terres à une trentaine de kilomètres de la côte du Goëlo et des falaises de Paimpol. Yves Godard, en tant que responsable des finances, de l'enregistrement des adhésions et du listing des membres, est aux premières loges de ce rapprochement. Une première réunion est organisée à Caen. Des liens se nouent, Yves Godard semble ravi, les responsables bretons de la CDCA sont comme lui des passionnés de voile. Deux d'entre eux ont un bateau au mouillage dans un port des Côtes-d'Armor. Entre voileux, on se comprend. On cause mer et bateaux.

En Normandie, tout est encore en friches, les commerçants normands sont des frileux et les types qui s'impliquent véritablement dans le mouvement ne sont pas si nombreux, c'est pourquoi les pionniers ont fort à faire.

Michel, Gilles, Monique, Chantale, Sylvain, Benoît, et bien entendu Yves constituent ce *noyau dur*, au total ils sont treize à se réunir tantôt dans un restaurant de Caen, tantôt à Verson, dans les bureaux d'un fervent adhérent – il deviendra bientôt président régional. Yves Godard vient en voisin, le hameau de Juvigny n'est pas très éloigné du village de Verson. Il est de ceux qui comptent, de ceux qui organisent les meetings aux quatre coins de la région, à Lisieux et Vire dans le Calvados, à Saint-Lô et Périers dans le département de la Manche.

Aujourd'hui, les descriptions que font de lui ses anciens camarades sont élogieuses. Yves Godard, disent-ils, devenait même dans la région une sorte d'idéologue de la cause, toujours disponible et très convaincant.

– *Il était courtois, très gentil, nous donnait plein de conseils. C'était quelqu'un qui croyait à ce combat à 200 % et qui essayait de rallier un maximum de gens à notre groupe. Il répétait que nous allions finir par obtenir gain de cause.*

L'ancienne militante qui nous reçoit dans sa vieille meunerie patiemment restaurée propose un café. Nous quittons le séjour où un plâtrier continue de s'affairer, sur la terrasse nous serons plus tranquilles pour parler de ce sujet toujours sensible. Un pré typiquement normand s'étale sous nos yeux, en bordure de la rivière qui faisait autrefois tourner les roues à aubes de la meule. On lui dit que c'est un bel endroit, elle sourit.

– *C'est mon paradis, ici.*

Le regard dans le lointain, l'ancienne camarade du docteur Godard rassemble ses souvenirs ; c'est avec grand respect qu'elle évoque la mémoire du médecin disparu, avec l'amertume aussi de sa disparition tragique et du choc qu'elle a provoqué. Personne ne veut croire qu'il ait pu tuer femme et enfants.

Elle raconte la participation active du médecin au « tractage », à ces longues soirées passées dans l'atelier de Verson à imprimer et mettre sous pli les tracts destinés aux travailleurs indépendants identifiés comme tels dans la région, il y avait aussi les meetings publics où Yves Godard se rendait avec son épouse, Marie était appréciée des autres militants.

– *Une femme douce, gentille, qui soutient le combat de son mari, qui l'écoute avec attention quand il parle.*

Notre interlocutrice se souvient d'une réunion un soir à l'autre bout de la région, les Godard étaient venus en couple. Marie, vêtue d'une jupe simple et d'un chemisier blanc, discutait gentiment avec tous et la fille d'un couple de militants, assise toute la soirée à côté d'elle, avait fait en douce cette remarque à sa mère :

– *C'est elle, la femme du docteur ? Dis donc, pour une femme de médecin, elle ne se la raconte pas, elle est toute simple !*

Fin février 1996, une grande manifestation est organisée à Rouen devant la caisse régionale d'assurance maladie. Les époux Godard laissent ce soir-là leurs bébés – Marius n'a alors que neuf mois – et montent tous deux dans le car avec les autres pour rejoindre en masse la préfecture de Haute-Normandie. À la nuit tombante, la fin de cette manif *mémorable* dégénère en affrontement avec les CRS.

Au fil du temps, le médecin caennais devient *assez copain* avec certains camarades de lutte, sans jamais pour autant qu'ils deviennent de vrais proches et encore moins des amis. Yves Godard montre là certaines dispositions à compartimenter sa vie, il semble vouloir préserver son intimité et réussit parfaitement ce difficile équilibre entre sa participation active à un mouvement politique et la préservation de sa propre liberté.

Un soir de réunion importante à Périers, dans la Manche, un bourg distant d'une centaine de kilomètres, le docteur vient avec femme et enfants. Toutefois, malgré l'insistance des camarades, les Godard ne resteront pas à dîner avec le groupe et repartiront sitôt le meeting terminé, arguant il est vrai de l'heure tardive pour Camille et Marius, encore tout petits.

Au *Vélocipède,* notre interlocuteur souligne avec une pointe d'amertume dans la voix cette façon très particulière qu'avait Yves Godard de garder ses distances.

– *Godard était quelqu'un de réservé et même secret. Nous avons passé des heures et des heures à nous réunir pendant des années chez les uns et les autres, mais jamais chez lui. Je n'ai jamais été invité à Juvigny.*

*

Entre deux grandes démonstrations de force dans la rue, la CDCA se présente de plus en plus ouvertement comme un service d'assistance prêt à fournir aux adhérents en difficulté aide juridique et présence musclée à leurs côtés, *en cas de coup dur.* De quoi faire tomber les craintes et inciter nombre de petits commerçants à franchir le pas de la grève des cotisations. Ils sont alors de plus en plus nombreux à le faire.

Quel regard portent-ils aujourd'hui sur ce défi lancé à la puissance publique ? Dans le midi de la France, sur une petite foire à la brocante, un ancien militant nous donne rendez-vous un dimanche à l'heure de l'apéritif, sous les platanes ; cet ancien adhérent CDCA de Carpentras, qui a aussi milité au Front national, a fait tous les métiers, toujours en franc-tireur. Il est maintenant organisateur de vide-greniers après avoir été grossiste en jouets. *Self-made-man*, l'adhérent-type. Mais la CDCA n'est pas un sujet facile à aborder, *c'est vieux tout ça, vous savez,* comme s'il y avait dans ce militantisme anti-Sécu quelque chose de honteux. Après deux tournées d'anisette, le commerçant accepte de nous dire deux mots sur son engagement passé et nous comprenons alors la vraie motivation de « ce combat pour la liberté ».

– *Écoutez c'est très simple. Moi, le CDCA m'a fait économiser dix bâtons.*

À Caen, l'engagement d'Yves Godard ne semble pas seulement pécuniaire, c'est clairement un engagement politique, ancré dans une droite à la fois libérale et traditionaliste. De tous ses camarades, il est un de ceux qui croient le plus fermement aux lendemains glorieux de ce combat pour l'abolition du monopole de la Sécu, ce qui, au passage, est plutôt déroutant de la part d'un médecin de campagne ; mais c'est ainsi, l'assurance privée est son credo. À l'instar de tous les autres militants, il estime que le système public est injuste et inefficace, il y a toujours ceux qui paient pour les autres et ceux qui profitent du système, disent-ils. Dans les réunions publiques, ce n'est certes jamais Yves Godard qui prend la parole en premier, mais avec son statut de médecin, il fait autorité pour parler de ce sujet des comptes de la Sécu et sait toujours donner les bons arguments quand il le faut.

– Il était très posé, très calme, jamais un mot plus haut que l'autre, mais pour autant il était très ferme dans ses convictions et n'a jamais montré le moindre doute sur l'issue positive de notre combat. Il disait qu'on allait y arriver, que le système allait bientôt s'effondrer.

Pourtant, le combat se durcit. La guerre contre la machine administrative est en passe de tourner à l'avantage de cette dernière. Un temps, Christian Poucet et ses troupes pensaient avoir marqué des points pour faire tomber le monopole de la Sécu, ils entrevoyaient de bonnes chances de réussite dans leur procédure engagée devant la Cour de justice européenne, mais plusieurs décisions, à partir du fameux arrêt « *Poucet et Pistre* » de 1993 devant la Cour de Luxembourg, vont bientôt confirmer que tout espoir d'une victoire sur le terrain juridique est illusoire. Le gouvernement de cohabitation, dirigé par Édouard Balladur à partir de 1993, a renforcé les moyens législatifs pour dissuader ceux qui seraient tentés de ne plus payer leurs cotisations sociales.

– *Ils nous ont pondu des décrets qui nous mettaient vraiment en danger. Nous n'avions plus aucun moyen juridique de défendre nos adhérents.*

Dès lors, pour les petits commerçants en colère, l'alternative est simple ; soit rentrer dans le rang, c'est-à-dire reprendre les cotisations et négocier l'étalement des arriérés avec les caisses, soit ne pas céder, s'obstiner à faire la grève des contributions et se lancer dans une fuite en avant à l'issue incertaine. Ceux qui font ce choix-là doivent se préparer à faire face à de très sérieuses difficultés et de fait, l'avenir montrera que certains commerçants jusqu'au-boutistes seront ruinés et contraints de vendre leurs biens pour rembourser leurs dettes sociales.

La priorité de la CDCA devient plus que jamais le soutien concret aux membres en difficulté, assaillis par les poursuites administratives, *étouffés par le fisc et les caisses*, selon la rhétorique interne du syndicat. Les huissiers de justice se souviennent certainement de cette période sombre où nombre d'entre eux ont dû faire renforcer leurs portes et vivre dans la crainte de représailles s'ils exécutaient les saisies prévues ; aux quatre coins du pays, nombre d'études d'huissier sont alors mises à sac.

En Normandie, le *noyau dur* local n'est pas en reste. Le docteur Godard est présent dans ces discrètes réunions au cours desquelles sont définies les actions à mener ; comme dans les autres régions, les activistes normands montent, en petit comité et en toute discrétion, des opérations commandos destinées à intimider les huissiers. Yves Godard est là, il est associé à toutes les décisions sensibles, dont l'opportunité est discutée avec la petite dizaine de ses camarades du noyau dur. Quelle action mener, comment s'y prendre, jusqu'où aller.

– *En revanche, il n'a jamais participé concrètement à aucune de nos opérations sur le terrain. Il était au courant de tout bien sûr, il était d'accord avec nous sur nos méthodes, mais ne nous accompagnait pas ; faire le coup de poing et secouer les huissiers sur leur chaise, ça n'était pas son truc.*

À la fin de l'année 1995, la stratégie de la CDCA se radicalise encore davantage. À Bordeaux en décembre une manifestation violente dégénère, les dégâts occasionnés sur les bâtiments administratifs sont évalués à quatorze millions de francs. Désormais, plus que jamais, il ne s'agit plus simplement de manifester, il s'agit de lutter, quitte à employer des moyens « *limite* ». Les opérations d'intimidation sont menées jusque dans les prétoires. Lors de chaque procès contre un adhérent, un groupe d'activistes CDCA fait de la gesticulation bruyante pour intimider les magistrats et parfois cet activisme forcené donne lieu à des débordements, comme nous le raconte cet ancien *gros bras* de la CDCA :

– *Je suis un militant de la première heure dans l'Hérault. Un jour, nous étions tout un groupe dans un tribunal à manifester notre soutien à un commerçant. Moi, j'ai fait le signe du « sourire kabyle » à un juge, j'ai passé le doigt sur ma gorge en le regardant droit dans les yeux en pleine audience. J'ai immédiatement été arrêté, poursuivi pour menaces de mort, condamné et envoyé en prison.*

Si dans le Sud la situation est tendue, en Normandie le conflit reste plus feutré et Yves Godard n'est pas un pousse-au-crime, loin de là.

– Parmi nous il y avait quelques excités comme dans le Sud, mais lui au contraire était un sage, qui apportait de la sérénité à notre groupe.

Conserver de la sérénité devient de plus en plus difficile à mesure que la répression contre les fraudeurs s'accentue. Pour chacun, vient le moment crucial où il faut accepter de renoncer.

L'ancienne chef d'entreprise normande se souvient de ce moment difficile, celui où il a fallu rentrer dans le rang. Elle désigne d'un hochement de tête sa maison restaurée pièce après pièce :

– Celui qui s'obstinait risquait de perdre tout. Où alors il aurait fallu vendre et partir loin. Comme lui.

Une vision traverse notre esprit, les arches du vieux pont qui franchit la Seulles au hameau de Juvigny, la petite maison de pierre en bordure de rivière, restaurée comme l'est cet ancien moulin par ceux qui s'y étaient installés. Avec le petit bac à sable pour les enfants et les vélos dehors à portée de main.

À l'approche de la cinquantaine, les hommes ont l'envie profonde de poser leurs valises quelque part. Ou bien c'est l'inverse, *Midlife crisis*, soudain une crise existentielle les fait tout plaquer. Refaire sa vie ailleurs, qui n'a jamais caressé ce rêve ?

La dame du moulin avait une certaine admiration pour Yves Godard. Elle-même a toujours été une battante, cela se sent. Pourtant, elle dit ne pas regretter d'avoir cessé ce combat-là, d'avoir choisi à temps de faire machine arrière. Elle avoue à demi-mots avoir caressé l'idée de faire comme lui, tout plaquer du jour au lendemain en laissant tout derrière soi pour tout recommencer ailleurs, très loin. C'est son mari, finalement, qui l'en a dissuadée :

– *Mon mari et moi avions cessé de payer nos cotisations maladie et vieillesse pendant quatre ans, il avait fallu être très costaud pour supporter les commandements de payer qui pleuvaient. Partir, c'était une possibilité. Et puis j'ai écouté mon mari. L'argent de nos cotisations, nous l'avions mis de côté, alors nous avons négocié les arriérés avec les caisses.*

Avant de poursuivre, elle soupire, les yeux dans le vague.

– *Je me souviens du jour où j'ai dû annoncer aux membres du bureau CDCA qu'on renonçait. Yves Godard était très déçu, il a tenté de nous convaincre, il disait qu'il fallait continuer, qu'il fallait rester unis.*

L'ancienne chef d'entreprise n'est pas la seule à renoncer. Avant elle, l'ancien président de la CDCA pour le Calvados avait fait de même, dès le mois de juillet 1996. Chauffeur de taxi indépendant installé à Vire, il avait lui aussi cessé de payer ses cotisations vieillesse et maladie, mais il a été acculé à capituler, les caisses d'assurance maladie le tenaient : 70 % du chiffre d'affaires de son taxi provenait de transports de malades, un service d'ambulance remboursé par la Sécurité sociale ; les caisses ont bloqué ses comptes et se sont servies directement sur le montant de leurs propres factures.

Le docteur Godard, lui, ne renonce pas. Avec quelques autres du *noyau dur*, il s'obstine. Il continue à ne payer ni charges ni cotisations. Ni plus rien d'ailleurs. Impôts, taxes, remboursement d'emprunts, fini ! Quitte à devoir organiser sa propre insolvabilité pour échapper aux poursuites. Quitte à risquer gros.

La CDCA va l'aider, il le sait. Les dirigeants du syndicat ont de la ressource. C'est par leur intermédiaire que le docteur Godard va faire certaines rencontres et entrer dans certaines filières.

Toutefois, l'engrenage dans lequel il met le doigt est dangereux, certains dirigeants de la CDCA sont liés à des cercles fort peu recommandables. Yves Godard ne le sait pas, mais il va entrer dans un autre monde.

4.

Lorsqu'il n'est pas en déplacement, Christian Poucet, tout fantasque qu'il apparaisse, est un homme ponctuel dont l'emploi du temps est immuable ; c'est toujours à la même heure chaque matin, 9 h 15 précises, que sa *Corvette* couleur bleu nuit immatriculée *243 ALL 31* se gare dans la cour, devant ses bureaux, à la sortie de Baillargues. Chaque matin, comme un rituel, il commence la journée en s'installant au milieu de ses quatre employées pour boire le café et discuter de choses et d'autres – il raconte volontiers ses soirées au casino et parfois même ses nuits débridées dans les clubs spécialisés de la côte. Puis, toujours aussi rituellement, il entre dans son bureau, s'installe à sa table de travail et sort de sa poche le petit carnet qui ne le quitte jamais avant d'appeler sa banque à Luxembourg.

Officiellement, Christian Poucet est sans ressources ni domicile fixe, il ne gagne rien et ne possède rien, même sa *Corvette – la voiture de Batman*, comme disent les secrétaires – n'est pas la sienne, c'est un leasing. En revanche, il a toujours sur lui d'importantes sommes d'argent liquide, que l'une de ses employées est chargée d'aller retirer une fois par semaine au guichet montpelliérain de la *Caixa Geral de Depósitos*, banque portugaise en France. En fait, à l'image de sa situation bancaire, la vie entière de Christian Poucet est offshore. Elle se partage, outre le Luxembourg pour la banque, entre l'île portugaise de Madère et certaines îles Britanniques réputées pour être hospitalières pour les portefeuilles bien garnis. Îles anglaises des côtes normandes et île de Man, en mer d'Irlande.

Christian Poucet a donc ses rituels du matin dans ses nouveaux bureaux à la sortie de Baillargues, mais il soupire, car ici il a dû se résoudre à laisser derrière lui ses *clowns*, ses *cryptocentrus* et ses *pseudochromis* qui naguère ondulaient voluptueusement sous ses yeux dans son magnifique bureau du siège de la CDCA, dans le centre de Montpellier, où il avait fait installer un gigantesque aquarium de poissons exotiques marins, sa grande passion. Il a fallu en partir car il n'était plus raisonnable de continuer ainsi à juxtaposer dans un même lieu ses fonctions de leader du syndicat, purement militantes et bien sûr désintéressées, et ses affaires personnelles, les unes n'étant *absolument pas liées* aux autres, comme il le répète à l'envi.

Ces bureaux ternes qu'il occupe désormais en bordure de la nationale 113 dans la zone artisanale de Baillargues pour ces dites affaires personnelles sont fonctionnels et modestes, leurs murs impersonnels sont garnis d'armoires grises où sont classés les dossiers de la clientèle.

La clientèle, quelle clientèle ? Quelles peuvent bien être les affaires que traite le leader de la CDCA ?

Nous y voilà.

Alors commençons par le commencement.

Un commerçant digne de ce nom, tout galvanisé qu'il soit par son militantisme anticharges, n'est pas né de la dernière pluie. Les barricades, d'accord, mais à condition que la boutique tourne. Le commerçant aime, comme on dit, assurer ses arrières ; or, la grève des cotises le prive d'assurance maladie et vieillesse. Ce grand vide suscite de nouveaux besoins pour sécuriser ses vieux jours, alors évidemment, pour qui sera en situation de satisfaire ces préoccupations, il y a de belles perspectives. Et si en plus tout se fait entre camarades du syndicat…

– *L'argent que vous ne donnez pas aux caisses, ne le bouffez pas !*

Christian Poucet est serviable, le leader qu'il est se doit de donner de bons conseils.

– *Placez votre argent, mais surtout mettez-le en lieu sûr !*

Et son discours se conclut généralement ainsi :

– *Nous savons comment vous aider.*

Voilà donc le premier service offert par les succursales de l'Organisation mise en place par la CDCA : des placements discrets, hors d'atteinte du fisc, des caisses de Sécu et de leurs huissiers maléfiques. Donc hors de France, hors du circuit des grandes banques, même.

À Luxembourg, un ami de Christian Poucet, un certain Patrick H. natif de Strasbourg, est une sorte de Madoff avant l'heure qui fait la navette entre le sud de la France et le Luxembourg dans une très luxueuse berline ; ce financier se fait fort de faire fructifier l'épargne des petits commerçants. *SOCODIN*, c'est le nom de banque coopérative qu'il a montée avec Poucet. Disons d'emblée que ces placements seront si discrets qu'ils finiront par être mis hors d'atteinte des épargnants eux-mêmes, ce qui vaudra à notre homme à la grosse berline de sérieux ennuis – mais n'anticipons pas.

Le deuxième besoin des travailleurs indépendants qui tournent le dos au système de sécu à la française est de trouver de quoi la remplacer. Voilà donc le deuxième service offert par d'autres succursales de l'Organisation, une assurance maladie privée, dont les fonds sont mis hors d'atteinte eux aussi de l'Administration française et de ses juges.

Enfin, deux autres grands « services » sont proposés aux petits artisans : délocalisation juridique de leurs structures pour échapper à la taxation des bénéfices et délocalisation virtuelle de leurs salariés pour échapper aux charges sociales. Si de nos jours ce mot, délocalisation, est devenu pour le commun des mortels un gros mot dénonçant les turpitudes des très grandes entreprises, il faut savoir qu'au début des années 1990, pour tous les adhérents de la CDCA, c'est au contraire un mot magique, empreint d'une grande modernité. La délocalisation c'est l'avenir, un remède miracle à leurs tracas.

Bien sûr, ces « affaires » n'ont strictement rien à voir avec le syndicat lui-même, lequel n'en profite que très partiellement; les vrais militants se refusent au mélange des genres et refusent d'entrer dans ces combines, *on ne va pas faire du business sur le dos des adhérents*. Ceux-là, les purs, sont à mille lieues d'imaginer ce qui se trame en coulisse, où d'autres qui n'ont pas ces scrupules ont flairé la bonne affaire.

Le fichier des membres du syndicat est un réservoir miraculeux de dizaines de milliers d'adhérents désireux d'échapper aux circuits traditionnels, nul besoin d'être spécialiste de haute finance pour comprendre que les sommes en jeu sont colossales. Toute l'astuce consistera, pour qui tire les ficelles, à tout présenter comme un simple service rendu aux militants et surtout tout organiser pour ne pas éveiller le soupçon que certains se servent copieusement au passage.

Très vite, dix-huit mille adhérents de la CDCA vont souscrire à l'assurance maladie «*maison*» – parmi eux, le docteur Yves Godard.

Très vite, des milliers d'entre eux vont vouloir placer les cotisations dont ils privent les caisses – parmi eux, le docteur Yves Godard.

Très vite, nombre d'entre eux vont se renseigner pour délocaliser les profits de leur café, de leur boulangerie, ou bien chercher à placer leurs biens sous un régime plus favorable – parmi eux, le docteur Yves Godard.

À Baillargues, dans les bureaux de Christian Poucet, on embauche. À l'étranger, on cherche des appuis, des points de chute. Ils seront nombreux. Au Luxembourg, en Allemagne, en Belgique. Mais c'est surtout au Royaume-Uni, en Irlande et sur l'île portugaise de Madère que l'Organisation CDCA va ancrer ses ramifications.

En France, deux plateformes de triage des demandes des adhérents sont créées, sous forme de deux GIE (groupements d'intérêt économique). Ces deux structures jumelles sont baptisées de façon à les confondre avec les initiales du syndicat : *CDCE* et *CDCI*; ces sigles abritent, via quelques holdings, une galaxie de sociétés *offshore* – galaxie de sociétés, cette métaphore est certes galvaudée mais elle décrit assez fidèlement l'organisation tentaculaire dont ces modestes bureaux à la sortie de Baillargues ne sont que la tête de pont visible.

Épargnons-nous d'entrer dans le détail, car un descriptif complet serait fastidieux, sauf pour qui se délecte du décryptage des montages savants de sociétés écrans. Pour les digérer, il est même indispensable de dresser de grands tableaux avec schémas et flèches dans tous les sens, après épluchage en règle de ces statuts de société collectés auprès des registres de commerce. Ce travail d'analyse des participations croisées et des listings d'actionnaires de la *galaxie CDCA*, la brigade financière du SRPJ de Montpellier l'a efficacement fait. Le résultat est édifiant.

Ce sont les avatars de cette Organisation que va croiser le docteur Godard sur sa route.

5.

L'Administration peut être impitoyable et n'est jamais pressée, elle sait attendre son heure. La patience des services de recouvrement des organismes publics est légendaire ; au demeurant, ils se doivent de contenir ces pulsions inquisitoriales dans la stricte légalité et c'est bien là leur faille. En fait, le fraudeur récalcitrant peut les narguer, rouler sous leur fenêtre en limousine et vivre dans un palais, tant qu'il ne possède rien à son nom ils ne pourront pas lever le petit doigt.

Après en avoir été l'initiateur, Christian Poucet, le leader de la CDCA, est devenu le roi de cette tactique ; il montre l'exemple en poussant ce raisonnement à l'extrême, il vit comme un nabab en restant officiellement SDF. La belle villa dans laquelle il demeure est au nom de sa mère, il est sans revenus, ni biens, ni compte en banque en France, ni rien. Ce qui fait beaucoup rire sa secrétaire.

À son échelle, dans son coin, le militant Godard va faire de même. Les juges emploient une belle formule pour nommer cette stratégie : organiser sa propre insolvabilité.

La *Confédération de défense des commerçants et artisans*, quant à elle, fournit les conseillers juridiques. Pour le Grand Ouest, c'est une avocate de Saint-Brieuc, maître Caroline Glon, qui défend les adhérents. Yves Godard lui téléphone à plusieurs reprises et prend rendez-vous pour venir à Saint-Brieuc.

Maryves et *Hanneman*, ce sont les deux noms qu'il choisit comme nouveaux propriétaires de tous ses biens. La Société civile immobilière *Maryves* – contraction de Marie et Yves – devient l'heureuse détentrice de la maison du pont de Juvigny et de l'appartement de Lyon. Quant à la SCI *Hanneman*, elle acquiert le cabinet médical du 1, boulevard Maréchal-Lyautey à Caen. Samuel Hahnneman est un médecin allemand du XIXe siècle qui est entré dans l'histoire pour avoir fondé l'homéopathie, le voilà désormais symboliquement propriétaire de la maison du docteur Godard. Les porteurs de parts de ces deux SCI sont les enfants et l'épouse d'Yves Godard.

Après les maisons, les voitures. Yves Godard cède à titre gratuit la propriété des deux véhicules, la *306* rouge et le *Combi* blanc, à ses enfants âgés de quatre et six ans, c'est leur nom qui figure désormais sur la carte grise. Voilà, c'est déjà ça, personne ne pourra venir saisir ni la maison ni les voitures. Peu à peu, le docteur Godard met en place les conditions de ce que nous pourrions nommer son évasion.

En Normandie, dans les réunions de la CDCA, des prospectus envoyés par le siège de Montpellier sont distribués. *Délocalisez votre activité*, est-il écrit. Ces mêmes slogans figurent chaque mois dans les pages du journal des militants, *Le Légitime*. Avec une adresse et un numéro de téléphone. Lorsque les adhérents appellent, ils tombent directement dans les bureaux de Christian Poucet à Baillargues – la galaxie CDCE-CDCI – avant d'être redirigés pour certains vers l'île de Madère.

En Normandie, des réunions spécifiques sont organisées sur ce thème. Ce sont les patrons de la CDCA Grand

Ouest qui viennent à tour de rôle depuis la Bretagne pour animer ces réunions. Ils sont trois. Parmi eux, Pascal Michel, *ancien poissonnier de campagne*, comme il aime se définir lui-même, qui s'est lancé lui aussi dans la délocalisation d'entreprises. Au début, les Bretons ne travaillent pas encore directement avec Madère, seulement avec la Grande-Bretagne. Avec ses deux associés, Pascal Michel a monté depuis le bourg de Bégard dans les Côtes-d'Armor une « structure d'accueil » à Torquay, dans le sud de l'Angleterre. *Société européenne de télésecrétariat et de télé informatique (SETTI)*, c'est le nom de ladite structure. Ce bureau chargé d'enregistrer les délocalisations aura bientôt, pour ceux qui le souhaitent, un « petit prolongement » destiné à l'ouverture de comptes bancaires à Jersey et à l'île de Man. Là-bas, tout est plus simple. Ce « petit prolongement » porte un nom, *Monad Global Ltd*, société officiellement spécialisée dans la domiciliation d'entreprises. Tarifs : mille trois cent cinquante livres sterling pour ouvrir une *Limited* en Irlande et en Angleterre, deux mille cent cinquante livres pour la même LTD à l'île de Man, aux îles vierges ou aux Bahamas. Pour l'ouverture d'un compte bancaire, il faut passer par d'autres intermédiaires locaux.

Les adhérents sont nombreux à se montrer intéressés, même si au final peu d'entre eux franchissent le pas. Mais les militants normands les plus actifs, ceux du noyau dur, ne rechignent pas à montrer l'exemple. Du jour au lendemain, les camarades du docteur Godard au sein du *noyau dur* normand vont s'exiler virtuellement de l'autre côté de la Manche. Ainsi, le menuisier qui fabrique des barrières à Verson ; ainsi l'entrepreneur et maître d'œuvre de Caen, futur président de la CDCA-Calvados ; ainsi, le pizzaiolo de Thury-Harcourt, bourgade située à une vingtaine de kilomètres au sud de Caen. Sa pizzeria du centre ne sera plus la *Pizza Gino* que les Normands connaissaient depuis 1991, mais la *Pizza Gino Limited*, ce qui fait plus chic et procure bien des avantages. Oui, c'est ainsi, dans les assiettes normandes, une Calzone devient une pizza *Limited*, marre des charges françaises, basta cosi! Et le siège social de la pizzeria Gino Ltd sera situé dorénavant à Sommerset House, Temple Street, à Birmingham, code postal B25DN, où bien sûr Siro le pizzaiolo normand né à San Felice en Italie n'est jamais allé. C'est l'une des succursales de la structure de délocalisation de l'ancien poissonnier breton, *CINNSTER INC (SETTI LTD)*, qui s'occupe de toutes les formalités, le pizzaiolo n'a qu'à signer et débourser douze mille francs. C'est aussi simple que ça.

Les dirigeants CDCA bretons viendront six à sept fois en réunion à Caen. À l'issue de ces meetings, le docteur Godard vient discuter avec ces sympathiques camarades, promoteurs de la liberté d'entreprendre, bretons comme lui, amateurs de voile comme lui.

6.

Le « poissonnier de campagne » accepte de nous recevoir. Il est loin le temps des barricades et des commandos musclés contre les huissiers des caisses maladie, c'est un homme établi qui nous accueille. Il y a bien longtemps qu'il n'a pas mis les mains dans le poisson.

Pascal Michel a créé *SETTI Limited* dès 1996 pour délocaliser les activités des adhérents de la CDCA de l'Ouest. À l'époque, ils étaient trois associés. L'un, ancien attaché parlementaire, est resté en Bretagne, l'autre l'a quittée pour Marseille où il a monté un business de délocalisation similaire via l'Espagne et le Portugal. À la grande époque, ces passionnés de voile avaient tous les trois un bateau au mouillage dans un port quelque part entre Saint-Malo et Paimpol.

Oui le temps a passé, la société *SETTI* a depuis longtemps quitté la semi-clandestinité et ses petits bureaux du bourg de Bégard, elle a désormais pignon sur rue à Guingamp. *SETTI* est devenue une dynamique entreprise locale comme les aime le journal *Ouest-France*, avec photo du personnel au complet dans les nouveaux bureaux :

« *Cette jeune société imaginée par son directeur emploie onze salariés.* »

Sur le parking dort un gros 4×4, volant à gauche mais plaques anglaises. Délocalisé, forcément délocalisé. *(C'est juste pour les emmerder. – Emmerder qui ? – Ben, l'Administration.)*

On ne se refait pas.

L'homme est affable. Il est solide aussi, cela se sent. Et ne craint pas la provocation.

– Sabine, la secrétaire qui vous a accueilli, son nom de famille c'est Godard.

– Ah oui ?

– C'est une cousine du docteur Godard.

Il jure que ce n'est pas une plaisanterie. En effet, dans l'organigramme de la *SETTI limited* figure bien une Godard.

– Un membre de la famille Godard travaille chez vous et c'est un pur hasard ?

– Un pur hasard !

– À qui allez-vous faire croire une chose pareille ?

– À vous, pardi !

Cette anecdote résume assez bien la tonalité de la conversation qui va suivre avec l'ancien leader de la CDCA Grand Ouest, responsable hiérarchique d'Yves Godard du temps où celui-ci était le trésorier pour la région voisine de Basse-Normandie.

Pascal Michel porte beau, pourtant il a vécu. Il s'est battu. La CDCA, ce sont de grands souvenirs et quelques cicatrices, douze gardes à vue, une condamnation. Par ailleurs, notre hôte ne cache pas ses accointances passées avec la mouvance autonomiste bretonne. Des durs à cuire.

Mais c'est fini ce temps-là, aujourd'hui c'est un homme radieux, on l'imagine davantage un club de golf à la main plutôt qu'une batte de base-ball derrière le dos. Seule constante, il continue à délocaliser à tour de bras, en ce moment le truc c'est la Pologne.

Voilà donc un homme tranquille. L'est-il vraiment ? Le téléphone sonne, c'est son avocat. Non, répond-il, il est encore là.

On cause voile, il a récemment régaté avec son fils sur toute la côte britannique jusqu'au nord de l'Écosse et même l'île de Lewis. Pardon ? Avons-nous bien entendu ? Encore ce fichu hasard.

Ce chef d'entreprise qui aime se définir comme un entrepreneur devenu libre après avoir été simple poissonnier de campagne accablé par les charges aime aussi jouer du biniou, sa grande passion. *Breizh for ever.* Pour le reste, inutile d'insister, il maîtrise l'art de l'esquive.

– Les membres de la CDCA Bretagne passionnés de voile ?

– Ouais, et alors. Godard, on ne le connaissait pas. On a dû le voir deux-trois fois, pas plus.

– Godard aidé par des complices pour se débarrasser du NICK ?

– Qu'est-ce que j'en sais, moi, demandez aux flics.

– Son compte bancaire à l'île de Man ?

– Je ne lui ai ouvert aucun compte.

– Poucet éliminé parce qu'il voulait reprendre la main sur toutes les affaires de la CDCA ?

– Mauvaise piste. Tué pour une dette de jeu.

– Et Godard, si je vous dis qu'il ne s'est pas suicidé ?

– Tout ça c'est du cinéma. Vous vous faites des films.

Nous repartons perplexe, en dévisageant la dénommée Sabine Godard à l'accueil. L'ancien homme fort de la CDCA-Bretagne est un homme intelligent et convaincant, de surcroît il est sympathique ; sur le parking il insiste pour offrir un verre. Vraiment sympa, vraiment fortiche.

7.

Au sein de la confrérie des petits commerçants en colère, les médecins ne se sentent pas totalement chez eux, voire quelque peu marginalisés. En ce milieu des années 1990, ils sont pourtant nombreux, plusieurs milliers de blouses blanches à travers le pays sont adhérents de la CDCA. L'un de ces médecins, responsable à l'échelon national des problèmes spécifiques des professions libérales, voudrait bien créer un vrai service d'assistance juridique efficace et le mettre à disposition des médecins aux prises avec leurs administrations de tutelle. Mais la stratégie de Christian Poucet, c'est plutôt l'action de masse, spectaculaire. Les barricades plutôt que les dossiers. De cette divergence va naître une scission.

À la fin 1995, le médecin dissident, le dénommé Patrice Planté, crée *SOS Action Santé*, entraînant dans son sillage plus de deux mille médecins, kinés et infirmières à domicile.

Le 3 octobre 1997, le docteur Godard adhère officiellement à la nouvelle organisation dissidente. Il renouvellera sa cotisation annuelle le 3 octobre 1998 pour l'année 1999. Logiquement, il est prié par ses nouveaux camarades de solder son appartenance précédente. C'est la raison pour laquelle Yves Godard va cesser officiellement d'être le trésorier de la CDCA Calvados ; à ce moment-là, ses proches et même son épouse vont légitimement penser qu'il prend ses distances avec la CDCA. Ce qui est loin d'être le cas, il continuera discrètement, voire secrètement, d'y jouer le même rôle au sein du *noyau dur*. Et ce jusqu'au jour de sa disparition.

SOS Action Santé voit les choses en grand, un peu à la manière de l'industrie pharmaceutique, qui aide discrètement ce genre d'associations. Congrès, séminaires, grands shows, grand-messes, partenariat avec le club d'expatriés *France libre d'entreprendre* pour affréter un *Eurostar* avec voyage d'études d'une centaine d'adhérents à Ashford, en Angleterre ; la nouvelle organisation ne manque ni d'allure ni d'ambition. Les médecins retrouvent là une ambiance qu'ils connaissent bien, celle des congrès médicaux financés par les grands labos.

SOS Action Santé rassemble tous ses membres en congrès annuel à Beaune, célèbre cité viticole de Bourgogne. On y parle boutique tout en dégustant de bons crus. En décembre 1997, le thème central de la grand-messe annuelle est la délocalisation, un avocat niçois est l'invité vedette. Il se murmure que nombre des clients fortunés de ce juriste spécialisé en fiscalité internationale sont installés à Monaco. Au cours du congrès, cinq petits films sont projetés, ils présentent sur un ton humoristique cinq pays accueillants pour les médecins. Comment partir, comment s'installer, statut du praticien et reconnaissance des diplômes étrangers, vie quotidienne et scolarisation des enfants. La conclusion des congressistes est que la vie est bien plus simple pour un médecin dans les autres pays européens. Le docteur Godard, lui, repart du congrès de Beaune avec de la documentation.

À l'instar de sa structure jumelle dédiée aux petits commerçants, le nouveau « syndicat des médecins en colère » se développe et se structure. Dans chaque région, ses militants se présentent aux élections professionnelles qui désignent les délégués aux caisses de retraite des médecins. Pour les militants anti-Sécu, voilà un bon moyen de faire de l'entrisme et tenter d'y jouer un rôle, voire intercéder au cas par cas pour faire cesser les poursuites contre les camarades. À la longue, cette stratégie sera payante, l'un des responsables du mouvement deviendra même président de la caisse nationale de retraite des médecins.

Cependant, l'objectif premier de *SOS* demeure l'aide juridique aux camarades en délicatesse avec leurs caisses. En Normandie, pour le docteur Godard, la situation est préoccupante, il reçoit lettre recommandée sur lettre recommandée ; des saisies-arrêts sont opérées sur son compte bancaire, les commandements de payer pleuvent et les huissiers frappent à sa porte. Il reçoit aussi de désagréables « petits papiers bleus », assignations devant le tribunal des affaires sociales. L'année 1999, il cumulera pas moins de trois procédures engagées contre lui, par l'URSSAF, la CPAM et la Caisse de retraite des médecins, autant de nouveaux ennuis qui s'ajoutent aux procédures déjà intentées à son encontre pour ses prescriptions de médicaments non reconnus. La pression judiciaire devient forte, l'étau se resserre. Le médecin caennais est mis en relation avec un avocat grenoblois spécialisé dans ces questions et une juriste de Dijon appointée par le syndicat l'aide à préparer ses dossiers. Yves Godard se démène, il envoie fax sur fax au siège de *SOS Action Santé*, trente-quatre envois au total seront enregistrés les mois précédant sa disparition. Dans la même période, il téléphonera à six reprises à l'avocate de la CDCA Bretagne, à Saint-Brieuc, dont il agrafe la carte de visite sur une page de son agenda, avec une annotation manuscrite sur le montant de ses honoraires.

Les mois passent, les ennuis s'accumulent. D'autres que lui finissent par capituler et prennent contact avec les caisses pour négocier étalements des arriérés et remises gracieuses. Pas lui. Capituler ? Jamais ! Désormais, le docteur Godard, militant anti-Sécu, est un homme aux abois.

8.

Christian Poucet est dans la lumière. Il est à la tribune des meetings, il est au premier rang des manifs et en photo dans les journaux auprès des élus qui comptent, il est vu dans les casinos niçois où il flambe, on le croise partout en France au volant de sa rutilante *Batmobile*, quand ce n'est pas l'avion privé de la CDCA qu'il utilise. Parmi les adhérents, les mauvaises langues disent qu'il veut tout contrôler, qu'il aime le pouvoir et pas seulement l'argent.

C'est l'homme qu'on voit. Tire-t-il pour autant toutes les ficelles ? C'est moins sûr. Le flamboyant leader du syndicat n'est pas un virtuose de la finance et il a conservé une certaine légèreté, c'est un flambeur. Cependant, il s'est entouré d'hommes et de femmes habiles qui vont, dans l'ombre et avec infiniment plus de discrétion que lui, transformer ce réseau CDCA en poule aux œufs d'or. Bien sûr, ces ambitieux orfèvres de la société offshore marchent main dans la main avec le grand patron. Jusqu'au jour où Christian Poucet va réaliser que le business du syndicat est en train de lui échapper.

Dans ce discret théâtre d'ombres au-delà de la scène éclairée où lui se tient, se cachent les vrais artisans du piège qui va se refermer sur le docteur Godard.

Il est donc temps de présenter d'autres grands acteurs de l'Organisation.

Nous allons tour à tour faire la connaissance d'un courtier en assurances d'Avignon qui mourra en pilotant son avion, d'une mystérieuse femme d'affaires portugaise entourée de gardes du corps et d'un riche homme de paille né sur l'île de Sark. Au passage, nous aurons aussi la surprise de croiser un ancien ministre de Mitterrand tout juste sorti de prison. Ce joli monde s'affaire en coulisse, derrière Poucet l'homme phare. Souvent pour le meilleur, l'argent. Parfois pour le pire, la mort.

*

Commençons par le dénommé Philippe Wargnier, un virtuose dans son domaine, l'assurance. Originaire de Cavaillon, dans le Vaucluse, où il est né le 30 août 1955, voilà un homme qui a su, depuis ses bureaux d'Avignon, développer brillamment ses affaires et celles de la *galaxie CDCA*, ouvrant des sociétés de Bristol à Funchal et du Vanuatu jusqu'à Montevideo.

Philippe Wargnier est littéralement l'homme invisible de la CDCA, omniprésent en coulisse et parfaitement inconnu des militants de base. Les patrons du mouvement, eux, le connaissent bien. Enfin, surtout ceux qui se sont lancés, chacun dans leur région, dans le business de la délocalisation.

Pour se repérer dans la jungle de ses structures, il y a un moyen mnémotechnique : le nom de ses principales sociétés commence par ses initiales, suivies des lettres qui correspondent à l'activité :

PW donc pour la holding, *PWG* (gestion), *PWB* (bâtiments), *PWA* (assurance), *PWASL* (assurance sociale).

Monsieur PW a ouvert de nombreuses autres sociétés, qu'il serait vain de détailler ici. Il nous faut toutefois en citer une, la plus importante d'entre elles, *BRASILINVEST*, société aux multiples prises de participations qui devient sa tête de pont personnelle dans les nombreuses activités qu'il partage avec Christian Poucet.

Monsieur PW est l'un de ceux qui a donné une dimension internationale aux affaires du syndicat. Un rôle fort utile, sauf qu'en mariant la *galaxie CDCA* au monde sans loi des paradis financiers – îles de Sark et de Man en tête –, il va croiser quelques authentiques requins de l'*offshore* britannique. Oh ! Des gens bien, prête-noms intouchables aux manières impeccables, parmi lesquels frayent quelques grands escrocs internationaux, très bien éduqués eux aussi.

Au milieu de cette décennie 1990, monsieur PW partage sa vie entre son bel appartement de Neuilly-sur-Seine, son autre domicile du centre d'Avignon et le splendide domaine qu'il fait restaurer du côté de Châteauneuf-du-Pape. Voilà donc un homme avisé qui a su s'enrichir. PW est par ailleurs un type sympathique qui apprécie d'autres sujets que causer syndicat ou business, il peut parler tennis et même voile. Passionné d'aviation, il a obtenu son brevet de pilote privé, ce qui lui permet bientôt de faire la navette agréablement entre Avignon et Montpellier en pilotant lui-même son *Piper Navajo*. Jusqu'au jour où, après une réunion avec ses partenaires d'affaire de la CDCA, il trouvera la mort, à l'âge de quarante-cinq ans, en s'écrasant sitôt après le décollage, réservoirs étrangement à sec.

Pour comprendre les raisons de sa chute, il nous faut revenir aux tout premiers temps de cette prolifique aventure du pactole de l'assurance maladie parallèle.

En 1987, Philippe Wargnier n'est alors que simple courtier en assurance établi dans un pas-de-porte du centre d'Avignon lorsqu'un commerçant local, adhérent CDCA, lui présente Christian Poucet. La collaboration qui se noue est d'abord toute simple, il s'agit de mettre en place un contrat d'assurance privée de type mutuelle pour les « grévistes de la cotise », à souscrire via le courtier Wargnier auprès des grandes compagnies d'assurance françaises.

À partir de 1991, lorsque la pression de l'État sur les réfractaires s'accentue, l'accès à ces grandes compagnies d'assurance devient impossible. Il faut trouver un nouveau moyen de rembourser les soins médicaux des adhérents. Philippe Wargnier, qui entre-temps s'est enrichi, voit grand ; il prend à son nom une participation majoritaire dans une petite compagnie d'assurance implantée au Vanuatu, paradis financier notoire. Et c'est ainsi qu'il va se lancer, avec beaucoup d'audace, dans la création *ex nihilo* d'un système entier de sécurité sociale parallèle pour les adhérents CDCA. Le commerçant de Maubeuge ou de Limoges est comblé, ses frais de médecin ou d'hospitalisation sont couverts et il continue d'envoyer ses demandes de remboursement de soins à Avignon. Il ne sait rien des astucieux montages financiers échafaudés en coulisse.

Les bulletins d'adhésion à cette nouvelle assurance maladie privée *PWASL* sont envoyés dans les vingt-six sections régionales du syndicat. Le réseau des adhérents CDCA est un prodigieux vivier de clients potentiels, acquis à la cause et confiants. En quelques mois, près de vingt mille militants souscrivent. Parmi eux, en Normandie, le docteur Godard. Un prélèvement mensuel est proposé, les sommes atterrissent, dans un premier temps, sur le compte *PWASL* au Crédit agricole d'Avignon pour finir sur un compte au Luxembourg. Le système fonctionne bien, ceux qui souscrivent sont satisfaits, ces contributions volontaires sont infiniment moins onéreuses que les cotisations obligatoires de la Sécu française, dont les taux de remboursement pour les travailleurs indépendants sont de surcroît très mauvais, tandis que cette nouvelle assurance « maison » rembourse rubis sur l'ongle et quasiment à 100 %.

L'affaire tourne bien. Le syndicat fait la démonstration qu'un système alternatif peut fonctionner, Christian Poucet pavoise et n'a de cesse de dénoncer la gabegie du système public obligatoire. Dans un livre d'entretiens qu'il fait publier, il annonce ses ambitions :

« Ce système fonctionne de manière impeccable pour environ 18 000 personnes, alors imaginez, il pourrait être encore plus performant avec les quelque 3,5 millions d'artisans et de commerçants que nous sommes. »

Le système fonctionne et il s'avère aussi très lucratif pour ceux qui l'ont mis en place. La cotisation annuelle, pour chaque adhérent, est de dix mille francs, ce qui représente dès les premiers temps un chiffre d'affaires annuel d'environ deux cents millions de francs.

Cette assurance sociale privée PWASL ne va faire que croître et embellir, prenant tour à tour les noms commerciaux de *Plan santé 92, Maeva puis Meiava.* Les services qu'elle offre se perfectionnent, bientôt une carte plastifiée « *tiers payant hospitalisation* », de format carte de crédit, sera même délivrée et renouvelée chaque année, comme le font les grandes mutuelles françaises. Quant à monsieur PW, il peut être fier de ce qu'il a mis en place. Le petit courtier d'Avignon a fait du chemin. Les revenus qu'il en retire sont considérables et au passage, Christian Poucet n'est pas oublié, loin s'en faut.

À partir de 1995, les adhérents sont priés d'envoyer leurs demandes de remboursement de soins directement à Bristol, en Angleterre. *PWASL Assurances Services Limited*, la société que Philippe Wargnier a montée en 1991, est bien sûr une société délocalisée, de droit britannique. Son siège est à Bristol. Monsieur PW ouvre même un bureau sur place, au numéro 40, *Berkeley Square*, où s'affairent quelques employés français et britanniques ; il embauche notamment Mister Wright, un courtier spécialisé dans la finance à la City. Bientôt une filiale de *PWASL* sera ouverte sur l'île de Man, juridiquement plus confortable.

Ce n'est pas une digression superflue que de décrire dans le détail cette assurance maladie parallèle, c'est au contraire l'une des clés de l'énigme. Ce n'est pas un hasard si Yves Godard, dans sa fuite, s'est arrêté à l'île de Man. Par ailleurs, il faut se souvenir des fameuses cartes retrouvées à intervalle régulier sur la plage des Ébihens en Bretagne, ces signaux anonymes envoyés régulièrement à destination de qui saura les lire, dont justement les deux cartes d'adhésion du docteur Godard à cette sécu parallèle de la CDCA.

La première, déposée en 2001 sur la plage, est la carte «*PWASL contrat maladie/chirurgie*», sur laquelle sont précisées, dans un encadré «*gestion des sinistres pour la France*», les coordonnées à Avignon du bureau *KORAIL* (gestion des dossiers), avec une adresse, un numéro de téléphone et de fax. Comme une piste à creuser.

Il y a aussi la toute dernière carte, «offerte» tardivement sur la plage à destination des enquêteurs, en décembre 2008, plus de neuf ans après la disparition de la famille Godard. Encore une carte *PWASL* au nom d'Yves Godard, de son épouse Marie et de leurs deux enfants, valable pour l'année 1998 :

«*MELAVA, votre gestionnaire santé*»

Avec ces mêmes coordonnées à Avignon.

9.

Les audacieux dirigeants de la CDCA ne s'arrêtent pas en si bon chemin, l'assurance maladie n'est pas tout. Dès l'année 1993, ces pionniers expérimentent la délocalisation virtuelle tous azimuts, non pas pour les seules grosses multinationales, mais pour Monsieur Tout-le-monde, pour chaque travailleur indépendant qui le souhaite, quels que soient son domaine d'activité et ses besoins. Le gouvernement s'inquiète, les ministres sonnent la charge.

À quoi ressemble concrètement la délocalisation d'un atelier d'artisan ? Et à quoi ressemble, pour de vrai, la démarche d'ouverture d'un compte dans un paradis bancaire ?

Sans entrer dans d'inutiles détails administratifs, prenons-nous au jeu. Survolons les deux mille deux cent quatre-vingt-seize kilomètres qui séparent la ville de Caen en Normandie de l'île portugaise de Madère, dans l'océan Atlantique, posons-nous à l'aéroport de Funchal et empruntons comme dans un rêve la route ER101 jusqu'à l'orée de la zone franche internationale, repiquons vers le centre et le port et arrêtons-nous dans une petite rue en pente, ça y est, nous sommes arrivés ; il suffit de monter les deux étages qui mènent à de petits bureaux où est installée la société *PIROGA*.

Ici travaille chaque jour une employée en chair et en os prénommée Cristina, qui parle français et qui est très dévouée envers sa patronne. Cette secrétaire, par ailleurs jeune maman, est entourée d'armoires de rangement et d'étagères sur lesquelles sont alignées des chemises cartonnées. Voilà ce qu'est, concrètement, une délocalisation d'atelier français via la CDCA, voilà où atterrissent après traitement à Baillargues dans l'Hérault les demandes des petits artisans lorsqu'ils souscrivent aux formulaires découpés dans le journal *Le Légitime*.

Dans ces bureaux de la société *PIROGA*, il y a l'étagère des dossiers de constitution de *LDA* – équivalent local de la *LTD* britannique – où dorment les statuts de ces ex-entreprises françaises devenues brusquement portugaises.

Il y a aussi l'étagère des dossiers *INTERIM*, où sont classées les fiches de paie d'intérimaires virtuellement embauchés à Madère par les sociétés de droit portugais *Pinto Mendes* ou *Bruyère*, sans avoir jamais eu besoin de quitter le territoire français.

Il y a aussi les dossiers *COMPTES EN BANQUE*, ouverts dans deux banques locales spécialisées dans les transactions internationales, la *Banco Atlantico* et la *Banif*.

Parmi tous ces dossiers, il en est un, certes assez peu volumineux. Un dossier aligné avec les autres, dans sa chemise cartonnée, dans son armoire de rangement, dans ce petit bureau de l'île de Madère. Et ce dossier-là est celui du docteur Yves Godard.

Nous avons longuement rencontré, l'été 2011, une personne qui fut au cœur de ce business franco-portugais au sein de la nébuleuse CDCA et qui nous a décrit l'histoire de cette Organisation dans le détail. Le récit donne le vertige.

Cet individu a de bonnes raisons de craindre aujourd'hui pour sa sécurité, le souvenir de l'assassinat de Christian Poucet fait peur, tout comme «l'accident» d'avion qui a coûté la vie à l'assureur Philippe Wargnier. Les commanditaires du meurtre de Poucet courent toujours, tout comme les tueurs professionnels qui furent appointés pour l'exécuter. Aussi nous ne dévoilerons rien qui puisse permettre d'identifier notre «guide» dans cette branche portugaise de la galaxie CDCA. Contentons-nous de dire que notre informateur la connaît très bien.

– Nous, on n'avait jamais fait le rapprochement entre notre dossier au nom de Godard et votre médecin disparu. C'est seulement bien plus tard que j'ai compris que c'était une seule et même personne.

Ce dossier Godard et ses trois sous-dossiers sur les étagères de la société *PIROGA* à Madère contiennent notamment trois éléments : une demande d'ouverture de compte bancaire au nom de Godard Yves, datée du 23 septembre 1996. Ce premier document a transité par les bureaux CDCA de Montpellier *via* la société *Tripletrade*, holding commune de Poucet et Wargnier.

Le deuxième document est un RIB de la banque *BANIF*, correspondant au compte numéro *90 14 12988* ouvert au nom d'Yves Godard le 7 janvier 1997 par la société *PIROGA*.

Enfin, le troisième document est un relevé de nombreux virements effectués à partir de cette date vers ce nouveau compte bancaire secrètement ouvert par le docteur Godard. Les virements viennent de son compte BNP ouvert dans ce but à l'agence de Bayeux, dans le Calvados – la BNP est en France la correspondante de la *BANIF*. Yves Godard n'est pas le seul à alimenter son compte, les virements viennent aussi de différentes personnes ayant des comptes dans différentes banques.

Un dossier Godard à Madère, donc. Et un compte bancaire à la *BANIF, Banco Internacional do Funchal*, donc.

Poursuivons ce ténébreux jeu de piste en faisant à présent connaissance avec la patronne de la dévouée secrétaire francophone, car c'est la figure essentielle de cette galerie de portraits.

C'est une femme qui a créé cette société *PIROGA*, une femme d'affaires qui, lorsqu'elle séjourne sur l'île de Madère, demeure dans le quartier de San Antonio sur les hauteurs de Funchal.

Comment la décrire, par quoi commencer ? Par l'énumération des quatorze sociétés qu'elle détient en nom propre ou bien par la description des gardes du corps brésiliens dont elle ne se sépare pas, surtout entre les années 1999 et 2001 ? Par ses relations dans la bonne société portugaise ou plutôt par ses accointances avec quelques prête-noms des îles Anglo-Normandes ? Non, le plus utile est sans doute d'annoncer d'emblée que cette femme d'affaires, petite brune menue non dénuée de *chien*, disent ceux qui la connaissent bien, va devenir la grande rivale de Christian Poucet pour le contrôle du business lié au syndicat, après avoir été sa meilleure alliée.

Tout avait pourtant très bien commencé entre eux, c'est Christian Poucet lui-même qui l'avait invitée dans les viriles affaires CDCA au début de l'année 1996. La femme d'affaires portugaise lui avait été présentée par son ami financier, Patrick H., « le Strasbourgeois », celui qui place l'argent à Luxembourg.

Peu à peu, la *Senhora* a pris de plus en plus de place au sein de l'Organisation, à mesure que le business passait entre ses mains. Elle est entrée dans la famille, la *senhora* s'est même mise en ménage avec l'un des bras droits de Christian Poucet, un certain Éric G., assureur marseillais et homme d'action intrépide.

Plus le temps passe, plus l'influence occulte de «*la Portugaise*» s'accroît, elle réussit même à s'allier à la plupart des dirigeants du syndicat, ceux qui comptent au sein de la «Collégiale». En moins de trois ans, la femme d'affaires de Madère est devenue une figure incontournable de l'Organisation.

Christian Poucet aimerait tout contrôler. Or, les barons des grandes régions CDCA entendent rester maîtres chez eux, y compris pour le business de délocalisation. C'est le cas notamment en Bretagne. Voilà pourquoi ils vont miser sur la femme d'affaires portugaise et tenter peu à peu d'évincer Poucet. Plus tard, ces dissensions conduiront la *senhora* à créer avec les grandes figures historiques de la CDCA un nouveau syndicat, paré du titre ronflant de CDCA européen, après scission avec les adhérents restés fidèles au chef historique. Au passage, ils emporteront avec eux l'essentiel du business lié au syndicat, ce qui rendra Christian Poucet fou de rage.

Ne reste plus qu'à dévoiler son nom. Maria Fernandes Pinto Mendes Duarte – connue à la CDCA sous le nom de Maria Duarte par certains et Maria Mendes par d'autres.

La *senhora* Mendes est née le 17 avril 1964 à Luanda, en Angola, du temps où ce pays d'Afrique était encore une florissante colonie portugaise. Les Mendes sont originaires de la petite ville de Lamego, au nord de Porto, région dans laquelle cette famille de notables possède des vignes. La légende, colportée par Christian Poucet, veut que le père de Maria Mendes soit ancien ministre de la Justice du Portugal. Nous n'en trouvons pourtant aucune trace, il semble plutôt que le père de Maria, Joao, décédé début 2001, fut un avocat, élu local de Lamego après une carrière outremer. Maria, elle, a fait des études de comptabilité. Son statut d'expert-comptable va devenir son fonds de commerce. Par ailleurs elle figure au journal officiel de la république portugaise comme candidate admise l'année 1997-1998 en tant qu'officier de justice stagiaire, avec pour issue un statut de magistrat dans certaines instances consulaires. Une femme installée, donc.

À Funchal, Maria Mendes Duarte ne fait pas que du business virtuel de délocalisation, non, elle s'implante. Elle possède une boutique de prêt-à-porter en centre-ville et une autre de lingerie chic, elle est aussi l'heureuse propriétaire d'un bar à cocktails branché, l'*Execesso*, ouvert tardivement et fréquenté aussi bien par la voyoucratie locale que par la jet-set de passage. Pour l'anecdote, précisons que ce *lounge* pourra se targuer d'avoir compté parmi son personnel une jolie brune qui deviendra Miss Portugal. Précisons encore qu'à côté de la belle serveuse, Maria Mendes embauchera, comme serveur le temps d'un job d'été, un petit Français. Et toujours pour l'anecdote, précisons enfin que ce jeune homme n'est autre que le fils aîné du responsable CDCA Bretagne Grand Ouest, l'ancien « poissonnier de campagne » qui a monté sa propre structure de délocalisation vers l'Angleterre depuis Bégard, dans les Côtes-d'Armor. Le monde des petits commerçants en colère est une grande famille.

Si Maria Mendes a une formation d'expert-comptable et des notions de droit, elle a surtout le sens des affaires.

Voilà une femme qui sait transformer, le temps de le dire et moyennant cinquante mille francs de l'époque, n'importe quelle PME française en LDA de la zone franche de Madère, où l'imposition sur les bénéfices se fait à dose homéopathique ; sa société, *PIROGA*, propose aussi de gérer directement la comptabilité des entreprises, ce qui lui donne accessoirement un accès privilégié aux secrets, petits et grands, de tous ses clients. Par ailleurs, cette femme fait ouvrir en un tournemain et pour seulement six cents francs de commission un compte bancaire – la responsable locale de la *BANIF* est une de ses très bonnes amies, ce qui facilite l'ouverture express de comptes discrets.

Les premiers temps, la CDCA envoie trente dossiers de délocalisations et deux cents demandes d'ouverture de comptes, ce n'est pas avec cela qu'on fait fortune, les gains engrangés demeurent modestes.

La grande affaire de *Senhora* Mendes est surtout la fourniture de main-d'œuvre, un besoin qui par nature se renouvelle sans cesse. Marché bien plus juteux, donc. En 1996, deux sociétés d'interim sont alors montées avec Christian Poucet, à la plus grande satisfaction des uns et des autres. *Pinto Mendes* et *Bruyère*, c'est le nom de ces deux sociétés, s'intègrent à merveille parmi les services offerts aux petits artisans, au sein du groupement d'intérêt économique « CDCI » (I comme intérim), dans les bureaux de Baillargues. Avant que cette belle aventure franco-portugaise ne finisse mal.

10.

Automne 1996. Au cours d'un meeting à Perpignan, Christian Poucet s'enflamme. Il s'en prend aux juges et plus précisément au magistrat chargé d'enquêter sur les comptes CDCA, à la suite de plaintes déposées par des militants sur des détournements de leurs fonds. Les militants sont nombreux à avoir la désagréable intuition qu'ils ne reverront jamais leurs économies placées à Luxembourg par le Strasbourgeois Patrick H., « le Madoff de la CDCA » que leur avait présenté Christian Poucet.

Le leader du syndicat estime au contraire que la justice est instrumentalisée pour abattre son mouvement, parce qu'il dérange trop les gouvernements en place. Poucet clame donc qu'on cherche à l'abattre.

– *Alors moi je suis prêt à abattre un magistrat,* fanfaronne-t-il à la tribune.

A-t-il vraiment prononcé ces propos tels quels ? Il le niera. Était-ce une simple formule de rhétorique ? Toujours est-il que quelques jours plus tard, tandis qu'il circule à bord de sa *Corvette*, il est interpellé, inculpé pour menaces de mort et placé en détention provisoire. Des armes sont retrouvées à son domicile. Jugé en comparution immédiate le 3 décembre 1996, Christian Poucet est condamné à douze mois d'emprisonnement ferme.

À l'audience, le procureur l'a martelé haut et fort, Poucet est un voyou, il doit être jugé comme un délinquant de droit commun, n'en déplaise à maître Vergès, accouru pour le défendre. L'emblématique leader des petits commerçants mord la poussière.

En prison, Christian Poucet ne perd rien de sa superbe et de sa combativité. À l'extérieur, de grandes manifestations de soutien sont organisées en sa faveur. À l'intérieur, il s'agite, cesse de s'alimenter, tente de fédérer les prisonniers en créant un syndicat de détenus, visiblement il embarrasse les surveillants au point que l'administration pénitentiaire semble ne plus savoir que faire de ce bien curieux prisonnier. D'abord incarcéré à la maison d'arrêt de Montpellier, puis à Fresnes, puis à Perpignan, il échoue finalement au quartier VIP de la prison de la Santé, à Paris.

Dans la théorie physique dite du chaos, souvent appelée « effet papillon » lorsqu'on l'applique aux événements humains, la conjonction de plusieurs microévénements, aussi minimes et épars soient-ils, peut conduire à des bouleversements majeurs à l'autre bout de la planète.

Alors ce n'est pas abuser de cette vision des choses que d'affirmer ici que le fait anodin que Christian Poucet soit placé en détention dans la troisième division de la prison de la Santé, dite *quartier VIP*, aura des conséquences sur la suite de son parcours et sur l'évolution de ses affaires; il n'est pas abusif non plus d'annoncer que ce fait aura des conséquences sur les futures dissensions au sein de la CDCA et *in fine* sur le destin du docteur Godard.

À la Santé, les détenus de la troisième division profitent de meilleures conditions de détention que les autres prisonniers, l'ambiance y est courtoise et les murs peints en bleu ciel. Pour la promenade non plus les pensionnaires de marque ne sont pas mélangés à la plèbe carcérale ; l'inconvénient est que les VIP n'ont pas accès à la grande cour centrale à ciel ouvert, l'avantage de cet entre-soi quasi mondain est qu'il facilite les rencontres, au cours des promenades dans l'étroite coursive grillagée où les détenus de la troisième division font les cent pas deux fois par jour – la cage, comme l'appelle Christian Poucet.

En ce milieu d'année 1997, la saison des affaires politico-financières bat son plein, le quartier VIP est fréquenté par du beau linge et Poucet va, effectivement, y faire des rencontres. Il croise Bernard Tapie puis l'avocat d'Alain Carignon, salue le patron de la Lyonnaise des Eaux et discute longuement avec l'ancien PDG d'ELF, Loïc Le Floch-Prigent. Il sympathise avec certains et va même nouer des liens avec l'un de ces détenus de marque.

Ah ! Et lequel ? Quel est ce détenu avec lequel il va lier des relations ? Dans le livre d'entretiens qu'il fera paraître en 1998, Christian Poucet racontera cette période en énumérant, non sans fierté, toute la liste de ses codétenus célèbres qu'il a croisés entre les murs bleus de cette fameuse troisième division ; toutefois, il prendra grand soin de ne surtout jamais citer le nom de son nouvel « ami », pourtant bien connu. Malgré l'insistance de l'intervieweur pour lui faire cracher le morceau, Christian Poucet restera évasif, non, il ne citera pas le nom de cette personnalité avec laquelle il va rester en étroit contact une fois leurs peines purgées, au point de l'associer à ses affaires et même de l'embaucher comme bras droit en le faisant venir à ses côtés dans ses petits bureaux gris de Baillargues.

Alors, cet homme, qui est-il ?

Après l'assureur aviateur d'Avignon, après la femme d'affaires de Madère et avant l'homme de paille de l'île de Sark, précisons immédiatement que cet ancien VIP de la prison de la Santé ne jouera que les seconds rôles dans ce casting de la galaxie CDCA. Mais assurément c'est une *guest star.* Partons sans plus tarder à sa rencontre.

11.

Manifestement intrigué, il accepte une brève entrevue, qui va se dérouler un vendredi dans un café au nom fleuri, *Les Hortensias,* place Pereire, dans le 17e arrondissement de Paris, le 4 mars 2011. Nous attendons à une table, lui à une autre, plongé dans *Le Figaro.* Au bout d'un moment, mais si, c'est bien lui, allons-y.

– *Un autre café ?*

– *Non.*

Dire qu'il est sur ses gardes est une litote. D'entrée, il nous ordonne :

– *Rangez votre carnet de notes.*

Et il ajoute :

– *Je n'ai rien à dire, je ne vois pas bien l'intérêt de parler de ces affaires que je ne connais pas.*

Le ton est donné. Nous allons donc devoir rassurer notre interlocuteur en expliquant que, justement, il n'était pas en première ligne et que… Mais non, il botte en touche.

Nous essayons une autre approche, moins candide, nous jurons que nous n'écrirons pas un mot sur les trois autres procédures en cours qui lui valent aujourd'hui encore d'être interrogé par la justice. Aïe, erreur, il se ferme plus encore, manifestement surpris que quiconque puisse avoir connaissance de ses petits soucis actuels. Du reste, au moment de se séparer trois quarts d'heure plus tard, il prendra soin, un peu fâché, d'adresser cette mise en garde en payant ostensiblement un seul café, le sien :

– *Je vous attaque si vous écrivez quoi que ce soit sur ce que je vous ai dit.*

Ce à quoi, naïvement, nous oserons rétorquer :

– *Cela signifie donc que notre rencontre n'a jamais eu lieu ? Que je ne peux rien en dire ?*

– *Cela signifie que vous ne pouvez me prêter publiquement aucun propos sans mon accord.*

Dont acte. C'est vrai que l'homme a l'habitude de voir son nom traîné dans la boue. Alors c'est d'accord, nous ne dirons rien de plus de notre rencontre avec Jean-Michel Boucheron et des informations intéressantes qu'il ne nous a pas données.

Le nom de Jean-Michel Boucheron n'évoquera strictement rien aux oreilles des jeunes générations. En revanche, pour tout citoyen qui a vécu sous les deux septennats du président Mitterrand, il aurait fallu être sourd pour ne jamais avoir entendu à la radio ou à la télé le nom de l'ancien maire socialiste d'Angoulême. À cette époque, certes déjà lointaine, ce personnage public étonnant, éphémère secrétaire d'État chargé des collectivités locales, a même eu le privilège d'incarner avec fracas les premiers grands tracas affairistes de la gauche au pouvoir, inaugurant ce qu'on appellera la période de *la gauche caviar* et des *Affaires*.

Voilà donc celui qui va travailler, à sa sortie de prison, aux côtés de Christian Poucet et être associé à ses affaires jusqu'au jour de l'assassinat du leader de la CDCA.

Qui l'eût cru ?

Rappelons tout d'abord le parcours de Jean-Michel Boucheron. En 1977, ce fils d'instituteur, qui fut lui-même dans sa jeunesse « instit' en coopé » au Maroc, réussit à prendre la mairie d'Angoulême. Boucheron s'impose dès lors chez les socialistes comme l'un des jeunes loups qui montent. Certes il est habile, mais surtout, le père de son épouse d'alors – avocat très en vue localement – est un ami de longue date de la famille Mitterrand, voisine charentaise. Après l'accession de la gauche au pouvoir, l'ascension du jeune maire d'Angoulême est spectaculaire et son ambition sans limite. Discrètement mais activement soutenu par d'influents réseaux « fraternels » locaux, élu député dès 1978 et réélu lors de la vague rose de mai 1981, il finira plus tard par être nommé secrétaire d'État par un président qui ne manquera jamais de glisser publiquement un mot aimable à « son ami » à chaque déplacement dans la région, même plus tard dans la tempête. Tout va pour le mieux pour Jean-Michel Boucheron, qui lance la ville d'Angoulême dans une audacieuse politique de rayonnement culturel, festival de BD en tête. En quelques années, l'ancien instituteur charentais dévoré d'ambition est devenu un notable installé qui a ses entrées à l'Élysée.

Sauf que Jean-Michel Boucheron ne va plus savoir où placer la limite à ses appétits de conquête. Le goût du risque poussé à l'extrême est une de ses caractéristiques avérées ; par ailleurs, il a toujours eu, ses proches le confirment, un goût immodéré pour les dépenses d'apparat, une passion pour les montres et les belles voitures. Bref, Jean-Michel Boucheron va devenir, au tournant des années 1990, une sorte de preuve par l'exemple que le pouvoir peut faire perdre la tête.

Non seulement sa politique est ruineuse pour les finances locales, mais le maire semble confondre le porte-monnaie de la ville avec ses deniers personnels. C'est en tout cas ce que lui reproche un citoyen opiniâtre qui va traquer sans relâche les turpitudes du maire jusqu'à le faire tomber, malgré un indéfectible soutien présidentiel qui s'exprimera jusqu'au dernier moment. Les nuages noirs s'amoncellent et Boucheron va tout perdre : il est inculpé et l'Assemblée nationale s'apprête à voter la levée de son immunité parlementaire.

Un soir, en rentrant chez lui, le désormais ancien maire d'Angoulême annonce à sa nouvelle compagne, prénommée Agnès, qu'il sait qu'il va «*finir au trou*», qu'il ne parvient pas à s'y résoudre et lui annonce sa fuite à l'étranger. De scandaleuse, l'affaire Boucheron devient alors rocambolesque. La cavale de l'ancien maire d'Angoulême va alimenter la chronique et les conversations de bistro pendant de nombreux mois. Fuyant la France via la Belgique jusqu'en Amérique du Sud, Jean-Michel Boucheron s'installe à Buenos Aires où sa femme le rejoint trois mois plus tard. Le couple ouvre un restaurant qui porte son nom, *Chez Agnès*. Cette vie d'aventuriers s'achèvera finalement par l'arrestation de Boucheron, suivie de son extradition en 1997. Boucheron le magnifique, Boucheron l'intouchable protégé du président a perdu la partie. Entre-temps, François Mitterrand a quitté l'Élysée.

Boucheron est mis en détention provisoire à la prison de la Santé. Le quartier VIP, les murs bleu ciel, les promenades dans la cage. Il fait des rencontres…

Lorsqu'il sortira de prison, lui qui était autrefois porté par de nombreuses fraternités se sentira bien seul, lâché par tous ses anciens réseaux. *Même mes frères francs-maçons m'ont lâché*, confie-t-il alors.

Après la prison de la Santé, l'ancien maire d'Angoulême purge sa fin de peine à Gradignan, près de Bordeaux, où il bénéficie rapidement d'un régime de semi-liberté. Il trouve d'abord un travail chez un marchand de carrelages bordelais. Pour qui a connu le faste des palais de la République puis une vie aventureuse en Argentine, cette nouvelle situation de commercial chez un carreleur est, reconnaissons-le, assez peu glamour.

Et voilà comment à sa sortie définitive de prison, Jean-Michel Boucheron reprend contact avec son ancien camarade de détention sur lequel il compte pour « se refaire ». La prison, ça crée des liens, tous ceux qui ont connu les deux personnages dont il est question ici confirment que ce sont les fameuses amitiés de prison qui expliquent cet attelage incongru entre deux hommes apparemment si dissemblables. Dissemblables, Poucet et Boucheron ? Vu de loin, oui. Mais en fait, ils ont de nombreux points en commun : même goût pour les belles voitures et les belles montres, même goût pour l'argent facile rapidement gagné et au fond, même goût irrépressible pour le risque, sans limite aucune.

L'été 1999, le leader des petits commerçants et artisans en colère, admirateur de Poujade, propose donc à l'ancien secrétaire d'État de Mitterrand de venir travailler à ses côtés dès la rentrée de septembre ; non pas au syndicat lui-même, où la présence du socialiste Boucheron serait parfaitement incongrue, mais à Baillargues au sein de cette structure parallèle et quasiment homonyme, *CDCI / CDCE.*

Oui, qui l'eût cru ?

Les deux hommes ont de grands projets. Faire des affaires, mais pas seulement. Parallèlement, ils créent avec d'autres un club d'anciens détenus VIP de la prison de la Santé, dont Jean-Michel Boucheron prend la tête. Il s'agit d'une noble ambition : dénoncer les excès des juges, leur omnipotence, ainsi que l'incurie du système pénitentiaire.

Au sein de ce club, baptisé *Groupe Mialet*, vont militer à leurs côtés d'anciens responsables politiques condamnés et des PDG rencontrés à la Santé, dont Loïc Le Floch-Prigent, l'ancien patron du groupe Elf. Ensemble, ils écriront même un livre, *Tous coupables*[1].

Plus tard, lorsque les policiers de la brigade financière du SRPJ de Montpellier s'interrogeront sur les liens politiques de Christian Poucet, ils ne manqueront pas de remarquer cette surprenante connexion avec ces milieux affairistes proches du Parti socialiste. Ils y chercheront même la trace d'un financement politique local et s'interrogeront sur les protections politiques de Poucet, plutôt bien en cour auprès de Georges Frêche, le sulfureux et tout-puissant maire socialiste de Montpellier. Ces soupçons policiers ne déboucheront sur rien.

Cet été 1999 marque un tournant dans les affaires de Christian Poucet. Pendant son séjour en prison, certains ont pris leurs aises, alors il compte reprendre en main les rênes du syndicat. Pour ce qui est du business, il compte sur Jean-Michel Boucheron car certaines choses, dit-il, sont en train de lui échapper. Plusieurs « barons » au sein de la *Collégiale* ne roulent plus que pour eux-mêmes. En Bretagne, l'ancien « poissonnier de campagne » défend son territoire et développe désormais son business avec l'Angleterre et même avec Madère sans passer par Baillargues. Dans les autres régions, c'est pire : à Marseille-Toulon la sécession menace et à Béziers le baron local n'attend qu'une chose, prendre la place de Poucet. Surtout, Maria Mendes, la femme d'affaires de Madère, son ancienne alliée, est plus que jamais dans son collimateur.

1. Éditions Balland, 2001.

12.

De toutes les îles où nous avons accosté depuis le commencement de notre périple, Lewis était la plus nordique, Man la plus énigmatique et Madère la plus lointaine, mais sans conteste la plus étonnante est celle que nous allons à présent évoquer, l'île de Sark.

Un caillou, en fait, posé entre Jersey et Guernesey, non loin des côtes normandes. L'île de Sark, Sercq pour les Français, ne fait que cinq petits kilomètres de long sur deux de large et comme le disent les dépliants touristiques, c'est une oasis de tranquillité. Il faut quarante-cinq minutes de mer pour s'y rendre depuis Guernesey et ses côtes sont hérissées de falaises hautes comme une forteresse de quarante étages. La particularité géographique de Sark est d'être formée de deux parties reliées entre elles par un minuscule isthme d'une hauteur vertigineuse et épais de trois petits mètres seulement à son sommet, « La Coupée ». Autrefois, cet étroit passage bordé d'à-pics n'était sécurisé par aucun garde-fou, il se dit que les gens de l'île faisaient traverser leurs enfants à quatre pattes pour s'assurer qu'ils ne tombent sur les récifs en contrebas. Voilà le décor.

Régie par un système féodal qui survivra jusqu'en 2006, l'île de Sark ne compte que six cents habitants, administrés par un seigneur dont les ancêtres ont prêté allégeance à la reine d'Angleterre.

Mais si cet îlot anglo-normand s'est rendu célèbre, ce n'est ni pour ses falaises ni pour le folklore de son régime féodal, mais plutôt pour son registre de commerce, aussi volumineux que discret. Jusque dans les années 1980, quiconque voulait échapper aux contraintes fiscales pouvait y domicilier librement son siège social et lorsque les gouvernements européens ont fait pression pour mettre un terme à ces pratiques qu'ils jugeaient déloyales, le système a perduré d'une autre manière. Il suffisait dorénavant de nommer comme administrateur un natif de Sark et le tour était joué. Les dépliants touristiques ne mentent donc pas, Sark et ses côtes inhospitalières restaient bel et bien une oasis de tranquillité pour le monde des affaires.

Le dénommé Philip Mark Croshaw est l'un des six cents sujets du seigneur de l'île de Sark. Il y est né le 4 mars 1956 et ce hasard de la naissance va faire de lui un homme riche. Pour décrire son « métier », un seul mot suffit, celui de prête-nom. Ou plutôt non, une deuxième expression existe pour décrire de façon plus imagée son activité : Philip Mark Croshaw est un homme de paille. Il est même probablement le plus grand des hommes de paille que la planète ait jamais connu, le plus célèbre d'entre eux assurément, tous les juges anti-corruption de la terre connaissent son nom. Ainsi le magistrat français Éric Halphen, qui a longtemps œuvré sur la trace des affaires politico-financières de la ville de Paris :

« *Ces sociétés sont en général administrées par des prête-noms : des gens qui se font payer pour être, sur le papier, le P-DG de sociétés dont ils ne verront jamais la trace réelle. L'un des plus connus dans le monde financier est sans doute un certain Philip Mark Croshaw, administrateur de plus de mille sociétés offshore. Cet homme, personne ne le connaît, personne ne l'a jamais vu. Son adresse le localiserait sur l'île de Man, sur la côte ouest de l'Écosse.* »[1]

L'existence de ce monsieur Croshaw est pourtant bien réelle et les services d'Interpol ont une fiche plutôt fournie à son sujet, tout comme la police de Guernesey. Ces fiches de renseignement, nous avons pu les consulter. Les lieux de résidence de Philip M. Croshaw sont multiples. Il possède bien sûr plusieurs adresses sur l'île de Sark, l'une au lieu-dit «*Mon désir*», l'autre à «*La déroute*» (!). Ses bureaux sont situés *Garrick A Rede*. Mais il possède aussi plusieurs autres adresses sur d'autres îles Britanniques, île de Man et île de Lewis, notamment. Après avoir vécu pendant vingt-deux ans à Sark, il a quitté son île natale, pluvieuse, pour vivre sur une île méditerranéenne, Chypre, où il vit depuis les années 2000, dans le quartier de Naxou, à Nicosie. À moins qu'il ait encore changé d'île.

Il semble que les estimations du juge Halphen le concernant soient bien en deçà de la vérité. Selon la fiche de la police de Guernesey, ce n'est pas mille sociétés dont monsieur Croshaw est – ou fut – l'administrateur, mais huit mille. Et ce, dans le monde entier. Parmi elles, mille trois cent douze sociétés sur le sol britannique, mille huit cent dix sur l'île de Man et des centaines en Irlande. C'est d'ailleurs un exercice assez déroutant, que chacun peut faire sur Internet ; il figure dans les registres de commerce (pour ceux accessibles en ligne, notamment au Luxembourg) dans des activités de toute sorte : médical, électronique, finance, immobilier.

Ses activités de «*Nominee director*» ont conduit notre homme assez loin du strict monde des affaires. Son nom

1. Éric Halphen, *Sept ans de solitude*, Gallimard, 2002.

apparaît dans nombre de dossiers frauduleux et d'escroqueries. Donnons-en un bref aperçu : Philip Mark Croshaw est recherché par la police bulgare, par ailleurs son nom apparaît en bonne place dans la société Daki, faux nez destiné à dissimuler la fortune de l'ex-dictateur serbe Milosevic. Il y a aussi une affaire de faux timbres de collection en Espagne où son nom est cité.

Il apparaît surtout dans une escroquerie montée dans le monde entier grâce à l'incomparable puissance d'Internet. La société *Caledonian offshore*, présidée donc par Croshaw et enregistrée au Liberia, propose via de nombreux sites Web, du Canada aux Caraïbes et de l'Europe de l'Est à l'Afrique, des offres d'emploi sur des plateformes pétrolières situées en mer, au nord de l'Écosse. *New job opportunities*, est-il écrit. *Gagnez entre 46 000 et 55 000 dollars par an!* Ces annonces paraissent dans de nombreux pays, en Ouganda, en Inde, au Maroc. Il est promis au candidat qui souscrit d'être intégré à un pool de travailleurs offshore, il lui suffit pour cela de verser des « frais de recrutement », sorte de droit d'entrée de quatre cent quatre-vingt-neuf US dollars, dont cent quatre-vingt-neuf dollars payables immédiatement. Bien entendu, les jobs n'existent pas. Difficile d'évaluer le nombre de travailleurs à s'être fait piéger, difficile aussi de déterminer le réel degré d'implication de Philip Mark Croshaw dans cette miraculeuse bourse aux emplois de la *Caledonian offshore*.

« *Mon nom est très souvent utilisé frauduleusement, sans mon accord* », s'est justifié l'homme d'affaires, sans vraiment convaincre. On ne prête qu'aux riches.

Quoi qu'il en soit, bénie soit cette alliance si particulière de la géographie et de l'histoire, béni soit ce caillou défiant les courants normands à quelques encablures du cap de la

Hague et confié depuis 1565 par la couronne britannique à un noblion insulaire. Quatre siècles plus tard, Sark n'est plus une île, sa terre fertile a engendré un monde parallèle. Un monde sans loi.

À la fin des années 1990, les autorités britanniques cherchent à casser cette dérive en mettant fin à ce système de prête-noms à grande échelle. Puisqu'il est impossible d'interdire à un sujet de l'île de Sark d'être administrateur de société, au moins peut-on lui reprocher de ne pas assumer correctement ses fonctions. C'est ainsi que le 28 janvier 1999, pour une banale affaire de faillite d'une société de location de voitures, Philip Mark Croshaw va être condamné par la Haute Cour de Manchester à dix années de privation du droit d'administrer des sociétés. L'année 1999 est donc une année noire pour Philip Mark Croshaw. À Guernesey, d'autres « *nominee directors* » sont également condamnés. Des centaines d'assemblées générales d'actionnaires doivent faire enregistrer à la hâte, dans les registres de commerce, des changements de statuts. Croshaw ne pourra reprendre ses activités au Royaume-Uni que le 27 janvier 2011.

Venons-en maintenant à l'affaire qui nous occupe. Car après l'assureur-aviateur d'Avignon, après la femme d'affaires portugaise, le prête-nom de l'île de Sark est, on l'aura deviné, un autre des personnages de notre « galaxie CDCA ».

Il suffit d'une phrase pour énoncer son rôle : Philip Mark Croshaw fut l'administrateur de la société *PWASL*, l'assurance santé des adhérents de la CDCA.

C'est « monsieur PW », l'assureur d'Avignon, qui avait choisi Croshaw pour lui succéder. Il occupait lui-même cette fonction auparavant. Le natif de l'île de Sark restera administrateur de *PWASL* jusqu'à l'année 2000, avant que ne lui succède l'autre figure de la décidément très internationale « galaxie CDCA », Maria Mendes, la femme d'affaires de Madère, dont nous avons découvert par ailleurs qu'elle a servi d'intermédiaire pour l'ouverture d'un compte bancaire au nom d'Yves Godard à Funchal.

Voilà, la boucle est bouclée. Les méandres de notre affaire deviennent des nœuds inextricables.

Les enquêteurs chargés de l'affaire Godard vont découvrir ces ramifications et approfondir leurs investigations dans les années 2003-2005. Concernant Croshaw, toute la question sera alors de déterminer si la présence de cet homme n'était que virtuelle (simple prête-nom) ou si des contacts réels existaient avec la *Collégiale* de la CDCA. Et bien sûr d'identifier son réseau de collaborateurs en Irlande, à l'île de Man et à l'île de Lewis. Par le plus grand des hasards, y aurait-il parmi eux une femme blonde qui circule à bord d'une Renault Clio de couleur bleue ?

Mais dans quel cloaque le petit médecin acupuncteur de la ville de Caen s'en est-il allé fourrer son nez ? Lorsqu'il a tenté de récupérer son argent en se rendant directement sur l'île de Man, il ne pouvait évidemment pas se douter qu'il avait confié tout son argent à un tel aréopage de requins du monde offshore. Lui qui avait économisé pendant cinq longues années des sommes considérables et qui avait pris tant de risques, il voulait tout simplement mettre ce fric à l'abri. En lieu sûr. Hors de portée du fisc, des caisses, des juges et de leurs huissiers. Rien d'autre.

Le « magot » du docteur Godard, estimeront les enquêteurs, se chiffre à environ trois millions de francs de l'époque. Où était-il conservé ? Par qui était-il géré ? A-t-il été détourné ?

Il est rare que Monsieur Tout-le-monde touche du doigt, concrètement, cet univers parallèle, celui des paradis financiers, ce monde inconnu et flou dont la presse nous rebat les oreilles sans que l'on se sente vraiment concerné.

Mais c'est ainsi. Ce monde existe et Philip Mark Croshaw est un homme bien réel. Il fait partie de ces gens tranquilles dont on remarque les yachts à quai dans les ports de Capri ou Monaco en se demandant d'où viennent ces fortunes. Elle provient donc, le concernant, de la particularité d'être né sur un caillou dans les brumes de la côte du Cotentin. Par ailleurs, c'est un type comme vous et moi, il a des amis, des projets, des rêves. Il s'est marié une première fois ; Belinda, son ex-épouse, vit à Guernesey. Sa deuxième épouse est prénommée Karen Anne. Simplement, il paraît qu'à Chypre il vit entouré de gardes du corps. Il faut bien un revers à toute médaille.

13.

Au printemps 1999, tout en se défendant bec et ongles contre le fisc, les caisses et leurs supplétifs, qu'il envoie promener depuis presque cinq années, le docteur Godard accélère le rythme de ses préparatifs financiers.

Il souscrit à plusieurs crédits revolving, appelés aussi réserves d'argent. Ainsi, auprès de l'organisme *PROFIMEL*, qui fournit des crédits aux professions de santé, le docteur Godard reçoit plusieurs versements. Il obtiendra une nouvelle enveloppe de 6000 francs le 20 août 1999, dix jours avant son départ. Un autre crédit renouvelable est ouvert à la BNP en avril, avec réserve d'argent de 30000 francs qu'il mobilise immédiatement dans sa totalité. Le 20 août, il prélèvera de nouveau sur ce crédit le maximum autorisé, soit 3900 francs.

Il reçoit bien sûr les cartes d'adhésion à ces organismes financiers, ces sortes de cartes de crédit feront partie plus tard des « offrandes » anonymement déposées entre janvier et juillet 2001 sur la plage des Ébihens.

En juin, il reprend contact avec maître Glon, à Saint-Brieuc. Par commodité de transport, l'avocate de la CDCA Bretagne lui donne rendez-vous à Granville, sur la côte ouest du Cotentin, où elle plaide ce jour-là pour un autre client. Yves Godard vient à Granville depuis Caen.

Il explique à son avocate qu'il veut changer les pourcentages des parts au sein des deux SCI, *Maryves* et *Hanneman*, qu'il avait montées pour protéger ses biens immobiliers. Il veut redistribuer différemment le capital entre ses enfants.

Un peu plus tard, en juillet, il prendra deux billets d'avion Caen-Nice pour rendre visite, accompagné de Marie, à un autre avocat installé sur la Côte d'Azur. Pour quelle raison ? Mystère.

À son cabinet, les consultations se poursuivent à un rythme soutenu, le tarif est élevé et les rentrées d'argent conséquentes. Par l'intermédiaire du compte à la BNP de Bayeux, il alimente le compte ouvert à la *Banco Internacional do Funchal* à Madère.

Et puis, il a souscrit d'autres placements, plus obscurs.

Parmi les assurances proposées par la CDCA, nous avons expliqué qu'Yves Godard avait adhéré à l'assurance *PWASL*. Or, il a aussi adhéré à d'autres « services » imaginés par monsieur PW, Philippe Wargnier, l'assureur d'Avignon.

Ainsi, sous couvert d'une deuxième assurance à vocation européenne, existe la possibilité d'ouvrir un compte épargne de type assurance vie à l'île de Man. Ce service, intitulé UIB, passe par les mêmes bureaux d'Avignon, dont les diverses activités sont regroupées sous la dénomination *KORAIL* ou *MAIEVA*.

C'est donc l'une des sociétés de monsieur PW qui le commercialise, *United Insurance Brokers Limited*, qui figure au registre de commerce irlandais sous le numéro 219527. Son siège officiel est 6, Lower Hatch Streeet, à Dublin, mais fonctionne depuis Avignon. Ses actionnaires en sont la même petite bande, en nom propre ou via des prête-noms.

*

Les premiers mois de l'année 1999, tout en parachevant son évasion pécuniaire, Yves Godard se prépare à son existence future. Il prévoit de refaire sa vie ailleurs, encore faut-il se décider sur le lieu d'installation.

Il prend de nombreux renseignements, imagine plusieurs hypothèses. Il a suivi, nous l'avons souligné, les séminaires *SOS Action Santé* sur les formalités d'installation dans d'autres pays européens. Mais il discute aussi avec son ancien associé, le docteur Colson, d'une éventuelle installation au Canada.

L'année précédente, il a par ailleurs téléphoné à un ancien ami, un copain du temps de la fac de médecine, Emmanuel P. Ce généraliste d'origine normande s'est depuis longtemps installé aux Antilles pour y faire sa vie. Les deux anciens camarades se voyaient souvent lorsqu'ils étaient étudiants, ils faisaient de la voile ensemble et avaient même pris, un temps, « une piaule en commun ». Puis ils s'étaient complètement perdus de vue, tout les opposait.

Voilà quinze ans au moins qu'ils ne s'étaient pas parlé, son ancien ami fut tout surpris de recevoir un appel de sa part. Yves Godard a demandé des nouvelles, puis il a surtout posé des questions sur la manière de s'installer dans les Caraïbes, Antilles françaises ou autres. Il en est resté là, n'a pas donné suite.

En juillet 1999, il prend aussi contact avec un laboratoire pharmaceutique à Paris, *Ipsen-biotech*, pour obtenir un *« carnet du voyageur »*, compilation de conseils sanitaires aux touristes à l'étranger. Une démarche assez indéchiffrable, venant d'un médecin.

Pendant ce temps, au quotidien, les Godard sont toujours fauchés. Marie en souffre, Yves lui explique qu'il n'a plus beaucoup de patients.

Comment va leur couple ? Difficile à dire. Ils s'échangent des petits mots tendres, mais Marie est accaparée par sa psychothérapie, elle passe beaucoup de temps chez son psy, monsieur B., à Caen. Ce travail sur soi la conduit à une remise en question profonde, parfois son attitude est étrange. Un soir, au restaurant avec un couple d'amis brocanteurs, elle se fâche contre le serveur de façon virulente, allant jusqu'à cracher le contenu de son assiette autour d'elle. Cette violence ne lui ressemble guère.

Par ailleurs, ces derniers temps Marie se plaint auprès de sa plus proche amie des difficultés sexuelles de son couple. Sans entrer dans les détails intimes, disons qu'Yves ne semble plus guère attiré par sa femme. Ce que Marie ignore, c'est qu'Yves Godard a secrètement fait procéder, dans une clinique de Caen, à une vasectomie. Cette opération, très rarement décidée par les hommes, est une stérilisation volontaire, qui provoque parfois, pour un temps, des troubles sexuels et son retentissement psychologique n'est pas négligeable.

Le docteur Godard a donc décidé de ne plus pouvoir avoir d'enfant. Plus jamais.

14.

Le climat s'est définitivement tendu entre les partenaires de l'Organisation. Les anciens amis se détestent. Christian Poucet s'agite et dorénavant Maria Mendes ne se promène plus sans son fidèle Alex – Alexandre M. L. –, jeune Brésilien costaud, cuisinier dans son restaurant et homme à tout faire. Alex est un vrai dur, lorsqu'il vivait encore à Salvador de Bahia, il a un jour reçu une balle dans la tête à la suite d'un différend. Il est pourtant toujours en vie, il arbore une cicatrice à la base du menton – point d'impact du coup de feu qu'il a reçu – et porte la même cicatrice ronde, sur le front, de l'autre côté – point de sortie du projectile. Alex est donc un miraculé et ses cicatrices impressionnent les interlocuteurs de Maria Mendes lorsqu'ils viennent depuis Baillargues lui rendre visite à Funchal, une fois par mois environ.

Depuis qu'il est sorti de prison, Christian Poucet a méthodiquement entrepris de reprendre le pouvoir dans les affaires de la CDCA. Il exige une complète redistribution des cartes, plus exactement le joueur invétéré qu'il est veut concentrer dans sa main tous les as. Un à un, il entend nettoyer les structures juridiques de la galaxie CDCA en écartant ceux dont il ne veut plus à ses côtés.

Le groupement d'intérêt économique *CDCI* regroupait en son sein depuis 1996 les activités de fourniture de travailleurs intérimaires, il était contrôlé par Maria Mendes et son concubin français, l'ancien ami de Poucet. Le leader de la CDCA veut reprendre la gérance. En août 1999, après quelques frictions, ce sera chose faite.

Idem pour un autre des GIE, chargé de gérer l'assurance maladie privée, intitulé *MAIEVA*. Il associait monsieur PW (Wargnier) à Poucet et Mendes. La bataille pour son contrôle sera rude. Sa dissolution ne sera prononcée que plus tard. Après la mort des deux premiers. Notons au passage que le bureau britannique d'Interpol établira plus tard que Maria Mendes a alors rapatrié à Funchal tous les documents et les statuts de la société *PWASL*, établie initialement à Bristol par monsieur PW.

En fait, c'est l'ensemble de ce beau château de cartes patiemment construit depuis le début des années 1990, la «galaxie CDCA», que Poucet cherche à faire changer de main. En conséquence, c'est en cascade que les sociétés doivent changer d'actionnaires, d'administrateurs, de gérants.

Et comme l'écriront plus tard dans leur rapport les policiers chargés d'enquêter sur la mort de Christian Poucet, «*cette mise à l'écart des sociétés détenues par Maria Mendes entraîne une tension croissante entre Poucet et Mendes*».

Tension croissante? Osons écrire que c'est même une vendetta qui va commencer.

*

Pendant ce temps, à Caen, en ce début d'été 1999, la section normande de la CDCA continue tranquillement à vivre sa vie, à des années-lumière de ce combat des chefs. Juin s'achève, la petite dizaine de militants actifs, toujours la même petite bande du *noyau dur*, a rendez-vous ce soir pour la réunion habituelle à Verson, dans les locaux que se partagent deux d'entre eux, le fabricant de clôtures et l'artisan spécialisé dans le cuir. Rassemblement habituel, pas tout à fait, car cette réunion a tout de même une résonance particulière, c'est la dernière de la saison. Puisque les uns partent en congé en juillet et les autres en août, il est entendu qu'il sera difficile de se revoir pendant les grandes vacances. Cette dernière réunion de fin d'année scolaire sent bon l'été et c'est l'occasion de faire le point sur les actions en cours.

Après le coup d'essai de la candidature avortée de Christian Poucet à l'élection présidentielle de 1995 – il lui manquait les cinq cents signatures –, la CDCA n'a pas renoncé à l'idée de se lancer en politique, mais de façon détournée, pas directement en son nom propre. Pour la campagne des élections européennes de juin 1999, les militants CDCA ont soutenu une liste *Vivant Énergie France*, emmenée par un médecin libéral hostile au système public de Sécurité sociale, président de la caisse autonome de retraite des médecins libéraux, forte de cent soixante-dix mille adhérents. Un proche de *SOS Action Santé* où milite le docteur Godard. En Normandie, les militants CDCA se sont activés pour le soutenir et le médecin caennais n'a pas été en reste, il s'est impliqué et s'est même pris au jeu du collage nocturne d'affiches aux côtés de ses camarades. Les résultats n'ont pas été à la hauteur des espérances, lors du scrutin du dimanche 13 juin 1999, la liste a obtenu 0,74 % des suffrages.

En cette fin juin, c'est donc la dernière réunion avant l'été. Yves Godard arrive vers dix-huit heures, comme d'habitude il gare son van blanc dans la cour et entre pour rejoindre les participants, lesquels remarquent rapidement que *le toubib n'est pas dans son assiette.* Sa mine est défaite, manifestement il est préoccupé.

– *Ce soir-là, il était abattu.*

Aujourd'hui, c'est l'un des participants à cette réunion qui nous parle. Il a accepté de nous la raconter.

La réunion commence, il s'agit notamment de s'organiser pour les actions à mener pendant les mois d'été. Les actions, c'est-à-dire assistance urgente à commerçants harcelés. Un certain nombre de cas vitaux sont évoqués, des opérations coup de poing sont planifiées.

– *C'est là que, pour la première fois depuis toutes ces années de militantisme, il nous a parlé de son cas personnel. Ce jour-là, il nous a demandé d'intervenir pour lui.*

Yves Godard, lui qui d'ordinaire ne se confiait jamais, avoue alors devant ses camarades que la pression sur ses épaules est trop lourde. Elle devient même insupportable. C'est vraiment une première ; depuis son adhésion au syndicat, sept ans plus tôt, Yves Godard n'a jamais rien demandé à ses camarades.

– *Il travaillait toujours pour les autres et ne demandait jamais rien pour lui-même.*

En ce début d'été 1999, il franchit donc le pas. Autour de la table, ses camarades savent certes qu'il connaît des difficultés, tant avec les caisses qu'avec l'ordre des médecins. Yves Godard leur donne quelques nouveaux détails sur sa situation. Son compte bancaire au Crédit lyonnais de Caen est ponctionné dès qu'il y verse la moindre somme, les créanciers se servent, les avis à tiers détenteurs se multiplient, les commandements d'huissier s'accumulent.

Le médecin explique que désormais il vit très mal cette situation. Oui, il n'en peut plus. C'est pourquoi une fois n'est pas coutume il sollicite leur intervention auprès de l'organisme de recouvrement et de l'huissier qui le harcèlent.

– *C'est aussi au cours de cette même réunion qu'il nous a dit qu'il envisageait de partir.*

Pendant toutes ces années, notre interlocuteur n'a jamais rien dit de cette soirée essentielle de la fin juin 1999, qu'il a vécue aux côtés d'Yves Godard. C'est la première fois qu'il accepte de la raconter. Ce témoignage, s'il avait eu lieu au lendemain de la disparition d'Yves Godard, aurait été capital, car il aurait mis d'emblée les enquêteurs sur la piste CDCA. Mais jusqu'à ce jour, personne n'avait jamais fait état des ultimes confidences du médecin caennais ce soir-là.

En ce début d'été 1999, lorsque le docteur Godard leur a annoncé qu'il voulait tout plaquer, ses camarades de la CDCA lui ont posé la seule question qui vaille :

– *Tu veux partir ? Partir où ?*

Mais le toubib est resté évasif. Il a dit qu'il ne savait pas vraiment, il a évoqué quelques idées :

– *Pourquoi pas l'Afrique, ou bien ailleurs. Pourquoi pas s'engager comme médecin dans une ONG.*

Il n'en dira pas plus.

Les copains du *noyau dur* sont restés perplexes, mais se sont employés à le rassurer. Il pouvait être tranquille et partir en vacances sereinement, à la rentrée tout serait rentré dans l'ordre. Ils allaient *faire ce qu'il faut* pour le stopper, cet huissier. Une opération sera d'ailleurs programmée dès les jours suivants auprès de celui qui lui faisait des misères. Juste histoire de le calmer.

Et puis la réunion s'est achevée. Ils ont bu un coup avant de se séparer pour les grandes vacances, jus d'orange pour

Godard, après quoi ils se sont tous donné rendez-vous pour la rentrée.

Yves Godard a salué ses camarades, puis il est reparti dans son fourgon blanc. Ils ne le reverront plus jamais.

Quelques jours plus tard, un commando exercera l'action d'intimidation promise. Un soir avant la fermeture des bureaux, un petit groupe investira l'étude de l'huissier trop zélé ; un gars sonnera, deux autres tiendront la porte, le reste du commando, cagoulé, s'engouffrera dans la brèche pour saccager le matériel et vider les armoires des dossiers qu'elles contenaient en soufflant pour finir quelques mots choisis à l'oreille de l'huissier :

– *Tu cesses d'intervenir contre notre ami, tu stoppes tes saisies contre le docteur Godard, contre lui tu arrêtes tout, t'as compris ? On sait où tu habites, on connaît l'adresse de l'école où vont tes enfants.*

Aux dires des anciens, les petits gars de la CDCA savaient généralement se montrer assez persuasifs. Ce baroud d'honneur ne suffira pas à retenir le docteur Godard de mettre en œuvre le plan qu'il avait patiemment échafaudé.

*

Au cours de l'été 1999, le docteur Godard a longuement réfléchi. Très longuement.

C'est toujours au même endroit qu'il s'arrêtait pour méditer, à cet endroit précis où nous nous trouvons aujourd'hui, sur ses traces, douze ans plus tard.

Il s'arrêtait là, au bord de la route entre sa maison de Juvigny et son cabinet au centre de Caen, sur cette route de Caumont qui est assez passante. Les habitués qui l'empruntent chaque jour pour se rendre à leur travail à Caen l'ont souvent remarqué, surtout les derniers temps – les gens de Tilly connaissaient sa fourgonnette et reconnaissaient sa silhouette au volant, plusieurs le raconteront aux gendarmes, c'est pourquoi le juge aussi en aura connaissance.

Le lieu précis de ses méditations était éminemment symbolique. À cet endroit, la route passe on ne peut plus près de la piste d'envol de Caen-Carpiquet, seul un grillage et une haie la séparent des installations de l'aérogare. Il y a une sorte de trou dans la haie qui dégage la vue sur quelques mètres, c'est là qu'il s'arrêtait. À cette place, on est si près de la piste qu'on perçoit presque le souffle du Caen-Londres au décollage.

Il restait là, assis dans son fourgon blanc, le regard fixé sur la piste – impossible de dire combien de temps puisque les témoins de la scène, eux, ne faisaient que passer. Oui, il était seul. Pourquoi devant une piste d'aviation alors qu'il est parti en bateau, nul ne le sait. Les gens qui le connaissaient, l'apercevant ici, ne comprenaient pas ce qu'il pouvait bien faire. N'avait-il pas des patients qui l'attendaient, ses enfants, sa femme dont il était inséparable ? Peut-être aimait-il tout simplement les avions, quoiqu'ils ne soient dans toute une journée pas si nombreux à s'envoler d'ici, Carpiquet n'est pas Roissy.

Et puis un jour, les passants ne l'ont plus jamais revu à cet endroit.

Alors, en nous y arrêtant nous-mêmes, tentons d'imaginer cette dernière fois où le docteur Godard s'est arrêté ici, en bout de piste, puisqu'il s'y est bien arrêté une dernière fois. C'était au mois d'août, ça on en est sûr, plusieurs riverains l'ont dit aux gendarmes.

Ce jour-là, comme à l'accoutumée, il a garé son *bus Volkswagen* sur le bas-côté. La berme d'herbe est très meuble lorsqu'il a plu, plus d'une fois la fourgonnette avait sans doute manqué de s'y embourber, mais en cette fin d'été 1999 le ciel bas-normand était clément, il faisait même plutôt chaud.

Fermons les yeux, ça y est, nous le voyons, il a éteint le moteur et le silence se fait, probablement qu'un grand vide envahit alors l'habitacle et qu'il ne prête plus attention ni au trafic ni à rien d'autre qu'à cette piste d'envol qu'il regarde fixement. Depuis l'accotement, le regard embrasse au-delà de la clôture tout le plateau du tarmac tout proche, dont le ruban légèrement convexe s'étend, là-bas vers le sud, jusqu'à une caserne militaire et semble dominer toute la plaine de Caen.

Yves Godard venait d'avoir quarante-quatre ans. Dans sa jeunesse, il aimait effectivement les avions, il avait bien failli faire de cette passion son métier. Lycéen, il rêvait de devenir aviateur puis il avait brutalement changé d'avis pour s'orienter vers le métier de son père. Son père ? Il avait tant compté pour lui – toute une jeunesse sous influence –, il lui avait transmis la grande passion de leur vie, la mer, en l'emmenant naviguer dès le plus jeune âge. Yves s'était-il seulement jamais avoué à lui-même avoir pris son père pour modèle ? Et même à l'heure de mettre en œuvre ce projet insensé, se rendait-il compte qu'il imitait encore d'une certaine manière ce père qu'il avait admiré pour sa droiture puis honni pour ses choix de vie ?

En cette fin août 1999, ce visage immobile en bout de piste était donc celui d'un homme qui doute, à l'aube d'une grande décision, la plus difficile de toute son existence. Consacrait-il cette solitude recueillie à passer toute sa vie en revue ? Ces derniers mois, ses patients se gardaient bien de le lui dire, mais la plupart d'entre eux trouvaient qu'il avait changé et même vieilli, qu'il semblait fatigué. Certes, il est fréquent qu'à l'approche de la cinquantaine les hommes soient saisis d'un profond trouble, ils peuvent s'y perdre, figés dans les souffrances du passé et comme tétanisés par l'avenir, ils sombrent parfois dans la dépression et l'incapacité d'avancer.

Yves Godard, lui, s'apprêtait au contraire à agir.

Sa vie revêtait alors une allure qu'il est difficile de qualifier d'un mot. Était-il un homme établi ou au contraire était-ce un marginal ? Médecin respecté par ses patients, il ne ménageait ni son temps ni son attention à leur chevet, *vous n'en trouverez pas un seul pour dire du mal de lui*, bien qu'il fût pour le moins bohème et que ses méthodes fussent loin d'être académiques ; depuis la fac, sa curiosité pour les méthodes alternatives était insatiable, il se voyait comme un toubib proche de ses patients et non pas inféodé au système, c'est précisément ce qui leur plaisait et qui semblait tant déplaire à ses confrères du conseil de l'ordre.

Sa vie privée ? Elle revêtait les apparences du bonheur familial. Ce vieux pont du hameau de Juvigny, cette petite maison de pierre au bord de la Seulles, cette demeure sobre, la famille Godard semblait y vivre tranquillement, en bons termes avec ses voisins quoiqu'ils ne se parlaient guère. Dans le bocage, un médecin jouit naturellement du respect de tous, même lorsqu'il ne cultive nullement l'allure d'un notable local.

Le docteur aimait ses enfants, il s'en occupait, c'était un bon père aux dires de tous.

Que dire de son épouse, Marie ? Tout comme son mari, il n'est pas aisé de la qualifier d'un mot, disons que Marie était une femme *spéciale*, dont le charme avait autrefois subjugué Yves au point de transformer son existence. Pas toujours pour le meilleur, et alors ?

Qui connaissait entièrement Yves Godard, autrement que par bribes ? Même ses proches ne semblaient connaître qu'une partie seulement du personnage qu'il s'était peu à peu construit. Il apparaissait pour les uns comme un type réservé, discret voire timide et pour d'autres au contraire séducteur et charismatique. Ce que l'on comprend aujourd'hui, c'est qu'il était maître dans l'art de compartimenter sa vie, aucune de ses fréquentations ne semblant posséder la clé de l'ensemble, ni ses voisins, ni ses amis, ni ses confrères, ni ses proches, ni son père, ni même son épouse. Personne.

L'été 1999, tandis qu'une éclipse de Soleil plongeait la région dans les frissons du nouveau millénaire, arrêté sur le bas-côté de cette route qu'il empruntait chaque jour pour se rendre à son cabinet, le docteur Godard hésitait-il encore ?

À cet endroit, le tarmac est si proche qu'on distingue les traces sombres laissées par les pneus des trains d'atterrissage. Lorsqu'ils décollent, les avions ne laissent, une fois le tonnerre des moteurs dissipé, aucune trace derrière eux, leur souffle n'atteint même pas les branches des peupliers alentour. Ils s'évaporent dans la nuée.

S'enfuir sans laisser de trace, ou mieux encore, disparaître tout en semant derrière soi de fausses traces. Oui, c'est cela, Yves Godard, anciennement passionné de théâtre et de pièces d'avant-garde, organiserait le spectacle fictif de sa propre mort par le truchement d'une autre de ses anciennes passions, la mer. Il sèmerait de vrais-faux indices d'une disparition maritime et mystifierait ses poursuivants.

Le moment était donc arrivé. Il n'était plus temps d'abandonner, il savait exactement à quoi il serait alors exposé, s'il renonçait; des mois, des années d'ennuis de toute sorte. Rebrousser chemin n'aurait pu se faire qu'en marchant sur des ruines.

Mettre le plan à exécution, cela supposait en revanche d'entrer dans le brouillard épais d'une deuxième partie de vie clandestine.

Diable ! Quelles pensées traversent l'esprit d'un homme qui s'apprête à engager sa vie et celle de sa famille tout entière vers un tel saut dans le vide ?

Lorsqu'on observe fixement la piste d'envol, l'éclat des balises d'approche finale forme un chemin de lumière. Ces jours de fin d'été 1999 en bout de piste à Caen-Carpiquet, il y eut un moment où il a tourné la clé de contact, passé la première et arraché son regard de la piste éclairée. Il lui restait alors à confirmer à ceux qui s'apprêtaient à l'aider qu'il mettait son plan de départ à exécution et surtout se résoudre à tout dévoiler à Marie.

15.

Le 1er septembre 1999, tandis qu'à l'autre bout de la France, au même moment, le docteur Godard quitte son domicile normand pour sa croisière sans retour, Jean-Michel Boucheron, l'ancien maire d'Angoulême, quitte lui Bordeaux pour Baillargues, à côté de Montpellier, où son ami rencontré à la prison de la Santé a ses bureaux. C'est son premier jour d'embauche. Pendant trois mois il fera ainsi la navette chaque semaine, avant de décider de venir s'installer pour de bon à Marsillargues avec son épouse, Agnès, qui le suit dans toutes ses aventures en encaissant les épreuves qu'elles entraînent parfois.

– *Je le sens bien, ce job,* explique-t-il alors à Agnès.

Christian Poucet veut faire les choses en grand, il laisse son ami s'installer tranquillement, puis organise un déjeuner de présentation de son nouveau collaborateur. Rendez-vous est donné à toutes les filles du bureau de Baillargues dans un restaurant de Lunel. Jusqu'à présent, seules des femmes, en effet, travaillaient au quotidien aux côtés du leader de la CDCA.

Jean-Michel Boucheron porte un beau costume et s'installe définitivement dans les murs en novembre, il s'installe directement dans le même bureau que le patron. Est-il le bienvenu ? Rien n'est moins sûr. Derrière les sourires de façade, l'arrivée de l'ancien secrétaire d'État de Mitterrand est mal perçue, d'autant que certaines, parmi les « anciennes », comprennent très vite que ce sang neuf est destiné à orchestrer la profonde réorganisation qui a déjà commencé. Et puis rapidement les filles du bureau n'aimeront pas les manières du « ministre », disons qu'elles trouvent qu'il prend ses aises, qu'il aime bien lire le journal et boire un petit whisky en discutant ; certaines d'entre elles, connues pour avoir la langue bien pendue, rechigneront à se faire donner des directives par le nouvel ami du patron. Jalousies.

Le salaire mensuel de Jean-Michel Boucheron est pourtant raisonnable, huit mille francs, auquel s'ajoute une enveloppe de défraiement de cinq mille francs. Ces émoluments complètent sa confortable retraite d'ancien parlementaire, insaisissable par les créanciers. Une secrétaire de Poucet sera chargée d'envoyer le 2 de chaque mois un chèque de mille francs à la régie de la ville d'Angoulême, écot de l'ancien maire pour solder l'ardoise pharaonique qu'il avait laissée derrière lui du temps où il prenait un peu trop ses aises à l'hôtel de ville de la préfecture de la Charente.

Voilà pour l'ambiance. Pour le reste, ce n'est guère mieux. La tâche de Jean-Michel Boucheron s'annonce plus que délicate. Bombardé directeur administratif du GIE CDCE, il débarque au pire des moments.

Nous l'avons évoqué, le business le plus fructueux de Maria Mendes depuis Madère n'est pas la simple transformation de SARL françaises en LDA portugaises, c'est surtout la fourniture de main-d'œuvre bon marché. Plusieurs des quatorze sociétés de la *senhora* sont spécialisées dans l'intérim. Il s'agit notamment de fournir des travailleurs issus des anciennes colonies africaines portugaises à des entreprises travaillant sur le sol français. Maria Mendes, née en Angola, offre dit-on le même genre de services vers le Royaume-Uni et l'Irlande.

Pour la France, rappelons que ce « service » s'est développé grâce aux adhérents de la CDCA, c'est pourquoi les sociétés de la femme d'affaires portugaise, *Pinto Mendes LDA* et *Bruyere trading e serviços LDA*, étaient jusqu'à présent incluses « dans le pot commun » du GIE à Baillargues.

Christian Poucet entend conserver cette activité franco-portugaise tout en excluant du jeu Maria Mendes. Les discussions se tendent. Elle refuse de passer la main. Il insiste. Elle refuse encore. Il menace. Elle prend un deuxième garde du corps.

Les mois passent.

La suite, la voici. Chacun va tenter de contourner l'autre en montant chacun une nouvelle société pour continuer seul à offrir les mêmes services aux adhérents du syndicat. Il suffirait pour cela de détourner les actifs de l'ancienne structure, c'est-à-dire le fichier des entreprises clientes et celui des travailleurs intérimaires. Les pauvres, est-on tenté de les nommer, qui sont à mille lieues de se douter, lorsqu'ils viennent réparer un morceau de route en France, ce qui se trame en haute altitude au-dessus de leurs marteaux piqueurs.

Christian Poucet crée la société *OVERBY* LDA et confie 20 % du capital à son ami JMB, Jean-Michel Boucheron. Relevons au passage la force de ce symbole. En entrant officiellement dans l'actionnariat de la CDCA, l'ancien maire d'Angoulême fait sa grande entrée, quoique tardive, dans la « galaxie ». Outre cette société OVERBY, Jean-Michel Boucheron entre aussi au capital de la société UIB, à Dublin, la société que nous avons précédemment évoquée à propos de l'ouverture du compte du docteur Godard à l'île de Man.

Le 22 mai 2000, Jean-Michel Boucheron demande aux secrétaires de préparer une liste complète des dossiers de la clientèle dans le but de les intégrer à la nouvelle société d'intérim qui remplacera l'ancienne structure. Mais chacun fourbit ses armes, Maria Mendes va rétorquer en créant à Avignon la *SARL PIBT* pour faire de même et réussira à placer à sa tête l'ancienne assistante de Poucet.

Les adhérents, eux, sont contraints de choisir leur camp, dans une atmosphère lourde. Ceux qui choisissent de continuer à travailler avec « la Portugaise » sont soumis à une rude pression. Des lettres anonymes postées à Lyon dénoncent au fisc leurs petits arrangements. La dénonciation émane en fait d'un homme des bureaux de Baillargues coutumier du fait.

Cette même semaine, le téléphone sonne dans les bureaux de Christian Poucet à Baillargues. L'assistante décroche, ce sont les gendarmes de Rennes. Ils veulent venir interroger le leader de la CDCA au sujet de la disparition du docteur Godard. Rendez-vous est pris pour le lundi suivant, le 29 mai 2000, à la première heure.

En raccrochant, l'assistante appelle immédiatement Christian Poucet sur son téléphone mobile, elle le trouve au volant de sa *Batmobile* et le hasard veut qu'il soit justement en Bretagne, dans une tournée des bureaux CDCA.

– *Les gendarmes vous cherchent au sujet de l'affaire Godard.*

Tout en conduisant sur les routes bretonnes, Christian Poucet discute quelques instants avec son assistante et lui confirme sa disponibilité pour une déposition devant les gendarmes le lundi suivant. Avant de raccrocher il ajoute :

– *J'étais certain qu'on chercherait à me foutre cette histoire sur le dos.*

À l'arrière-plan, ne l'oublions pas, il y a les placements financiers des adhérents. Qu'est devenu le « magot » du docteur Godard ? Christian Poucet ne va pas tarder à accuser Maria Mendes d'avoir détourné l'argent, celle-ci rétorquera en déposant plainte pour diffamation.

«Je le sens bien ce job», disait l'ami JMB en posant ses valises à Baillargues. Est-il toujours de cet avis ?

Depuis Madère, cette visite inopinée des gendarmes est immédiatement interprétée par la femme d'affaires portugaise comme une manœuvre supplémentaire de son ex-ami Poucet contre elle. Elle se trompe, c'est pur hasard si les enquêteurs de la section de recherches de Rennes tombent au beau milieu de cette guerre fratricide. Mais depuis Madère, comment ne pas y voir une nouvelle manœuvre de son ancien allié pour lui nuire ?

Le lendemain, jeudi 26 mai 2000, Maria Mendes envoie depuis Funchal un fax à Christian Poucet. Il a pour titre *«REF-VIREMENTS MAI/99»*.

«Monsieur,

Ayant appris certaines de vos dernières initiatives, je suis au regret de ne pouvoir donner suite à notre collaboration et vous informe par la présente qu'aucun envoi de fonds ne partira dorénavant et ce jusqu'à nouvel ordre.

Salutations,

Maria Joào MENDES»

La guerre est déclarée. Les heures qui suivent seront, comment dire, particulières. Au cours de ce week-end du 27 et 28 mai 2000, qui précède donc la visite des gendarmes de Rennes au sujet de l'affaire Godard, les bureaux de Baillargues sont cambriolés.

*

C'est dans ce contexte que le lundi 29 mai 2000 à 8 h 15 du matin, trois gendarmes en civil frappent à la porte des bureaux de Christian Poucet à Baillargues. Deux d'entre eux sont des OPJ de la SR de Rennes mandatés par le juge de Saint-Malo, ils sont accompagnés par un major de la brigade locale de Lunel.

– *Vous tombez bien, nos bureaux ont été cambriolés ce week-end.*

Christian Poucet enrage, tous les dossiers d'intérim ont disparu, aussi bien ceux des sociétés clientes que ceux des travailleurs intérimaires. Sans ces fichiers, il sera impossible pour lui de poursuivre efficacement cette activité.

Les gendarmes, eux, s'interrogent. Ce cambriolage la veille de leur venue était-il destiné à faire le ménage à propos de leur dossier ? Nous sommes alors neuf mois après la disparition du médecin de Caen.

L'interrogatoire de Christian Poucet commence, sorte de jeu du chat et de la souris où les rôles sont inversés. Les gendarmes n'ayant quasiment « aucune bille », le leader de la CDCA s'en tient au strict minimum, ne faisant que confirmer l'appartenance du docteur Godard à son syndicat, « *du 1er mai 1995 au 1er mai 1998* ». C'est tout.

Longuement questionné sur l'existence de comptes bancaires du docteur Godard à Madère et à Man, il renvoie les enquêteurs vers sa partenaire portugaise concernant Madère et vers le « poissonnier breton » pour l'île de Man.

En repartant trois heures plus tard avec ces maigres informations, les gendarmes croiseront un homme au bas de l'escalier. C'est Jean-Michel Boucheron. Ils se dévisageront. « *Je suis l'ancien maire d'Angoulême* », dira-t-il. Étrange, tout de même, de le croiser là. Les gendarmes repartiront, l'air perplexe.

La suite de cette mission des envoyés du juge de Saint-Malo sur les terres languedociennes de la CDCA va presque tourner au vaudeville. Claquements de portes et coup de théâtre, à peine l'audition de Poucet terminée, on annonce l'arrivée surprise de sa partenaire en affaires débarquant de Madère. Maria Mendes a sauté dans un avion pour venir *illico* s'expliquer, elle préfère prendre les devants car elle soupçonne ses anciens partenaires de vouloir, en son absence, lui faire porter le chapeau de toutes les turpitudes, passées, présentes et futures de la CDCA.

Maria Mendes surgit dans une grosse berline entourée de deux avocats tatillons qui vont prendre soin de s'assurer au préalable que leur cliente, entendue comme témoin, ne sera ni mise en garde à vue ni inquiétée au sujet de cette affaire du médecin disparu. Les avocats aimeraient connaître les intentions futures du juge, notamment une éventuelle perquisition à Madère, qui serait fâcheuse, disent-ils, pour la réputation de la femme d'affaires. Rassurée, leur cliente suit les gendarmes bretons, qui vont mener cette audition inattendue le lendemain, 30 mai, dans un bureau de la gendarmerie de Lunel.

Le témoignage de Maria Mendes sur le docteur Godard, consigné ce 30 mai 2000, laisse songeur. Pourquoi, toutes ces années, l'affaire du médecin homéopathe a-t-elle été toujours envisagée comme un simple drame familial ? Pour quelles raisons ses liaisons dangereuses avec une telle organisation, aux ramifications européennes, ont-elles été si longtemps négligées ?

Après l'île de Man, après le nord de l'Écosse, les méandres de cette enquête mènent à présent dans ce petit bureau d'une gendarmerie de l'Hérault où une femme d'affaires installée à Madère accourt pour s'expliquer spontanément sur l'affaire du médecin disparu.

Devant les gendarmes bretons, la femme d'affaires portugaise fait montre d'une grande sollicitude. Elle veut démontrer sa bonne foi. Elle les invite à déjeuner et va même leur offrir sur un plateau des éléments tangibles. C'est elle qui confirme l'existence du compte ouvert à Madère par Yves Godard, dont elle a appris l'existence par la presse, dit-elle, c'est pourquoi elle a pris l'initiative de demander à la directrice de la banque *BANIF* à Funchal de faire des vérifications.

« Mes relations avec la directrice sont très anciennes, il s'agit d'une amie. »

Maria Mendes sort un petit dossier et pose devant les gendarmes une copie des documents sur le compte bancaire d'Yves Godard. Pour les obtenir, elle n'a eu qu'à chercher, dit-elle, dans les archives des sociétés de Christian Poucet, pas dans les siennes. Concernant la filière utilisée pour l'ouverture de ce compte, elle renvoie donc les enquêteurs vers les bureaux de Poucet à Baillargues.

Bref, pour résumer trivialement, ces deux auditions sont une sorte de tour de passe-passe, Poucet envoyant les gendarmes vers Mendes qui les renvoie vers Poucet. Les précieux documents sur le compte bancaire de Godard, quant à eux, sont tombés du ciel.

Sur le compte, il ne reste alors que deux mille francs environ. Qui l'a vidé ? Ça, ni Poucet ni la *senhora* ne le précisent.

*

Pendant l'été, les relations au sein de la « Collégiale », ce cercle informel qui réunissait les figures importantes de l'Organisation autour de Christian Poucet, s'enveniment encore davantage. Il y a ceux qui lui restent fidèles et ceux qui veulent faire sécession. Bientôt, la scission sera officialisée. La plupart des « barons » régionaux annoncent qu'ils quittent le mouvement, en raison, disent-ils, de l'opacité des comptes et du manque de concertation. La plupart des grandes figures historiques de la CDCA font défection. Le « poissonnier de campagne » breton, son camarade de Marseille, celui de l'Hérault rejoignent même l'ennemie jurée de Poucet, Maria Mendes, en annonçant la création d'un nouveau mouvement, à dimension européenne. Ils vont surtout faire des affaires ensemble.

Le leader de la CDCA est fou de rage. Il invite sa partenaire portugaise à La Grande-Motte pour discuter. En vain. Il lui envoie deux hommes de main à Madère pour « l'inviter » à lui faire signer des cessions de part. En vain. Il se rend lui-même à Madère avec Jean-Michel Boucheron pour « discuter ». Elle maintient son refus. Elle reçoit des menaces.

Par ailleurs, pour consolider sa reprise en main des affaires du syndicat, Poucet s'emploie à développer la filière d'épargne-retraite des petits commerçants, via son ami « strasbourgeois », le dénommé Patrick H., chargé de placer les économies des petits commerçants au Luxembourg. Sur la lancée du succès de l'assurance maladie, il veut créer une banque coopérative, rien de moins. Jean-Michel Boucheron est de la partie.

Malheureusement, l'aventure de cette banque coopérative se terminera plutôt mal, de nombreux commerçants réclameront leur argent, qui ne leur sera jamais rendu. Sur les trois millions huit cent mille euros investis par deux cent quarante adhérents de la CDCA, un million cent mille euros vont même purement et simplement disparaître. Plus tard, rendez-vous sera donné par des militants en colère au Strasbourgeois, dans un hôtel à Luxembourg, « pour faire le point », une réunion houleuse au beau milieu de laquelle la police luxembourgeoise débarquera pour interpeller le « Madoff » de la CDCA. Cet épisode signera la fin de l'épargne-retraite privée des petits commerçants en colère. Plus tard encore, lors de la mise en faillite de cette banque baptisée *SOCODIN*, la justice découvrira que l'adresse de son siège social était bidon. Le procès de la « banque de la CDCA » s'ouvrira des années après, le 25 septembre 2007, devant la douzième chambre correctionnelle du Luxembourg, avec des accusations de blanchiment d'argent. Trois ans d'emprisonnement seront requis contre le Strasbourgeois, quinze mois contre sa compagne, Carmen S. Il sera reproché aux banques luxembourgeoises Degroof et Alcor, en relation avec Patrick H., de ne même pas avoir vérifié l'existence réelle de la société chargée de collecter l'épargne des petits commerçants français. Cette société n'avait tout simplement aucune existence légale, aucun statut n'avait été déposé.

*

Tandis qu'approche l'automne 2000, que l'horizon des affaires s'obscurcit et que le combat des chefs fait rage au sein de la CDCA, la vie continue, vaille que vaille. Christian Poucet continue à flamber dans les casinos de la côte et il prépare son mariage ; il convolera bientôt en secondes noces. Son ami Boucheron sera bien sûr au nombre des invités.

C'est à peu près à cette même époque qu'il confiera à ses proches :

– *J'ai appris que j'ai un contrat sur la tête.*

Il ne sera toutefois pas le premier à mourir.

16.

Le samedi 9 septembre 2000, un *Piper PA-31 Navajo* décolle vers le sud-est à 17 heures, le ciel est dégagé et le vent faible, il fait encore 32 degrés sur la région de Montpellier. Le *Navajo*, propulsé par ses deux moteurs de six pistons chacun, n'est pas un simple coucou de tourisme mais un petit d'avion d'affaires de six places dont la vitesse d'ascension au décollage est de 400 mètres par minute ; en vol, ses deux réservoirs de carburant permettent une autonomie de 2 398 kilomètres à une altitude de 27 000 pieds.

Aussitôt après le décollage depuis ce petit terrain de Candillargues, situé tout près de Baillargues, les roues ont à peine quitté le sol qu'un témoin entend les moteurs pétarader. Il lève les yeux et entend alors les deux moteurs s'arrêter successivement. L'appareil plane quelques instants puis vire à gauche avec une grande inclinaison, il pique vers le sol. Le crash est violent, il ne laisse aucune chance de survie au seul occupant à bord.

L'avion sortait tout juste d'une visite d'entretien périodique, aucun problème n'avait été détecté, plusieurs essais moteurs avaient été effectués, le *Navajo* était en parfait état de marche.

La gendarmerie aérienne, après une enquête sommaire, conclura à une panne d'essence car le responsable de l'atelier de maintenance dira avoir déposé sur le siège pilote une feuille volante avertissant de la faible quantité de carburant à bord, ce que le pilote aurait négligé. Son erreur est d'avoir jugé à tort qu'il n'était pas indispensable de faire le plein avant de décoller.

C'est un accident, donc. Conclusions officielles.

Voilà un pilote suffisamment irresponsable pour ne pas avitailler avant de partir alors même qu'il est informé que les réservoirs sont vides, c'est curieux. D'autant que ce petit terrain de Camargue comporte un poste à essence, rien de plus facile que de faire le plein si besoin est. Certes, l'homme d'affaires qui était aux manettes de l'appareil demeurait un pilote amateur, mais il volait depuis sept ans – 224 heures de vol à son actif, ce n'est pas rien.

Le pilote dont nous venons de décrire les circonstances de la mort n'est autre que le dénommé Philippe Wargnier, « monsieur PW », le roi de l'assurance des petits commerçants en colère. L'homme lige de Christian Poucet.

17.

À la sortie du village de Candillargues, dans l'Hérault, un chemin vicinal mène à travers champs, plutôt des marécages, jusqu'au terrain d'aviation de l'étang de l'Or – une piste, une manche à air, un poste à essence, quelques hangars. Ouvert aux quatre vents, l'endroit est tranquille et les flamants roses voisins ne sont guère dérangés que les week-ends lorsque quelques passionnés débâchent leur machine pour un tour de piste.

Un samedi matin de l'hiver 2011, à l'heure où les mordus d'aviation se penchent sous les capots ouverts de leurs petits appareils, nous nous approchons pour tenter d'évoquer devant ces membres de l'aéro-club de Camargue, pilotes chevronnés et zélés mémorialistes du petit aérodrome, l'accident du *Piper*, survenu en septembre 2000. On nous désigne immédiatement l'un des leurs, occupé là-bas sur le tarmac à faire tourner l'hélice d'un vieux coucou. C'est lui qu'il faut voir.

Sortant le nez du moteur en essuyant des mains noires de cambouis, notre interlocuteur se crispe.

– *Le crash de septembre 2000 ?*

Petit sourire gêné. Mais il annonce sans hésiter :

– *C'était un Navajo.*

Bonne mémoire, l'accident remonte à plus de dix ans. Nouveau petit sourire en coin, manifestement notre homme hésite, puis soudain se ferme, comme s'il se reprenait et lâche dans un haussement d'épaules :

– *Panne d'essence.*

Il a déjà fermé le capot de son moteur, il a même déjà tourné les talons.

– *Hé, attendez ! On peut savoir ce qui s'est passé ?*

L'homme a disparu à l'intérieur du hangar, la grande porte en tôle coulisse pour se refermer brutalement derrière lui. Inutile d'espérer quoi que ce soit de plus.

*

Le site Web officiel du BEA, *le bureau d'enquête et d'analyses,* met en ligne les rapports rédigés après chaque accident d'avion survenu sur le territoire depuis l'année 1950. Des dizaines de documents détaillent le moindre pépin du moindre engin volant, pourtant celui du 9 septembre 2000 à Candillargues n'y figure pas. Non consultable, non accessible. Une fiche d'enquête existe bel et bien, tous les accidents d'aéronefs en France donnent lieu à un tel rapport, obligatoirement rédigé par cet organisme administratif dépendant de l'aviation civile. L'accès à celui-ci est donc réservé.

Après quelques contorsions administratives, nous parvenons à nous procurer ce rapport « introuvable » du BEA. Après lecture, disons-le tout net, il est permis de douter fortement de la thèse de l'accident du *Piper PA-31* immatriculé F-GDRJ, ce 9 septembre 2000 à Candillargues.

Le rapport d'enquête recense d'abord tous les paramètres du vol puis résume les faits en douze lignes exactement, dont le passage le plus significatif est le suivant :

«Aucune odeur de carburant n'était perceptible sur le site de l'accident. L'examen de l'épave a révélé que les deux réservoirs étaient vides bien que la jauge du réservoir gauche indiquait une quantité restante d'un quart du volume.»

Les enquêteurs de l'aviation civile sont donc formels, réservoirs complètement vides mais aiguille du cadran indicateur de jauge tronquée. Cette bizarrerie n'a visiblement ému personne, aucune investigation judiciaire n'ayant été ordonnée.

Un peu plus bas dans ce même document, à la rubrique *conclusion*, il est écrit :

«L'indication erronée de la jauge du réservoir gauche a probablement amené le pilote à ne pas ajouter de carburant avant le décollage.»

Ainsi donc, contrairement aux conclusions hâtivement formulées après le crash, le pilote n'a pas commis d'erreur, il a été trompé par sa jauge.

Une question reste donc en suspens : comment, en sortant d'une visite d'entretien, la jauge d'un avion peut-elle indiquer le quart du volume alors que le réservoir est complément vide ? C'est peut-être une question que voulait éviter le membre de l'aéro-club de Camargue en nous claquant brutalement la porte du hangar au nez.

18.

Le dimanche 28 janvier 2001 au soir, lorsque Christian Poucet rentre de Paris en avion, sa passion pour le jeu le happe comme d'habitude au casino ; plus tard, lorsqu'il rentre chez lui, il n'est pas seul.

Le lendemain matin, il part travailler, comme toujours à la même heure ; sa *Corvette* bleue quitte la villa de Mauguio et il pénètre comme d'habitude à neuf heures quinze dans la cour du 479, route de Nîmes, à Baillargues.

L'emblématique leader des petits commerçants en colère monte au premier étage, là où sont situés les bureaux. C'est là que les tueurs vont agir, un lundi matin en plein jour devant les employées, il faut avoir du cran.

Christian Poucet a d'abord déposé ses affaires dans son bureau personnel, puis il est aussitôt revenu comme tous les matins dans la grande pièce de la comptabilité saluer ses employées en buvant un café. Annie, une secrétaire, lui passe alors un appel téléphonique, que Christian Poucet prend depuis ce même endroit, debout, le combiné dans une main, les clés de sa *Corvette* dans l'autre.

Une grosse voiture sombre surgit dans la cour, deux types cagoulés et gantés gravissent quatre à quatre le petit escalier tout raide jusqu'au premier étage et se dirigent immédiatement vers la grande pièce de la comptabilité – ils savaient exactement où le trouver.

En passant devant une des secrétaires, Muriel, l'un des tueurs met son index devant la bouche en soufflant un doux «*chuuuut*», aussi tranquillement que dans un rêve. La cagoule ne laisse voir que ses yeux et sa bouche, de toute leur vie les filles n'oublieront jamais l'effroi qui les a alors saisies. Christian Poucet, lui, est encore le téléphone à la main, abasourdi, les tueurs font feu aussitôt.

La victime s'est écroulée sur elle-même, atteinte dans toutes les parties du corps. Six douilles de calibre 9 millimètres seront retrouvées.

En repartant, le tueur a de nouveau passé son doigt devant la bouche et murmuré *chuuut* devant les secrétaires. Hormis cette menace, les deux hommes n'ont prononcé aucun mot. Ils sont prestement redescendus pour s'engouffrer dans la grosse voiture noire. La scène n'a duré que deux minutes.

Quatrième partie

La jonction

C'est ainsi que prend fin le monde,
pas dans une explosion mais dans un
murmure.

T. S. Eliot
The Hollow Men

1.

Sur la façade, le panneau *Hôtel de police* fait presque dix mètres de haut, cet immeuble est récent mais il est déjà familier des habitants de Montpellier. C'est dans l'aile la plus aérienne de l'ouvrage que sont situés les bureaux de la brigade criminelle.

Au mois de février 2009, la permanence téléphonique transfert un appel vers le bureau du patron, le commissaire divisionnaire qui dirige le SRPJ. Au bout du fil, c'est un gendarme qui le sollicite, patron lui aussi, il commande la section de recherches de Rennes.

Flic, gendarme, deux mondes.

Le divisionnaire, qui a des manières méridionales, ne se prive pas de chambrer le gendarme, surtout que celui-ci a l'air un peu coincé.

– *Oh petit ! Chez nous on n'aime pas trop les képis, tu le sais ?*

L'officier de gendarmerie marque un temps d'arrêt, mais conserve son flegme et le vouvoiement ; il aimerait juste avoir quelques éléments d'information sur le dossier Poucet, voilà déjà huit ans que le SRPJ de Montpellier est chargé de l'enquête sur l'assassinat du leader des petits commerçants en colère, huit ans de brouillard, c'est ce qui se dit.

Les policiers n'apprécient guère d'être pris pour des billes, mais quoi dire à ce képi ? La raison de l'appel est toute simple, poursuit celui-ci, l'enquête sur Godard n'aboutit à rien non plus, tout le monde est dans le brouillard, à Saint-Malo comme sans doute à Montpellier. Le juge chargé de l'enquête sur Godard est en passe de clore définitivement le dossier, *alors on ferme toutes les portes*.

Classique.

Le gendarme s'attend manifestement à des propos similaires de la part du policier, c'est simplement « par acquit de conscience » qu'il veut échanger quelques impressions sur la CDCA, volet annexe du dossier Godard.

Mais le policier est décidé à le surprendre :

– *Sache que nous autres ici… nous avons bien travaillé.*

Au bout du fil, le képi a marqué un temps d'arrêt, ce qui amuse le flic. Maintenant, le gendarme aimerait en savoir davantage, mais stop, le patron du SRPJ se ferme, au téléphone il ne dira rien.

– *Oh petit, viens plutôt nous voir à Montpellier !*

Et c'est ainsi que, près de dix ans après la disparition de la famille Godard, le commandant de la section de recherches de Rennes et l'un de ses adjoints vont prendre la route pour le sud de la France, énième déplacement dans cette enquête qui les a déjà conduits à tant de fausses pistes sur quatre continents.

Les policiers en *jean* de la brigade criminelle s'en souviennent encore, ils s'attendaient à trouver deux képis, c'est deux types en costard qui frappent à leur porte en ce mois de février 2009. Ce jour-là, deux dossiers criminels vont peut-être enfin se rencontrer.

Pour l'heure, deux cultures policières se font face, mais les flics de la Criminelle sont bons princes, ils font un exposé qui stupéfie leurs interlocuteurs.

Oui, le contexte est délicat, des menaces de mort ont même été reçues par le juge d'instruction et les policiers eux-mêmes dans cette affaire. *Ce dossier n'est jamais sorti,* disent-ils, mais leur enquête a bien avancé, ils sont sur la piste des commanditaires de l'assassinat de Poucet.

Deux inspecteurs se sont même déplacés au Brésil, à Salvador de Bahia, pour entendre, le 25 mai 2004, un témoin important réfugié là-bas. La brigade criminelle a aussi accumulé des indices matériels. En fait, les policiers savent quasiment tout. Le mobile, le *modus operandi,* les intermédiaires, tout. Ils savent où, quand, et par qui ont été achetés tels billets d'avion allers-retours, occupées telles chambres d'hôtel dans telle capitale européenne et louée telle voiture de grosse cylindrée qui a fait très exactement neuf mille cent quatre-vingt-sept kilomètres entre le 20 janvier et le 2 février 2001. Oui, les policiers ont bien travaillé, ils savent beaucoup de choses sur le déroulement de l'assassinat de Christian Poucet – informations qu'il serait dangereux de détailler ici.

Deux mandats d'amener ont certes été émis, mais désormais c'est aux autorités judiciaires de décider, peut-être ne sont-elles pas si pressées que cela de faire aboutir l'enquête. L'assassinat de Poucet arrangeait beaucoup de monde.

En conclusion de leur exposé, les flics veulent bien *faire encore une fleur* aux « collègues » gendarmes. L'un des deux inspecteurs qui sont allés enquêter au Brésil pourrait donner d'autres détails. Les gendarmes ouvrent grands les yeux. Des détails directement liés à l'affaire Godard, annoncent les policiers. Quoi ? Des détails sur l'affaire Godard dans le dossier Poucet ? Seulement, ce collègue est maintenant retraité, précisent-ils. Bonne pâte, le patron lui a demandé de venir raconter certains points.

Le lendemain, les deux gendarmes de Rennes se présentent de nouveau dans le hall du monumental hôtel de police de Montpellier. L'inspecteur retraité est annoncé, ses collègues lui disent en désignant les gendarmes :

– *C'est le docteur Godard qui les intéresse.*

Alors l'ancien flic prend la parole et prononce cette phrase :

– *Le témoin qu'on a interrogé là-bas, au Brésil, il nous en a parlé de votre toubib.*

Les gendarmes sont estomaqués. Voilà dix ans qu'ils traquent la vérité sur la disparition du docteur Godard, voilà dix ans qu'ils nagent en plein brouillard, depuis les plages bretonnes jusqu'aux ports écossais en passant par les îles de Madère et de Man. Et c'est un témoin exilé à l'autre bout du monde dans le cadre d'un autre dossier qui pourrait le relancer ?

L'ancien inspecteur donne alors quelques précisions.

Là-bas, interrogé conjointement avec des policiers brésiliens, ce témoin réfugié à Salvador de Bahia n'est pas un simple témoin, c'est un suspect ; il est lui-même soupçonné d'avoir joué un rôle dans l'assassinat du leader de la CDCA. C'est pourquoi il a été mis sous pression : s'il parlait devant les enquêteurs français, on lui évitait l'extradition vers la France, sinon…

Alors il a parlé.

C'est là qu'il a fini par lâcher que ce n'était pas la première fois que des tueurs travaillaient pour ces mêmes commanditaires, il a dit qu'il y avait eu des précédents.

– *Le type nous a dit qu'ils étaient aussi montés s'occuper d'un médecin français avec ses enfants.*

Dans le bureau des policiers de la brigade criminelle, en ce jour particulier de février 2009, il y a alors comme un moment de flottement, que l'un des gendarmes interrompt en disant simplement :

– *Vous auriez pu nous informer, non ?*

Un grand silence a suivi, comme si chacun venait de mesurer l'importance pour le dossier des gendarmes de Rennes de ces déclarations « annexes » du *client* des policiers de Montpellier. C'est le patron qui a interrompu le silence, il a justifié cette apparente négligence par le nombre d'affaires de grand banditisme autrement plus importantes dans leur secteur que ce petit dossier de médecin pisté par des képis « dans le Nord ».

– *Il arrive souvent qu'on nous balance des infos sur d'autres dossiers que les nôtres. Si chaque fois on devait alerter tous les gendarmes dans la France entière ! Des assassinats il y en a beaucoup ici, vous savez, Montpellier ce n'est pas Rennes.*

Les policiers de Montpellier étaient sincèrement désolés lorsque les gendarmes de Rennes sont repartis.

Par la suite, le juge d'instruction de Montpellier chargé du dossier Poucet a communiqué officieusement quelques pièces du dossier Poucet à son collègue de Saint-Malo chargé du dossier Godard. Sa greffière avait ressorti quelques feuillets – *dossier d'instruction numéro 3/01/15, côtes D 189 et D 190* – qui évoquent très précisément certains aspects de la vie du docteur Godard. Par exemple, la trace de mouvements de fonds opérés entre le médecin caennais et la société UIB – bureaux à Avignon, siège en Irlande, comptes à l'île de Man.

Les deux dossiers d'instruction commencent enfin à « se parler ».

2.

Voici l'été. Face à la pointe du Chevet les Ébihens resplendissent, leur silhouette bordée de lumière est ancrée comme un navire à quai dans le prolongement de la presqu'île de Saint-Jacut-de-la-Mer. À perte de vue s'étend l'immense bandeau de sable découvert par la marée, mais il faudra se contenter d'une courte visite, déjà les flots remontent par vaguelettes conquérantes.

L'escalier de granit descend vers les rochers en contrebas. Une fois sur la grève, une brise plutôt fraîche accompagne le promeneur, les ruisselets qui courent sur le sable en paraîtraient presque tièdes sous les pieds nus. Ce gué vers l'archipel des Ébihens est une tranquille excursion familiale, quelques groupes sont venus le pas léger avec leur pique-nique en bandoulière, mais l'énigme qui nous a menés jusqu'ici, nimbés de lourdes pensées, confère à ce caillou breton une tout autre allure, celle d'une île mystérieuse.

Au terme de ce long travail, quelques certitudes sont bien ancrées, des déductions les complètent. Tout en foulant aux pieds le sable fin des Ébihens, le moment est venu de formuler un récit, cohérent avec tous les éléments que nous avons rassemblés, sur le déroulement des événements qui ont provoqué la mort des quatre membres de la famille Godard.

Au cours du premier semestre 1999, le « système » est en train de rattraper le médecin caennais. Il est au bout du rouleau. Son combat contre l'URSSAF, les caisses, le fisc, la justice, est en passe d'être perdu.

Il décide de mettre en œuvre un projet qu'il a en tête depuis longtemps, tout plaquer pour tout recommencer « à zéro » et mener une vie nouvelle, ailleurs. Il construit seul le plan de partir du jour au lendemain sans laisser d'adresse, n'informe personne dans son entourage de ce projet secret, excepté une seule, qui deviendra l'informateur anonyme des Ébihens.

Pendant plusieurs années, il a accumulé une grosse somme d'argent – plus de trois millions de francs de l'époque – placée au fur et à mesure sur plusieurs comptes à l'étranger, notamment à Madère et à l'île de Man, via les services de ses camarades de la CDCA. L'évasion fiscale et bancaire est leur spécialité, il lui sera facile, pense-t-il, d'avoir discrètement accès à ses comptes dès qu'il en aura besoin. Il met ses affaires en ordre, prévoit des dispositions juridiques pour le legs de son patrimoine, prépare méticuleusement son départ, fixé au 1er septembre 1999. Il réserve un bateau.

Le mardi 31 août 1999 au soir, rentrant des étangs de Planquery où il a passé l'après-midi à pêcher avec ses deux enfants, le docteur Godard annonce brutalement à son épouse qu'il part le lendemain matin pour toujours. Il explique à Marie qu'il part seul, le temps nécessaire pour organiser une nouvelle vie, avant qu'elle ne le rejoigne ensuite avec les enfants ; c'est la première hypothèse. L'autre est une variante, il annonce à sa femme qu'ils partent tous, elle, lui, les deux petits ; mais Marie refuse de partir, elle a toujours dit qu'elle n'abandonnerait jamais ses deux aînés.

Là commence le drame du hameau de Juvigny.

Les importantes quantités de sang retrouvées en flaques sur le matelas, en projection sur les murs de la chambre et sur la porte, puis en gouttelettes dans l'escalier, de nouveau en flaque sur les coussins du canapé et enfin dans la fourgonnette, permettent d'étayer un scénario plausible.

Un ou plusieurs coups ont été portés, non loin de l'entrée de la chambre à l'étage (pluie d'éclaboussures contre le mur), la victime a été allongée sur le lit, la tête (ou le cou) saigne abondamment. La victime est transportée en bas dans le séjour, probablement enroulée dans les draps puis elle est déplacée dans la fourgonnette garée à l'extérieur. Entre-temps, Marie-France Legraverend épouse Godard a reçu une injection, une forte dose d'une substance antiépileptique.

Qui a porté les coups ? Tout accuse Yves Godard.

Toutefois, par respect pour la présomption d'innocence et parce qu'aucun élément concret, hormis les circonstances, ne permet de le désigner comme auteur d'un crime, il est impossible de formuler la moindre conclusion à son encontre. Cet homme n'a jamais été violent, il aimait sa femme, pourquoi l'aurait-il tuée ? D'autre part, les conséquences de la mort de Marie sont en totale contradiction avec l'idée d'un départ discret.

Marie a-t-elle fait une tentative de suicide lorsque son mari lui a annoncé la fin de leur vie commune en Normandie ? C'est loin d'être impossible. Ne voulant renoncer à son plan de départ, Yves Godard aurait alors décidé de se débarrasser du corps.

Toutefois, cette hypothèse instillant l'idée qu'elle est responsable de sa propre mort est irrespectueuse pour Marie, pour son statut de victime.

Une troisième hypothèse a notre faveur, étayée par aucun indice matériel mais conforme tant à la personnalité des deux protagonistes qu'à tous les éléments de l'enquête. Et à l'expérience de la vie, tout simplement.

La froide annonce d'un départ provoque un conflit violent entre les deux époux, une bagarre s'en suit, qui dégénère en une sorte de crise de rage mutuelle où chacun perd la tête. Des coups pleuvent, portés par l'un ou par l'autre, un outil traîne, à portée de main.

Les voisins ont l'ouïe fine, ils entendent tout, la nuit comme le jour. Lorsqu'un véhicule passe devant leur fenêtre, sur ce petit chemin du vieux pont de Juvigny, les gravillons crissent sous les roues et la fourgonnette du médecin est bruyante, les voisins reconnaissent le son de son moteur diesel. Or, cette nuit du 31 août au 1er septembre 1999, ils n'ont strictement rien entendu.

Comment, quand et où le corps de Marie a-t-il été dissimulé ? Par qui ? Ces questions resteront sans réponse, son cadavre n'a jamais été retrouvé.

Le chantier tout proche de l'autoroute en construction, alors en évolution permanente, est un lieu d'inhumation plausible. Le bitume qui sera coulé sur les remblais sera sa sépulture et fera disparaître le corps à tout jamais.

Au petit matin du 1er septembre 1999, le docteur Godard réveille ses deux enfants. Eux aussi ont reçu la veille au soir une dose de somnifère, ce qui a laissé le champ libre pour déplacer le corps de leur mère pendant la nuit. Les traces d'anesthésique détectées dans la cuvette des toilettes ne sont pas de même nature que le produit retrouvé dans le sang de Marie, d'où la déduction d'un endormissement artificiel de Camille et Marius.

À bord du fourgon maculé de sang, Yves Godard s'apprête à prendre la route ; en sortant de chez lui, au bout du petit chemin, il croise la voisine qui achetait son pain. La vieille dame croit apercevoir la silhouette de Marie au fond du fourgon, mais elle se trompe, le docteur Godard est déjà seul avec ses enfants.

Les événements dramatiques de la nuit compliquent le plan prévu mais ne le bouleversent pas, le voilier est réservé, la logistique sera la même. Seul le statut d'Yves Godard a changé, lui qui avait prévu de s'esquiver discrètement, de s'évanouir dans la nuée, le voilà désormais en cavale, accusé du meurtre de son épouse et bientôt sa photo s'étalera à la une de toute la presse.

Au port des Bas-Sablons à Saint-Malo, le *NICK* n'appareille pas immédiatement, la marée basse ne le permet pas. Après avoir acheté du détergent, Yves Godard passe le début d'après-midi à nettoyer les traces de sang à l'intérieur du van.

Puis il prend la mer. La sortie du port de Saint-Malo est tranquille, surtout pour qui connaît le chenal par cœur ; là, tandis que la presqu'île sur laquelle sont édifiés les remparts s'éloigne, le médecin caennais consulte la messagerie de son portable, c'est son dernier appel depuis cet appareil. Sans doute a-t-il pris la précaution d'emporter un deuxième téléphone, acquis discrètement.

Après le départ de Saint-Malo, le *NICK* ne prend pas le large, ce n'est pas avec ce voilier qu'Yves Godard a prévu de quitter la France, il fait d'abord un simple petit tour en mer puis revient au port des Bas-Sablons peu après. Là, Yves

Godard remonte sur le ponton et poursuit le nettoyage du fourgon.

Le soir, il reprend la mer pour de bon. Il se dirige immédiatement, plein ouest, jusqu'à l'anse de Bréhec, en longeant la côte bretonne de nuit; c'est là qu'il a rendez-vous, mais il va devoir patienter. Deux jours durant, il attend son contact et doit faire des ronds dans l'eau pour occuper les enfants et tenter de ne pas trop attirer l'attention des pêcheurs du coin.

Au tout début du week-end, il abandonne le *NICK* non loin de la pointe de Minard. Tandis que le père et les enfants quittent le bord, le voilier est pris en compte par un complice et conduit dans un endroit discret, probablement une plage des îles Anglo-Normandes, Sark ou Guernesey. C'est là que le radeau de survie et les autres faux indices issus du bord, destinés à accréditer le scénario d'un naufrage, seront préparés. D'abord l'annexe, larguée en pleine mer au nord de Roscoff, puis la brassière de survie au large de Guernesey et enfin, plus tard, le radeau de secours qui dérivera jusqu'aux côtes britanniques.

Quant au *NICK* lui-même, il doit disparaître. Il suffit de maquiller les numéros d'immatriculation et de lui fournir de faux carnets de bord pour le convoyer discrètement très loin et s'en débarrasser, peut-être même l'envoyer par le fond quelque part; il suffit pour cela de percer sa carène sous la ligne de flottaison ou de dévisser la bonde de quille.

Quoi qu'il en soit, tout porte à croire que l'équipage initial n'était plus à bord depuis longtemps quand le *NICK* disparaît définitivement, ce qui signifie que contrairement aux idées reçues sur le mystère du voilier disparu, le docteur Godard ne s'est nullement sabordé, ne s'est nullement suicidé en mer après avoir tué ses enfants.

Tandis que nous méditons ces faits, nos pas nous ont conduit jusqu'à la plage de la Chapelle, petite anse charmante où les plaisanciers estivaux aiment à venir au mouillage pour la journée entière. Abritée des vents, lovée entre les rochers, son sable étincelle ; sur le rivage, un petit garçon et une fillette pataugent joyeusement dans une eau cristalline et poussent des petits cris en s'amusant à s'éclabousser, ils ont à peu près l'âge qu'avaient Camille et Marius au jour de leur disparition.

C'est sur cette plage que le *Quetzal* familial des Godard venait autrefois au mouillage, c'est là plus tard que les jeunes moniteurs de voile de Saint-Lunaire venaient batifoler. C'est là aussi que seront retrouvées les unes après les autres ces fameuses cartes personnelles ayant appartenu au docteur Godard. Ainsi, celui ou celle qui « sait des choses » a décidé de se taire, ne déposant de loin en loin que des cartes plastifiées sur cette plage. Ce silence, c'est très certainement de la crainte. Oui, ce qui est arrivé au docteur Godard fait peur à ceux qui en savent un peu plus.

C'est par ferry qu'ils ont quitté la France. Première destination : probablement l'Irlande. Depuis le port d'arrivée de Rosslare, il est aisé de rejoindre Dublin, où se situe le siège d'une des sociétés, UIB, censée rendre à son propriétaire une partie de ses économies.

Après Dublin, un autre ferry pour l'île de Man, à mi-chemin entre l'Irlande et les côtes britanniques, lieu d'établissement d'un des deux comptes bancaires secrètement ouverts par Yves Godard. Deux heures cinquante-cinq minutes de traversée. En débarquant à Douglas, le fugitif se permet pour la dernière fois de prendre une chambre à l'hôtel. C'est là qu'apparaît la mystérieuse femme blonde, décrite par le personnel du *Mannin*.

Ce sont sans doute deux cartes postales successivement envoyées à une proche en Normandie qui expliquent les lettres anonymes mettant les enquêteurs sur la piste de l'île de Man, puis Lewis. C'est parce qu'elle est inquiète pour les enfants que cette destinataire inconnue alerte les autorités, sa deuxième lettre est un appel au secours : « *Sauvez Marius et Camille.* » Elle vient sans doute d'apprendre que de réelles menaces pèsent sur le père et les enfants.

Sans avoir accès à leur contenu, la presse, tant française que britannique, fait état de lettres anonymes et du déplacement de gendarmes français à l'île de Man ; dès lors, le voyage discret du docteur Godard cesse de l'être, à mesure que cesse son statut de « disparu » pour celui de « fugitif ».

Paradoxalement, ce faux pas de Godard – révéler à une amie où il se trouve – permet aujourd'hui d'avoir la certitude que lui et les enfants sont alors toujours en vie. Une preuve supplémentaire que le scénario communément admis d'une croisière tragique avec suicide collectif ne tient pas.

La suite du voyage sera plus discrète. Sur l'île de Lewis, ce n'est pas à l'hôtel que les Godard posent leurs valises, leur moyen d'hébergement demeure mystérieux et suppose des complicités locales ; de même qu'à Thurso, à la pointe nord de l'Écosse, où la carte de remerciements achetée par la petite Camille est peut-être destinée à leur hôte du moment.

Nul ne connaît le projet ultime du docteur Godard, personne ne pourrait dire où sa rupture avec le système français le conduisait, impossible de savoir où il souhaitait s'installer définitivement. Peut-être au Canada.

Cependant, un détail laisse à penser qu'il avait imaginé partir seul ; Camille et Marius ne sont pas inscrits sur son passeport et n'ont pas, eux-mêmes, de passeport à leur nom. La présence inopinée de ses enfants complique très sérieusement toute possibilité de fuite hors d'Europe par les moyens classiques, à moins de soudoyer l'équipage d'un cargo.

Ce périple sur la côte britannique jusqu'au nord de l'Écosse n'est pas à comprendre comme une fuite désordonnée, mais certainement comme les étapes nécessaires à la réalisation d'un objectif vital, celui de récupérer son magot disparu. Le docteur Godard a d'abord misé sur l'île de Man, il est probable que d'autres rendez-vous lui ont alors été fixés, faisant miroiter une solution à venir pour ses comptes bancaires.

Il est loin d'être le seul adhérent CDCA à avoir été floué, d'autres que lui ont vu leurs économies fondre comme neige au soleil après les avoir confiées à l'Organisation. Parmi les personnages phares de la galaxie CDCA, certains – nous ne dirons pas ici lesquels – ont une tendance avérée à faire signer frauduleusement aux détenteurs des comptes ouverts à Madère, Man ou Luxembourg, des procurations, sans même que lesdits détenteurs des comptes n'en soient informés.

Yves Godard a milité pendant sept ans à la CDCA, mais depuis Caen il ne maîtrise pas, loin s'en faut, tous les tenants et les aboutissants de l'Organisation. Lorsqu'il constate qu'il lui est impossible de récupérer son argent, un jeu de piste commence, de paradis financier en paradis financier. Il est probable qu'il cherche à « secouer le cocotier » en activant ses contacts.

Yves Godard sait-il seulement dans quel univers sa dérive l'a conduit ? Comme n'importe lequel de nos voisins de palier qui se mettrait du jour au lendemain à faire du trafic d'armes ou bien de drogue, cet homme n'est nullement préparé à plonger dans un monde sans foi ni loi. L'image qui vient en tête est celle d'un Monsieur Tout-le-monde projeté avec son bas de laine dans un marigot où s'entre-tuent de grands escrocs internationaux assoiffés d'argent. La malchance veut en effet que son départ coïncide exactement avec le début des grands règlements de compte au sein de l'Organisation. Les récriminations d'Yves Godard tombent vraiment au pire des moments.

L'été 1999, Christian Poucet, marginalisé, commence à se battre tous azimuts pour en reprendre les rênes. Le jour même du départ du docteur Godard, le 1er septembre, il recrute Jean-Michel Boucheron pour l'aider dans sa tâche. Le climat se durcit.

Dans le même temps, Maria Mendes poursuit quant à elle sa prise de pouvoir sur les affaires de la « galaxie CDCA ».

L'été 1999, Philip Mark Croshaw, l'homme de paille de l'île de Sark, vient tout juste d'être condamné. Il est contraint de quitter tous ses mandats au sein des sociétés qui ont fait appel à lui. Part-il les mains vides ?

L'été 1999, le « Madoff de Strasbourg » poursuit ses détournements de fonds.

Qui est la jeune femme blonde de l'île de Man et de Lewis ? Pour répondre à cette question, il y a bien sûr la piste des relations intimes avec l'hypothèse d'une maîtresse d'Yves Godard. Toutefois, la piste CDCA est encore une fois la plus probable. Les collaborateurs français ou britanniques de la *galaxie* sont nombreux à faire la navette entre les différents points de chute de l'Organisation, de Baillargues à Madère, d'Avignon vers l'Irlande et de la Bretagne vers l'île de Man. La plupart de ces « petites mains » qui traitent concrètement les dossiers d'adhérents sont des femmes ; ainsi

Valérie R. puis Béatrice A. ont joué ce rôle entre Avignon et l'île de Man. Il serait sans doute instructif de pointer les déplacements de l'interlocutrice des adhérents CDCA pour l'île de Man entre septembre et décembre 1999.

Sur l'île de Lewis et surtout à Thurso, l'étau judiciaire s'est resserré un peu plus encore autour d'Yves Godard. Il ne peut plus se permettre le moindre écart, au risque d'être immédiatement reconnu et dénoncé ; la télévision écossaise diffuse des avis de recherche où s'étalent sa photo et celle de ses enfants, Interpol le recherche, une certaine presse britannique évoque même son nom, abusivement, à propos de l'affaire Caroline Dickinson, crime commis en Bretagne et instruit initialement par le même juge d'instruction. Il est présenté comme l'ennemi public numéro un. À ce moment-là, le projet de s'établir discrètement ailleurs est définitivement compromis. Où qu'il aille, le docteur Godard sera pour toujours un fugitif en cavale. Son rêve d'une nouvelle vie s'arrête là.

Que se passe-t-il ensuite ? Le témoin des policiers de Montpellier, réfugié au Brésil où il est interrogé le 24 mai 2004, affirme *« qu'ils sont montés pour s'occuper d'un médecin français avec ses enfants »*. Cet élément est capital. Toutefois, il n'apporte aucun descriptif précis. Nous entrons alors dans le champ des interrogations.

Le docteur Godard a-t-il lancé un ultimatum à ses interlocuteurs, a-t-il envisagé de rentrer en France, a-t-il menacé l'Organisation de faire des révélations sur les malversations si on ne lui rendait pas son argent ?

Peut-être voulait-il tout simplement rentrer pour s'expliquer.

Cet homme était devenu gênant. Il fut décidé de l'éliminer.

La suite est cruelle. Le docteur Godard ne verra jamais le nouveau millénaire qui devait marquer le premier jour de sa nouvelle vie. Il avait voulu disparaître en laissant derrière lui les faux indices d'un naufrage, le scénario va être réalisé comme il l'avait imaginé, mais pour de bon. Où et comment le père et les deux enfants ont été exécutés ? Mystère. Leur mort survient entre la fin d'année 1999 et le mois de février 2000. Les corps ont ensuite été jetés en pleine mer.

C'est en plein milieu de la Manche, plus de soixante-dix kilomètres au nord de Roscoff, en lisière de la fosse des Casquets, connue pour sa grande profondeur, que le tibia et le fémur d'Yves Godard seront repêchés. Quant au crâne retrouvé en baie de Saint-Brieuc, identifié formellement comme étant celui de la petite Camille, il a probablement été pêché une première fois dans la même zone, puis rejeté à la mer, avant d'être remonté de nouveau par un filet en baie de Saint-Brieuc.

Il n'y a donc pas une affaire Godard, il existe deux affaires Godard. D'abord la disparition de Marie-France Legraverend, l'épouse, à Juvigny-sur-Seulles le 31 août au soir. Un huis clos familial.

Puis la mort d'Yves Godard et de ses deux enfants, au terme de leur périple, en fin d'année 1999. Un assassinat mafieux.

Le banc de sable entre les Ébihens et la pointe du Chevet se rétrécit à vue d'œil, les promeneurs se pressent, il ne faudrait pas se retrouver coincé sur l'îlot jusqu'à la prochaine marée. Les plaisanciers, eux, peuvent s'attarder, avec pour seule contrainte le fardeau de remonter de temps à autre leur petite annexe au sec. La piétaille partie avec la marée montante, ce sont les rois des Ébihens. Quand bon leur semblera, ils enjamberont le bord de leur embarcation pour rentrer au port, à Saint-Briac, à Saint-Lunaire, à Saint-Malo. La plage de la chapelle sera rendue à sa quiétude insulaire, à portée de main mais déserte, maintenue à distance du regard par le halo pâle d'une légère brume. Le soir tombera, étincelant, les eaux s'en iront de nouveau et qui sait, après la parution de ce récit, un nouvel indice ayant appartenu au docteur Godard sera peut-être retrouvé, un jour de grande marée, sur cette plage bretonne.

1er septembre 2011
(Porz-Guyon, Lancieux, Vence, Paris)

Remerciements

Merci à Zohra pour son soutien permanent.
Merci à Salomé et à Pascal pour leurs précieux conseils.
Merci à Marie-Lise pour sa patience infinie.
Un salut fraternel à mon cameraman de fortune.

Table

L'exemplaire que vous tenez entre les mains a été rendu possible grâce au travail de toute une équipe.

MISE EN PAGE : Daniel Collet (In Folio)
COUVERTURE : Guillaume Prieur avec Constance Rossignol
RÉVISION : Nathalie Sawmy
PHOTOGRAVURE : Taïga
FABRICATION : Marie Baird-Smith avec Isalyne Avenel

COMMERCIAL : Pierre Bottura
COMMUNICATION : Isabelle Mazzaschi avec Adèle Hybre
RELATIONS LIBRAIRES : Jean-Baptiste Noailhat

DIFFUSION : Élise Lacaze (Rue Jacob diffusion), Katia Berry (grand Sud-Est), François-Marie Bironneau (Nord et Est), Charlotte Knibiehly (Paris et région parisienne), Christelle Guilleminot (grand Sud-Ouest), Laure Sagot (grand Ouest) et Diane Maretheu (coordination), avec Christine Lagarde (Pro Livre) Béatrice Cousin et Laurence Demurger (équipe Enseignes), Fabienne Audinet et Benoît Lemaire (LDS), Bernadette Gildemyn et Richard Van Overbroeck (Belgique), Nathalie Laroche et Alodie Auderset (Suisse), Kamel Yahia et Kimly Ear (Grand Export).

DISTRIBUTION : Hachette

DROITS FRANCE ET JURIDIQUE : Geoffroy Fauchier-Magnan
DROITS ÉTRANGERS : Catherine Farin avec Laurence Zarra

ENVOIS AUX JOURNALISTES ET LIBRAIRES : Patrick Darchy
ACCUEIL DU 27 RUE JACOB : Fadéla Hassani
LIBRAIRIE DU 27 RUE JACOB : Ariane Geffard
COMPTABILITÉ ET DROITS D'AUTEUR : Christelle Lemonnier avec Camille Breynaert
SERVICES GÉNÉRAUX : Isadora Montero Dos Reis

La couverture et la bande ont été imprimées par Déjà Link à Stains
Achevé d'imprimer sur Roto-Page par l'Imprimerie Floch
à Mayenne en avril 2016

ISBN : 978-2-35204-506-9
N° d'impression : 89613
Dépôt légal : mai 2016
Imprimé en France